生态圈化：中国大企业转型新路径

郑子辉　著

企业管理出版社

EMPH ENTERPRISE MANAGEMENT PUBLISHING HOUSE

图书在版编目（CIP）数据

生态圈化：中国大企业转型新路径／郑子辉著 . -- 北京：企业管理出版社，2019.9

ISBN 978 - 7 - 5164 - 2015 - 7

Ⅰ.①生… Ⅱ.①郑… Ⅲ.①大型企业 - 企业发展 - 研究 - 中国 Ⅳ.①F279.2

中国版本图书馆 CIP 数据核字（2019）第 186843 号

书　　　名	生态圈化：中国大企业转型新路径
作　　　者	郑子辉
责任编辑	韩天放　黄　爽
书　　　号	ISBN 978 - 7 - 5164 - 2015 - 7
出版发行	企业管理出版社
地　　　址	北京市海淀区紫竹院南路 17 号　　　邮编：100048
网　　　址	http：//www. emph. cn
电　　　话	编缉部（010）68456991　发行部（010）68701073
电子信箱	qyglcbs@ emph. cn
印　　　刷	北京七彩京通数码快印有限公司
经　　　销	新华书店
规　　　格	170 毫米×240 毫米　　16 开本　　15.25 印张　　212 千字
版　　　次	2019 年 9 月第 1 版　　2019 年 9 月第 1 次印刷
定　　　价	68.00 元

前　言

互联网的发展加速了全球化，同时，反全球化思潮和行为愈加明显，全球经济周期整体性的回落、金融周期的持续错位、国际形势的不确定性，都加重了我国外部环境的复杂严峻。当前我国经济运行稳中有变、变中有忧，将面临经济下行周期与金融下行周期的重叠，外需回落与内需疲软的重叠，大开放、大调整与大改革的重叠，盈利能力下降与抗风险能力下降的重叠。中国情境下的传统企业亟须转型，通过新旧动能转换，焕发新活力，实现高质量发展，更亟须可借鉴的转型的模式和路径。所幸，新时代的中国企业知难而上，在参考国外领先企业发展的基础上，持续走在转型探索的路上并取得了较好的效果，海尔基于"人单合一"的"生态圈化"管理创新实践，给中国企业转型提供了示范。新时代也给企业转型理论带来挑战，尤其中国情境下的企业转型理论更亟须完善和建构，也给中国的学者带来与西方同一起点的机会。

本研究以海尔"生态圈化"企业转型过程为例，采用归纳法和编码技术，探索了包括横向创新，即打造 5 个共享体验生态圈（产城创、工业互联、企业大学、双创、品牌生态圈）和纵向创新，即打造 5 个价值创造生态圈（开放创新、互联工厂、三店合一、智慧物流、智慧服务生态圈），旨在形成可借鉴的模式化路径，以供中国大企业转型参考。研究发现：企业转型是以"模式创新"为基础；提出"55N"生态圈化矩阵模型是企业转型的新路径；生态圈化实现了共生、自治、演进能力。

随后针对案例研究发现，通过问卷调查方式，对生态圈化的共生、自治、演进的企业转型要素与企业经营绩效和社会绩效的影响关系加以实证研究，对海尔上下游攸关方组成的生态圈中的 210 个小微公司的小微主及高管进行数据收集，以 LISREL 8.52 软件对数据进行处理及分析，以结构方程模型对此次提出的假设实施检验。研究发现：生态圈化企业转型的各要素（共生、自治、演进）与企业经营绩效、社会绩效均存在显著正相关。其中共生对企业经营绩效和社会绩效的影响小于自治和演进；自治和演进分别对企业经营绩效的影响大于对企业社会绩效的影响，而共生刚好相反；演进对企业经营绩效影响最大。

　　研究可能的创新点有，一是提出中国大企业转型的一般化路径模型——"55N"生态圈化矩阵模型，为中国大企业转型升级实践提供可行的新路径模型参考；二是理论上，验证了生态圈化的共生、自治、演进要素与企业经营绩效和社会绩效存在显著正相关；三是解释了横向利益攸关方共享体验生态圈化对企业绩效的贡献小于自治和演进，但因其是保证整个生态系统稳定和繁荣的基础，因而不可或缺；纵向产品服务价值创造的生态圈化重在提升用户的"价值创造"体验，对企业经营绩效的影响大于其对企业社会绩效的影响；演进因其具有明显的动态性、进化性和溢出效应，因而成为对企业经营绩效贡献最大的因素之一。

郑子辉

2019 年 6 月

目　录

第一章 绪论

第一节 研究背景与意义

一、理论和实践背景

240 年前，亚当·斯密提出的分工理论奠定了现代经济学的基础，并长久统治着管理理论的发展。在分工理论的影响下，西方古典管理理论的三位先驱泰勒、韦伯和法约尔分别提出科学管理理论、层级官僚制组织理论和一般管理理论。三人分别因此被后世称为科学管理之父、组织理论之父和现代经营管理之父。三位先驱的理论分别催生了对现代企业影响深远的流水线、科层制和职能部门。

上述理论和管理成果都建立在分工理论的基础上，科学管理的前提是大规模生产；科层制的特征是分部、分层、集权、统一、指挥、服从；法约尔的五大管理职能局限于组织内部的职能活动。100 多年来，古典管理理论经过后世管理学家的不断创新发展，为第一次工业革命以来以大规模生产为基本特征的经济发展做出巨大贡献，同时，随着信息科技的发展，传统管理理论也不断接受新的挑战。

时间进入 21 世纪，互联网科技的快速发展和深入应用彻底颠覆了传统时代的经济理论和管理理论。互联网带来的"零距离"促使第一次和第二次工业革命时期的传统的、集中式的经营活动逐渐被第三次工业革命的分布式经营方式取代，传统的、等级化的经济和政治权力也将让位于以分布式节点组织的网络化驱动力。海尔集团董事局主席、首席执行官张瑞敏 2014 年 8 月 23 日在"中欧国际工商学院 20 周年校庆系列活动之大师课堂"（青岛）上指出，互联网带来的"零距离"将以企业为中心颠覆为以用户为中心，使大规模制造变成大规模定制，这是对科学管理原理的颠覆；互联网带来的"去中心化"把员工的领导从过去的上级变成了用户，这是对科层制的颠覆；互联网带来的"分布式"意味着资源不局限于企业内部而是来自全球，"世界就是我的研发部"。

互联网颠覆了传统管理理论，但新的适应互联网时代的管理理论尚未形成，对新的管理理论和商业模式的探索，全世界的学者和企业家都在同一条起跑线上。张瑞敏于 2005 年提出的"人单合一"理论和发展模式得到西方学界和管理界的高度关注，被认为是超前的但符合时代环境和发展趋势的引领性管理理论和商业模式。

二、研究问题

新时代背景下，几乎所有传统产业正在被互联网"潜移默化"或"狂风暴雨"地渗入或重构，能不能及时利用互联网实现企业转型，已是中国大型传统企业必须面对的问题。

所谓企业转型，是指企业根据其外部环境以及企业内部资源和能力状况，为克服企业在原有经营格局中所遇到的种种困难并获得新的竞争优势，对企业的发展目标、达成目标的途径和手段进行重新设计，并由此形成新的技术、产品和市场的过程（姜勇等，2007）。

在可查的国内外文献中，研究者主要以产业、所有制或企业规模为切入点展开对企业转型的研究，鲜有从企业转型路径为视角的研究，更少有针对中国情境下传统大企业"如何转型"的过程研究。实践中，也缺乏可借鉴的适应互联网时代中国企业转型升级实现高质量发展需要的企业转型新路径。

综上，本研究将问题聚焦为"中国传统大企业转型路径"研究。

三、理论和实践意义

本文提供了企业转型的理论研究新视角，拓展了企业转型的研究范畴。已有文献研究有的聚焦于构建转型模型，以探讨转型的整体过程，有的聚焦于探讨企业转型的特征和转型要素，有的聚焦于全球价值链视角下的产业转型问题与路径，抑或粗浅地探讨企业转型的战略分析及战略制定，本研究创新性引入"生态圈"理论，从路径上剖析企业转型过程，具有理论创新意义。

实践上，中国新时代供给侧改革和高质量发展背景下研究企业转型具有实际意义。国内关于企业转型的研究还处于起步阶段，尚未形成成熟的理论框架，国外的企业转型研究也多针对西方发达国家成熟企业进行，少有针对中国企业的研究。新时代的中国企业面临着如何转型的紧迫需要，但现实中尚缺乏普适性转型路径样板可供借鉴。所以，探讨中国情境下企业转型有助于帮助中国企业明确未来转型的方向以及可行的路径。

第二节　研究内容与方法

一、研究内容

本研究内容上共分五章：

第一章，绪论。通过考察生态圈化企业转型相关理论和实践背景，提出研究问题是"中国传统大企业转型路径"，并提出可能的理论和实践意义，随后阐述研究内容和方法，以及可实现的创新点。

第二章，理论基础与核心概念。针对生态圈和企业转型相关理论进行详尽文献综述，明确研究的理论基础，同时对相关核心概念加以研究。

第三章，案例研究。通过案例方案设计、案例背景介绍，开展归纳性研究，并使用相关编码技术，对横向利益攸关方共享体验的生态圈化分别按照"实施背景-具体做法-效果验证"的结构详述了5个共享体验"生态圈化"的实践。其中，工业互联生态圈化旨在面向中小企业转型升级赋能，打造基于 COSMOPlat 工业互联网平台的大规模定制生态圈；双创生态圈化意在面向企业内外创业者打造对全社会开放的共享式创业生态圈；企业大学生态圈化旨在面向员工发展打造基于非线性学习的共享企业大学生态圈；产城创生态圈化旨在面向城市升级打造产业集群、智慧社区、创新创业融合的物联网生态品牌生态圈；品牌社群生态圈化旨在面向用户最佳体验的基于用户体验的品牌社群生态圈。对纵向产品服务价值创造生态圈化分别按照"实施背景-具体做法-效果验证"的结构详述了了5个价值创造"生态圈化"的实践。其中，开放创新生态圈化旨在打造"世界就是我的研发部"理念下的线上线下融合研发创新生态圈；互联工厂生态圈化旨在打造用户全流程体验的个性化定制生态圈；三店合一生态圈化旨在打造线下店、线上店、微店三店合一的营销交互生态圈；智慧物流生态圈化旨在打造全生态全场景全链条物流服务生态圈；智慧服务生态圈化旨在打造"全程管家、真诚社群"的智慧服务生态圈。

第四章，实证研究。先对生态圈化的实践效果加以验证，之后针对生态圈化的共生、自治、演进以及企业转型的经营绩效和社会绩效进行测量和假设研究，通过数据收集与统计分析，得出相关结论。

第五章，研究结论及展望。先总结案例和实证研究的结论，再对本研究在数据、案例、分析角度存在的不足进行反思，并提出展望。

二、研究方法

基于生态圈视角的企业转型路径的探讨，国内外目前还没有系统性的研究，是一个比较新的研究领域。因此，研究需要借鉴管理学、生态学、经济学等学科的理论和方法，总体上坚持微观和宏观相结合、定性和定量相结合、理论与实践相结合，应用到的主要研究方法有：文献研究法、调查访谈法、统计分析法。

（1）文献研究法，主要指搜集、鉴别、整理文献，并通过对文献的研究形成对事实的科学认识的方法。文献研究法主要包括文献检索方法和文献分析方法。本研究将利用文献综述方法，查阅大量生态、生态圈及企业转型等相关文献，通过梳理和总结，了解当前生态圈及企业转型理论的研究现状，总结当前研究的贡献和不足，找到本研究的切入点，构建概念模型，为研究提供理论基础。

（2）调查访谈法。包括问卷调查和访谈。问卷是根据研究课题的需要而编制成的一套问题表格，由调查对象自填回答的一种收集资料的工具；利用调查访谈分析法可以寻求出变量之间的关系。本研究在归纳前人相关研究的基础上，首先深度访谈几位生态圈研究专家及企业员工，对访谈资料进行整理，设计出影响生态圈演进行为的指标体系，设计调查问卷，针对上述企业等进行调查。

（3）统计分析法。在样本数据的基础上，对样本进行描述性统计分析、进行信度和效度分析以检验问卷的可靠性和有用性，利用 LIS-REL 8.52 构建结构方程模型（SEM）进行概念模型拟合度和各变量关系的路径检验，验证影响生态圈演进行为的因素。

第三节 主要创新点

可能的创新点主要包括：一是提出中国大企业转型的一般化路径模型——"55N"生态圈化矩阵模型，为中国大企业转型升级实践提供可行的新路径模型参考；二是理论上，验证了生态圈化的共生、自洽、演进要素与企业经营绩效和社会绩效存在显著正相关；三是解释了横向利益攸关方共享体验生态圈化对企业绩效的贡献小于自洽和演进，但因其是保证整个生态系统稳定和繁荣的基础，因而不可或缺；纵向产品服务价值创造的生态圈化重在提升用户的"价值创造"体验，对企业经营绩效的影响大于其对企业社会绩效的影响；演进因具有明显动态性、进化性和溢出效应，因而成为对企业经营绩效贡献最大的因素之一。

第二章 理论基础和核心概念

第一节 生态圈理论

一、生态

生态（Eco-）一词源于古希腊语 οικος，原意指"住所"或"栖息地"，是指一切生物的生存状态，以及它们之间和它们与环境之间环环相扣的关系。人们常常用"生态"来定义许多美好的事物，如健康的、美的、和谐的等事物均可冠以"生态"修饰。借用至现代企业管理理论中，本研究将企业生态定义为一切企业的生存状态以及它们间和它们与环境之间环环相扣的关系。

1935 年，英国生态学家，亚瑟·乔治·坦斯利爵士（Sir Arthur George Tansley）明确提出生态系统的概念。生态系统简称 ECO，是 eco-system 的缩写，指在自然界一定的空间内，生物与环境构成的统一整体，在这个统一整体中，生物与环境之间相互影响、相互制约，并在一定时期内处于相对稳定的动态平衡状态。生态系统的范围可大可小，相互交错；太阳系就是一个生态系统；地球最大的生态系统是生物圈；最为复杂的生态系统是热带雨林生态系统；人类主要生活在以城市和农田为主的人工生态系统中。借用至现代企业管理理论中，本研究将企业生态系统定义为企业与其环境构成的相互影响、相关制约的统一整体系统。

将生态系统应用到企业组织演进中，Moore J F（1996）提出构建企业共同体和组织生态系统合作演化理论，认为企业生态系统的演进要经历开拓、扩展、权威、重振或死亡四个阶段，应多维度管理企业、制定企业发展战略。Pietinalho L（2017）通过构建组织机构演进的概念模型，说明组织演进经历的两个重要阶段：萌芽期的探索和繁荣期的受益。

二、生态圈

生态圈的概念来源于生物圈，其定义是由奥地利地质学家休斯（E. Suess）在 1875 年首次提出的，是指地球上有生命活动的领域及其居住环境的整体，是地球上所有生态系统的统合整体。它包含了生物链和所有细微的生物和生态环境、生态系统等。生物圈是地球上最大的生态系统，也是最大的生命系统。

借用至现代企业管理理论中，本研究将企业生态圈定义为企业及其利益攸关方通过一定关系和机制共同建立的价值共创共赢生态圈。Moore J F（1993）首次在技术创新领域的研究中引入生态圈的概念，并将创新生态圈定义为一种松散耦合的网络。这个网络由一系列实施产品和服务以及技术、知识、技能等资源共享的企业和其他实体所构成。生态圈概念的引入扩展了企业的价值链，使企业不再被简单视为某行业中的独立成员，价值共创共享的思想逐渐在生态圈中流行起来。随后，Moore J F（1996）又提出"商业生态圈"的概念，并将其定义为"由一系列相关的组织所构成的经济社区，是一种有机商业体"。从此，"生态圈"概念在经济组织中逐渐得到应用。Yoo S et al.（2014）阐述了商业生态圈及其大数据生态圈的运作情况，探究了大数据生态圈对所在商业生态圈的影响，并指出大数据背景下的商业生态圈有三个关键领域：核心业务、扩展业务和整个商业生态系统。Suh Y et al.（2015）以韩国为例，分析制造业和服务业在共生合作过程中的相互作用和协同效应，逐步形成移动生态圈，并通过生态圈动态演化预测产业发展趋势。Cortada J W（2016）认为信息是维系组织及其行业的黏合剂，信息生态圈的构建有助于了解公司、政府机构和整个行业的功能，信息生态圈不仅包括产业和企业的特定参与主体，也涵盖关联产业系统。

郭永辉（2014）从利益相关者视角出发，从核心层、支持层、环境层等三个层次构建自组织生态产业链社会网络模型，突破传统的企业共生关系。翟金芝等（2016）提出"互联网＋"背景下企业战略联盟生态圈的概念，并基于马尔可夫（Markov）链，对企业战略联盟生态圈合作伙伴进行选择分析。刘曦子等（2017）认为大数据背景下，开展互联网金融业务的企业呈生态化的趋势，并从商业生态系统的角度出发，探讨并构建互联网金融生态圈。

三、生态圈化

从概念的内涵和外延上，生物圈的概念大于生态系统，因此应用到商业活动，商业生态圈的概念应该也大于商业生态系统，也即商业生态系统是商业生态圈的局部、阶段概念。

生态圈化是指商业活动中的主体利用自身资源和能力等影响力，通过某种共创共赢的机制联合利益相关者，聚焦某个（或某些）产品和（或）服务的用户最佳体验持续迭代升级，共同搭建商业生态，以实现更高、更远、更大的商业目的。

国内关于组织生态理论与生态系统、生态圈相结合的研究多集中于组织的演进、可持续和转型发展。例如：张文涛（2006）提出不同层次的环境对创业绩效会产生不同的影响，并从组织生态学的角度出发，分析宏观体制、中观社区和微观群落三层次创业环境因子，探讨创业驱动型环境因子的可行路径；张艳辉（2007）从全新的视角——组织生态理论出发，深入探讨创意产业的生长和演进，并通过构建良好的生态环境培育其创新能力；王发明等（2008）基于组织生态理论探讨资源型产业集群的可持续发展问题，该产业集群退化的主要原因是低程度的多样性、低活性和过分凸显的专业性；王发明等（2009）以浙江安吉转椅产业集群为例，基于组织生态理论探究其演化发展规律，分析得出安吉转椅产业集群的发展正处于成长期的前期和成熟期的后期；曹如中等（2011）认为创意产业创新生态系统的演化具有与自然生态系统类似的阶段性和生命周期性特征，创意产业创新生态系统种群具有自己特定的生态位，其演化遵从某种特定的规律；李培挺（2015）从组织生态伦理视角出发，认为在转型期组织中，主动型人格更能彰显积极的工作状态，提出通过价值回归来改善恶劣的价值生态现状，以此来推动人员工作境遇的改善；孙金云等（2016）基于共演理论和组织生态理论汇总提炼创业生态圈具有共生性、自洽性、进化性和溢出效应的特征，并由文化环境、制度环境和市场环境等基础要素、人力资本、金融资本和科技研发等结构要素构成。

生态圈的共生性是指各组成要素和参与主体相互依存的状态，包括寄生（利益相关者间存在汲取组织养分的现象）、共生（共栖：利益相关者间存在一方受益、另一方没有影响的现象；共惠：利益相关者间存在暂时合作，彼此受益的现象；共利：利益相关者间存在相互依存、彼此受益、不可分离的现象）和衍生（利益相关者间存在产生新物质的现象）。Kauffman S A（1993）认为在复杂的组织生态系统中，只有各要素间的"联结"和"联结驱动力"同时存在，才能在系统中形成"实时有秩序的创造"。刘岩等（2012）认为，物流组织的成长具有规律性和周期性，各微观主体必须找到合适的生态位，并以此为基础相互依存，即共生，然后组织才能成长（演进）。孙金云等（2016）认为生态圈各要素的共生显著影响其进化和效益溢出。

生态圈的自洽性（垂直一体化：向产业链上游和下游延伸产品和服务，实现前向一体化和后向一体化发展；横向一体化：增加产品和服务种类，实现多元化发展；闭环：在生态圈内部可以完成相当部分产品和服务交易）是指各组成要素和参与主体能够构成一个完整的生态闭环。生态圈自洽性的基础是生态圈内部纵向产业链条的一体化和横向业务发展的多元化。组织生态视角下，各组成要素和微观主体实现自洽是生态圈演进的前提和基础。王发明等（2009）认为组织系统内部的自治对组织的演进有正向影响。孙金云等（2016）认为生态圈各要素的自治显著影响其进化和效益溢出。龚新蜀等（2017）认为物流产业形成集聚后，达到内部的自治性有利于经济溢出效应的产生。结合物流生态圈自治的性质，重点考虑纵向一体化、横向一体化、闭环等。

生态圈演进性是利益相关者与周边环境资源的互动关系，即组织、个体和环境资源的相互影响，生态圈演进表现出明显的进化性（生态圈一直不断自我完善）和溢出效应（生态圈效益能扩散到生态圈外部，具有外部性）。刘岩等（2012）以及孙金云等（2016）认为生态圈伴随自身及外部环境变化而不断自我完善，并将效益和产出扩散至生态圈外部。

本研究认为，生态圈的共生性、自治性、演进性代表领先生态圈的特征，同时也是生态圈需要实现的能力，也即企业转型后形成的生态圈能力。

第二节　企业转型理论

一、企业转型概念

Barbara et al.（1995）指出，企业转型是为了满足企业提高竞争力和适应环境的需要，在价值链向上迁移的过程中采取不同的措施，例如选择新的业务类型，或者彻底改组企业等。Joyce et al.（1995）认为企业转型是企业思考方式的转变。这种转型主要体现在企业的战略方向、心智模式、观念开拓、信息交换、沟通、学习方式及技术改进、过程改进与市场调研等方面。Jonathan D（2000）认为，企业转型是认知思维的飞跃，也表现在组织战略、结构、权利等方面的格局全方位、多层次的变化。国内一些学者的系列观点如下。李廉水等（2004）认为，转型是企业利用资源优势，在追逐价值最大化、改善产品链、降低经营风险的目标下，重新对企业的战略进行定位，从而取得新的增长动力或摆脱经营困境。肖不楚（2005）认为，企业转型是在市场体系不健全的情况下，企业为了获得新的生存机会，实现由外生竞争优势到内生竞争优势的转变，其措施是借助政府适当干预，或者通过流程再造，组织架构改革，制度改革，产业转型等方式来应对困境。曹振华（2006）认为，所谓的企业转型在考虑到行业特点前提下，关注自身内部资源和外部竞争环境变化，通过对产业结构的调整及经营模式的变化来重新塑造竞争优势。毛蕴诗等（2009）认为，企业转型即企业为了持续提升其竞争水平以及服务附加值，进而找到全新经营方向同时不断完善改革的过程。

Teece et al.（1997）表示，公司竞争优势的基础并不是来自外界环境，而应该是源自公司内部资源和公司积极顺应改革的动态形式的能力。而这一动态实力的发展最后能够完成公司升级。Gerefi（1999）指出企业升级是企业迈向具备更高盈利能力的资本和技术密集型经济领域的过程。Humphrey et al.（2000）提出，企业升级即是公司发挥自身技术优势来占取市场的能力，从而提升其竞争能力与开展高附加值的业务。Poon（2004）表示公司升级含义是开发商从加工劳动集约型的低价值商品转为更大价值的资本和技术集约型商品的整个经济角色转变进程。毛蕴诗（2010）指出，企业升级包括：产品升级、功能升级、流程升级、商品和服务的附加值以及竞争力的增强。

综上，本研究认为企业转型是特定企业为获取企业竞争优势或新的发展机会而主动采取的一系列企业内部调整和外部资源整合的战略举措。本研究将企业转型和企业升级视为相似或相同概念。

二、企业转型的动因

对于企业来说，企业抱负可以作为企业转型中的主要驱动因素，这种企业抱负能反映出企业家的文化（Cyert et al. 1963）。同时，企业抱负还包括以下几个方面的内容：在不断前行的过程当中所拥有的创新精神，面对困难不怕挫折的坚持精神，尊重员工的价值，有着强烈的革新精神，对于自身研发的产权归属非常看重（Rouse W B，Baba M L，2006），并且能运用自身竞争优势获得发展性资源，这对于企业快速占领市场有一定的帮助。其中关键资源涉及两个方面的内容，一是企业现在或者未来一段时间内资本积累的能力（Purchase V 等，2011），另外一种是企业当前所拥有的人力资源（Yingzhe Y 等，2017）。

张青（2007）在研究当中，以兖矿集团为研究对象，对该企业的转型过程进行分析，价值链延伸在一定程度上对企业转型起到的促进作用。毛蕴诗（2010）认为虽然在新经济体系之下，很多企业希望通过转型来获得更大的市场发展契机。龚三乐（2011）在研究当中提出了这样的观点，企业与企业之间一旦形成聚合效应，那么在这一范围内的企业都将面临转型升级，对于企业升级起到一定促进作用的是后两者因素。毛蕴诗，郑奇志（2012）认为不同的企业结合拥有"互联网＋"的资源优势以及发展实力，同时包括对当前所处的环境进行评估，在得到最终数据之后，选择适合企业自身的路径。周骏宇，杨军（2013）在研究当中选取的位于广东地区（外资企业多达 369 家）的企业进行实地调研，通过获得的调研数据进行分析得到了这样的结论：外资企业为获得更好的转型机会，他们会对各类升级路径进行分析，并且希望当地政府提供相关的政策支持。

三、企业转型路径

Hamel 和 Pralahad（1994）提出了这样的观点，企业选择他人不可复制的能力作为转型升级的优势，这样的优势决定了企业占据市场的核心能力。Bell，Albu（1999）认为为得到企业转型的一系列过程，需要从以下两个方面来加以考虑，一是注重企业核心竞争力，这种优势对于其他企业而言是难以在短期内效仿的，这是该企业以客户为导向设计产品并提供服务的能力；二是加强动态能力方面的分析研究。Humphrey 和 Schmitz（2000）立足价值链的研究视角，指出了企业升级的四种途径：流程升级、产品升级、功能升级以及跨产业升级。其中，跨产业升级只是提出了一个启发性的概念。吴家曦和李华燊（2009）指出，企业的转型升级由转型和升级两个部分组成，是由低技术、低附加值产品朝高技术、高附加值产品转变的过程。毛蕴诗和熊炼（2011）指出，企业升级不局限于附加值的增加，在实质上更是其产出比率以及生产效率的提升，通过成本降低实现附加值提升同样是企业达到转型升级的高效方式。杜婧（2013）认为传统企业创新转型有三个方向、五条路径。三个方向是：第一，企业发展战略从传统产业进入到新兴产业；第二，企业经营从旧的商业模式创新转型为新的商业模式；第三，企业生产从低端价值链移动到高端价值链。五条路径分别为市场培育下的企业创新转型、中介服务下的企业创新转型、政府培育下的企业创新转型、市场和政府共同培育作用下的企业创新转型、商业模式变革下的企业创新转型。而商业模式变革又包括顾客价值创新、价值链创新、价值网创新。毛蕴诗，李田（2014）研究表明，跨产业升级可以促进新兴产业和原有产业的协同发展，从而获得经济效益，推动企业增加值上升。李兆磊（2015）认为制造业企业依赖技术创新和客户化创新两个方式，沿着社会组织和业务流程再造、服务创新和价值创造的路径向服务型制造业企业转型。

综上，本研究认为企业转型的路径是通过构建更有效的商业模式，搭建开放生态系统，从而更好地发现新机会和重构竞争优势，以满足用户日益增长的对美好生活最佳体验的实现路径。

第三节　其他核心概念

一、人单合一概念

"人单合一"是海尔集团董事局主席、首席执行官张瑞敏提出并命名的一种商业模式，通常称为人单合一模式。人单合一模式不同于一般意义上的竞争方式和组织方式，也不同于传统的业务模式和盈利模式的范畴，而是顺应互联网时代"零距离"和"去中心化""去中介化"的时代特征，从企业、员工和用户三个维度进行战略定位、组织结构、运营流程和资源配置领域的颠覆性、系统性的持续动态变革，在探索实践过程中，不断形成并迭代演进的互联网企业创新模式。

"人单合一"的字面释义："人"，指员工；"单"，指用户价值；"合一"，指员工的价值实现与所创造的用户价值合一。

"人单合一"的基本含义是，每个员工都应直接面对用户，创造用户价值，并在为用户创造价值中实现自己的价值分享。员工不是从属于岗位，而是因用户而存在，有"单"才有"人"。

在海尔集团的实践探索中，"人"的含义有了进一步的延伸。首先，"人"是开放的，不局限于企业内部，任何人都可以凭借有竞争力的预案竞争上岗；其次，员工也不再是被动执行者，而是拥有"三权"（现场决策权、用人权和分配权）的创业者和动态合伙人。"单"的含义也进一步延伸，首先，"单"是抢来的，而不是上级分配的；其次，"单"是引领的，动态优化的，而不是狭义的订单，更不是封闭固化的。因此，人单合一是动态优化的，其特征可以概括为两句话，"竞单上岗、按单聚散"；"高单聚高人、高人树高单"。人单合一的"合一"即通过"人单酬"来闭环，每个人的"酬"来自用户评价、用户付薪，而不是上级评价、企业付薪。传统的企业付薪是事后评价考核的结果，而用户付薪是事先算赢，对赌分享的超利。人单合一模式从薪酬驱动的方式根本性变革倒逼企业两个变量——战略和组织的模式颠覆，体现为"三化"——企业平台化、员工创客化、用户个性化。企业平台化，即企业从传统的科层制组织颠覆为共创共赢的平台；员工创客化，即员工从被动接受指令的执行者颠覆为主动为用户创造价值的创客和动态合伙人；用户个性化，即用户从购买者颠覆为全流程最佳体验的参与者，从顾客转化为交互的用户资源。该模式同时颠覆了企业、员工和用户三者之间的关系。传统模式下，用户听员工的，员工听企业的；人单合一模式下，企业听员工的，员工听用户的。战略转型、组织重构和关系转变带来的是整个商业模式的重建。

"人单合一"的本质就是我的用户我创造，我的增值我分享。也就是说，员工有权根据市场的变化自主决策，员工有权根据为用户创造的价值自己决定收入。"人单合一双赢模式"使每个人都是自己的CEO，并组成直面市场的自组织。在管理指导思想层面，人单合一双赢模式以用户为中心、以战略创新为导向，开创性地把以人为本的管理思想往纵深发展，更加突出个人和自主经营团队的主体地位，推动企业经营活动持续动态升级，实现企业、员工、顾客的互利共赢。在管理实践层面，人单合一双赢模式彻底抛弃传统管理模式下的科层制，让员工从原来被动的命令执行者转变为平台上的自驱动创新者；创业员工并非局限于企业员工，而是生态圈的概念。互联网的到来颠覆了企业传统的发展模式，并催生出新的经济模式，如共享经济、协同经济、社群经济等。互联网时代，企业的模式创新探索面临的形势是处在新旧交锋的十字路口。旧模式即传统的以企业为中心的价值创造模式，新模式即以全流程用户最佳体验为核心的共创共赢模式。

二、起源与演进

海尔管理哲学的核心是"企业即人，人即企业"。自20世纪80年代创业以来，张瑞敏在海尔的管理实践始终聚焦充分激发员工的创造力、挖掘员工的潜力，坚信人是企业唯一能够增值的资产，企业最重要的就是两部分人，内部是员工，外部是用户，海尔模式创新的主线就是让内部员工与外部用户的零距离，也就是"人单合一"。但在不同的发展阶段，"人单合一"的内涵又有不同。

从海尔的探索实践来看，如图2.1所示，从20世纪80年代的"自主管理班组"到2018年的"三生体系"，海尔"人单合一双赢"模式的探索是一以贯之的。2005年正式提出的"人单合一"正是之前的总结和发展，也是开启和创新，起到承前启后的关键作用。这期间，海尔提出了市场链管理、自主经营体、共创共赢生态圈、"三生"体系等管理模式和机制。但这种管理模式的探索受到原来组织机制、框架的限制，再往下走，必须要将原来全部颠覆。2015 年 9 月 19 日，海尔召开"'人单合一双赢模式'探索十周年暨第二届海尔商业模式创新全球论坛"，标志着海尔"人单合一双赢模式"进入人单合一 2.0 新阶段——共创共赢新模式。共创共赢模式是人单合一双赢模式的迭代，"人"，从过去的员工升级为攸关各方，"单"，从用户价值升级到用户增值，"双赢"升级为共赢。人单合一的演进如表2.1 所示。

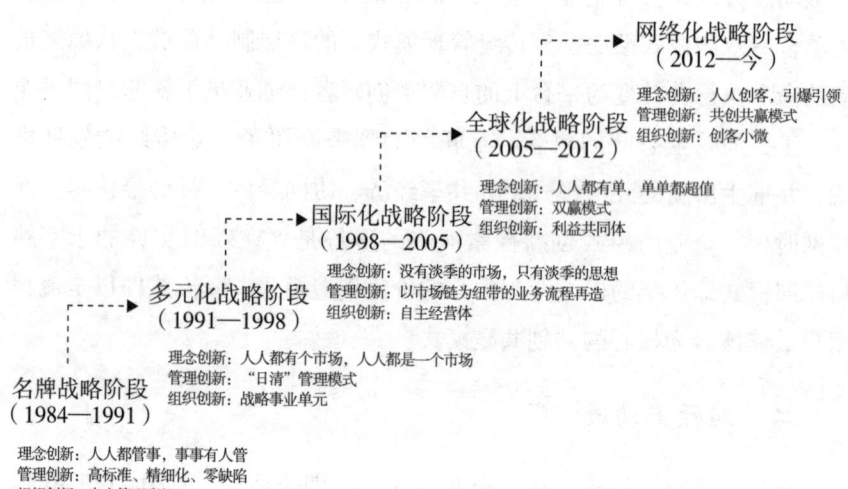

图2.1 "人单合一"演进路线图

表2.1 人单合一的演进

时间	核心举措	创新路径
20世纪80年代	员工命名创新、自主管理班组	"员工命名创新":激发员工"个体"的自主创新意识。如1990年的"启明焊枪""晓玲扳手"等 "自主管理班组":激发员工"团队"的自主创新意识。1991年,海尔冰箱厂开始探索班组自主管理建设;在1992年冰箱厂年度方针目标中,海尔正式提出"以自主管理为重点",并开展"班组建设升级达标活动",可从"合格班组"升级为"免检班组""自主管理班组"。1994年,冰箱二厂门封条韩美丽班组从全厂第一个"免检班组"升级为全厂第一个"自主管理班组" 这两个探索在当时产生了很大影响,员工第一次感受到自主管理带给他们的快乐,激发了他们发挥自己潜能、主动负责的精神,让员工接受了自主管理这一观念。这一阶段虽然取得了一定成效,但由于当时供不应求,自主管理的驱动力不是来自外部市场,试验的成果并不真正具有"端到端"的市场竞争力
20世纪90年代	"SBU"战略事业单元的推进阶段。	1998年,海尔进入国际化战略阶段,为了"推倒企业内外两堵墙",海尔开始实施基于计算机信息化系统的组织再造和流程再造,开始打破传统企业内部组织之间的壁垒,全员面向市场主动创新。流程再造的本质是人的再造,因为海尔国际化的本质是每位海尔人的国际化。探索方式是试点推行"SBU"。2001年4月30日,张瑞敏在集团内部举行的纪念"五四"青年节的活动仪式上,寄语海尔年轻员工都成为合格的SBU,即"战略事业单位",将企业的三张表(损益表、资产负债表、现金流量表)转化为每位员工的三张表。当时的SBU已经具有这样的含义:每个人自身价值的目标和企业分给自身的目标相结合,鼓励每个人成为自主创新的主体 试点"SBU"的阶段遇到的问题是:因为没有以信息化贯穿全流程,因此部门之间各自为政,需要人为协调各流程的关系,没有形成"同一目标",更不用说建立"倒逼体系"。同时,当时的SBU还没和用户价值紧密结合,没有实现全流程同一目标指向用户需求。所以说,SBU的创新是"段到段"的,SBU试点自身难以持续,也难以复制推广
2005年	首次提出"人单合一"模式	在海尔全球经理人年会上,张首席指出:海尔在全球市场中取胜的竞争模式就是:人单合一。"人"就是每一位创新的SBU;"单"就是有竞争力的3A市场目标。"人单合一"模式包括"人单合一""直销直发"和"正现金流":①人要与市场合一,成为创造市场的SBU;②直接营销到位、直接发运到位,是实现"人单合一"的基础,只有在直销到位的前提下才能直发到位;③正现金流是企业生存的空气,利润是企业生存的血液,没有正现金流,企业就会窒息。"人单合一"是全流程的模式,其目的是激发SBU的潜能,使每个人都面向市场

时间	核心举措	创新路径
2006 年	推进 T 模式	2006 年集团的发展主题是：人单合一、速决速胜。这一年快速推进 T 模式，即 4T：准时（Time）、目标（Target）、日清（Today）、团队（Team），这是保证"人单合一"目标实现的工具。海尔开始在产品代表和生产线两类岗位上探索自主经营体的实践。自主经营体比 SBU 更进一步，是指向具体市场目标的项目经营团队，代表性组织是特种冰箱生产线经营体
2007 年	启动 1000 天再造	海尔明确提出打造卓越运营的商业模式，启动 1000 天再造计划，即建立从目标到目标、从用户到用户的"端对端"的卓越流程。自主经营体建设开始具备了"端到端"和"同一目标"的特征，并不断优化。1000 天再造：在组织上，开放搭建 1＋1＋N 团队；在流程上，上线 GVS 信息化系统。组织再造，其本质是人的再造，通过再造干部，将每位员工再造为自主经营的经营体
2008 年	建立人单合一的日清体系，推进零库存下的即需即供	这一年，集团进一步推进 1000 天再造，全员签订 PBC（个人事业承诺），建立人单合一的日清体系，在战略上取消 DC 库，推进零库存下的即需即供。提出四个创新：①机制创新：建立让企业整体充满活力，让每个海尔员工在创造市场价值的同时，体现个人价值的自主经营机制。②网络创新：打造满足虚拟柜台、虚拟超市的供应链，也就是虚实网的结合。③商业模式创新：创建零库存下的即需即供。④战略转型：战略定位为领先时代、永续发展，成为有第一竞争力的美好住居生活解决方案提供商
2009 年	自主经营体样板建立，从正三角变为倒三角	人单合一模式开始有了自主经营体样板承接，并把原来"正三角"形金字塔式的组织倒置过来成为"倒三角"形组织。海尔冰箱 PL（产品本部）组建国内三四级市场的自主经营体样板，以损益表、日清表和人单酬表为支撑，日臻完善，并具备内部复制的可能。以倒三角、自主经营体等概念彻底颠覆旧观念，从原来以企业为中心，到现在变成以用户为中心，各级管理者从原来指挥下级员工，变成现在和员工一起听从用户指挥；高级管理者从原来考核员工指标和效益，到现在考核能制造多少自主经营体，为多少员工成为自主经营的 CEO 打造平台
2010 年	做透样板、复制样板	这一年的模式推进路径是：做透样板、复制样板，明确自主经营体的三要素：端到端；同一目标；倒逼体系，确定好"目标、路径、团队"。将海尔的流程再造归结为两个转型：从传统经济下的商业模式转型到人单合一双赢模式；从制造业转型到服务业。这两个转型在企业内部叫作"三转"：从外部环境来讲，就是"转变"——从传统经济到互联网时代

时间	核心举措	创新路径
2010年	做透样板、复制样板	的转变；因此，企业就必须跟着"转型"——从制造业向服务业转型；员工必须要"转化"——从原来被动听命于上级的指令转化到主动为用户服务、创造用户价值。但有一些管理者站在原来的职位上没有转过来，因此要求管理者：①必须事先有一个目标体系，这个目标体系和薪酬体系是对应的，也就是说预算、预案、预酬；②倒逼自我、挑战自我；③转变过去的"正三角"，真正变成为第一线员工提供资源的资源提供者
2011年	以三类三级经营体为基本创新单元的纵横连线的扁平化倒三角结构体系	这一年模式创新的主题是：我的用户我创造，我的增值我分享。这一年仍然坚持做样板，初步形成以三类三级经营体为基本创新单元的纵横连线的扁平化倒三角结构体系，并形成动态优化的推进手册。但是随着时间的推移，很多样板都消失了没有做起来，主要原因就在于样板当时是孤立的，不是一个体系。后来逐渐地理顺为"三个示范"：第一是小表示范，也就是每一个自主经营体都应该有一个战略损益表。第二是大表示范，大表是各级主管把经营体做起来要的一个驱动机制。第三是模式示范，形成人单合一双赢模式，把所有FU的人力、财务、PSI和战略融合在一起
2012年	节点闭环的动态网状组织	这一年模式创新的重点突破任务就是让每个人成为创新的主体，让每个人成为自己的CEO。由三类三级自主经营体组成的倒三角组织架构进一步推进，二级变为"资源超市"，明确"资源超市"的单是为一级事前算赢。之后经营体进一步扁平为节点闭环的动态网状组织，逐步探索平台型团队，按单聚散。海尔战略损益表进行了四次升级，以两维点阵推进经营体升级优化。同时在机制上进一步深化，取消"职务酬"改为"人单酬"，第一次提出了自主经营体升级的目标是成为拥有"三权"的小微
2013年	自经体并联平台的生态圈	确定网络化战略阶段三个"无"的观念：企业无边界、管理无领导、供应链无尺度。节点闭环的动态网状组织进一步推进，自主经营体升级为按单聚散的利益共同体，又升级为自经体并联平台的生态圈，员工角色从接受指令者变为资源接口人，又变为创业者，在海尔平台上开始成立风投机制孵化的小微公司，利益攸关方从博弈关系变为共创共享价值
2014年	企业平台化，用户个性化，员工创客化	战略推进的主题就是"三化"，企业的互联网思维对应"企业的平台化"，互联网对企业的改变就是平台化；企业的互联网宗旨对应"用户的个性化"；而员工的价值体现在"员工的创客化"。"三化"的推出是承接2013年海尔提出的"三无"观念，通过平台化的搭建，海尔以"人人创客"时代打造起个性化的用户体验生态圈

时间	核心举措	创新路径
2015 年	人单合一2.0，共创共赢生态圈模式	"人单合一双赢"模式升级为"人单合一2.0——共创共赢生态圈模式"，即打造后电商时代基于用户价值交互的共创共赢生态圈，实现攸关各方的共赢增值。在这个生态圈中，各种资源都能进来，形成一个共同创造、共同增值、共同盈利的生态圈。所谓"生态圈"是指其中是动态的，就像海尔一直所说的，"世界就是我的研发部""世界就是我的人力资源部"，所有都是开放的
2016 年	互联网企业六要素	提出互联网企业的六要素，主要从战略、组织、员工、用户、薪酬和管理六个方面进行模式探索，其中战略和组织是决定企业成长的两个变量，员工和用户是决定企业兴衰的两类人，薪酬是企业的驱动力，管理则是为了引领目标实现自演进
2017 年	沙拉式文化体系	24 年前 GE 曾想收购海尔，海尔没同意，如今海尔兼并GEA，一是海尔的实力超过了它，另外就是海尔通过"沙拉式文化体系"实现兼并后 1＋1＞2 效果。将来我们要让中国管理模式成为世界最好的模式
2018 年	"三生"体系	从首创性、颠覆性和引领性三个角度对首创的递进迭代的生态圈、生态收入、生态品牌的"三生"体系进行了系统阐述。传统时代是产品品牌，互联网时代是平台品牌，而海尔要成为物联网时代的生态品牌。生态品牌的标准就是以用户最佳体验为标准下的迭代升级增值。按照这个标准，平台首先要满足用户的最佳体验，不断进行用户交互与迭代升级，变成生态系统，最终实现生态圈内利益攸关方的增值

三、模式的引领性

互联网科技的持续创新和实践应用深刻变革着用户的消费和体验行为，用户端的信息获取和交互体验又倒逼着传统企业提供产品和服务的方式，生产和消费模式的变革，进一步对工业革命以来企业的商业模式和组织治理模式提出颠覆性的挑战。全世界的企业在这一轮变革前站在同一起跑线上，勇于创新和挑战自我的企业和学者已经开始新的探索、实践和观察总结。

在企业实践层面，西方企业（如3M）的"内部企业"，全食超市的自治团队，美捷步的"合弄制"等组织管理创新得到学者和企业界的追捧。

在研究者方面，琳达·格拉顿长期关注企业内部的民主化管理；罗伯逊把自己创业的软件公司探索的"合弄制"（又译"全体共治"）总结成一套方法；哈佛大学的坎贝尔教授致力于"分权"管理研究；加里·哈默则一直通过其 MLB（管理实验室）平台上的 MIX（在线管理社区）研究"后科层制"组织理论。

但以上实践和研究都有一个局限，即封闭，仍把企业视为一个封闭的体系，在自成体系的企业内部探讨组织和管理方式的创新。

海尔的模式创新突破了企业的传统边界壁垒，扣住战略和组织这两个变量，按照组织从属战略，战略顺应时代的逻辑和主线，让用户和利益攸关方这两类原本属于被动和从属地位的要素成为主动参与甚至驱动组织变革和管理创新的重要因素。

因此，海尔的变革远远超出企业内部变革的范围，这也导致海尔的"消灭中间层""员工创客化"等实践比其他企业的创新来得更加彻底，更加迅猛，也引起西方企业界、学界的"激进"评论。

简要概括一下，全世界范围内已知的应对互联网时代的模式变革可以分为两类，一类是海尔式的，另一类是非海尔式的。非海尔式的变革有一个中心任务即"重新定义管理"，海尔式的变革与他们都不同，即"重新定义企业"。据已知资料显示，目前海尔式变革只有海尔集团在实践。

理论上的先进性，"人单合一"是建立在传统"分工"理论及其组织管理模式在互联网时代崩塌的前提下，从企业、员工、用户三个维度对互联网时代管理模式全新探索，以"人单合一"的创新理论重新定义企业、员工和用户。

"全体共治"只聚集于企业内部的组织治理模式，通过打通组织内部的墙，以结构、流程、活动的创新激发每个员工的潜能。世界著名管理大师加里·哈默在《哈佛商业评论》撰文说：全体共治等自上而下的解决方法无法解决官僚主义问题，并指出"全体共治"代表企业美捷步的转型失败。

"触点管理"遵循"由外及内、自下而上"，即从外面的用户到里面的员工，从下面的员工到上面的领导，以单个触点的"真实时代"的切实感受赢得客户，并以"触点经理人"全面关注客户需求。简单来说，管理者要在第一线去了解用户的感受，让员工直接和市场发生关系，而不是高高在上。

如表 2.2 所示，前者是颠覆性创新，后两者是创造性改良。

表2.2 "人单合一"与"全体共治""触点管理"的模式对比分析

维度 \ 模式		人单合一	全体共治	触点管理
企业维度	定位	企业是开放网络中的节点	内部开放的组织	内部扁平化的组织
	宗旨	利益攸关方共创共赢	在企业内部给每个员工创造一个自管理的空间	在企业内部构建激励性的工作条件，激发员工的忠诚、创造力和协作精神
	组织结构	小微生态圈为基本价值单元的"三自组织"	嵌套组织	扁平化的组织、协作式的结构
员工维度	角色	三类人：平台主、小微主、创客	外圈主、内圈主、角色	领导者、触点经理人、粉丝级员工
	定位	先有单再有人，世界就是我的人力资源部	企业现有人员的整合	企业忠诚的员工，积极的推荐者
	人力活动	开放竞单、按单聚散	选举和任命	雇佣和合同
	机制	用户付薪	企业付薪	企业付薪
	驱动	自创业、自组织、自驱动	总章程管治下的自管理	由外及内，自下而上，但本质上还是正三角
	结构协调	用户契约	管治会议、圈主协调	项目组织者协调
用户	参与度	参与到全流程共创共赢	在企业的圈外	在企业的圈外

三大本质不同——开放与封闭；用户与员工是否人单合一；自管理与自创业。

触点管理和全体共治现在虽然受到追捧，但没有推开，很重要的原因是在战略上不是彻底企业无边界，企业还是有边界的。

而"人单合一"是彻底让用户说了算，没有领导，用户才是领导，所以要创造用户价值、用户付薪，但触点管理和全体共治还是由领导来确定，员工和用户直接发生关系之后，还要再通过科层制逐层上报，由领导付薪。如果不能够直面市场，很多形式看起来挺好，听起来也不错，但是不太可能把它坚持下去。

四、管理创新

（一）人单合一模式的五大创新

1. 战略创新：从制造产品的企业转型为孵化创客的平台

传统时代企业生产产品，要么成为世界名牌，要么为世界名牌打工。而在互联网时代，要么拥有平台，要么被平台拥有。所以在战略上进行调整，需要建成一个有竞争力的平台。从传统损益表到战略损益表。传统损益表反映的是收入减费用和成本等于利润；如图2.2所示，战略损益表则是从交互用户、人力资源、预实零差、闭环优化四个方面对经营过程和结果进行评估。

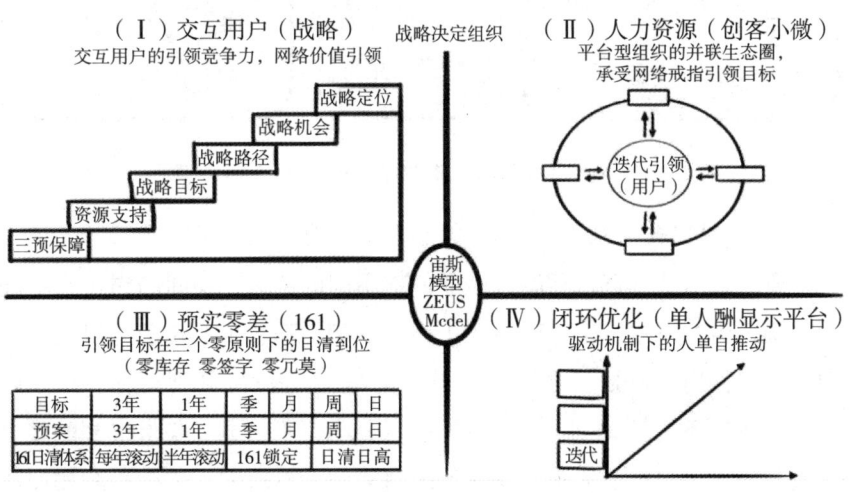

图2.2　海尔战略损益表

2. 组织创新：从封闭科层制转型为网状节点组织

过去是传统的组织，海尔去中心化、去中介化，将企业本身变成互联网的一个节点。组织颠覆后，海尔平台上只有三类人：平台主、小微主、创客。他们同一目标、同一薪源，没有岗位层级的高低，只有创造价值的大小。"创业小微"成为海尔平台上的基本单元，围绕用户需求，开放连接世界资源，搭建共创共赢生态圈。海尔不但把每一个员工变成创客，还把世界每一个创客变成海尔的员工，适合创业的人都可以到海尔的平台上进行创业。如图 2.3 所示，从传统正三角组织转型到倒三角组织，再转型到平台型组织，从而实现并联平台的生态圈。传统时代企业的流程都是串联的，从研发开始一直到制造、销售，没办法直接面对市场。但是互联网消除了距离，让企业变得网络化，需要将与员工、合作方的博弈关系转为合作共赢的生态圈。

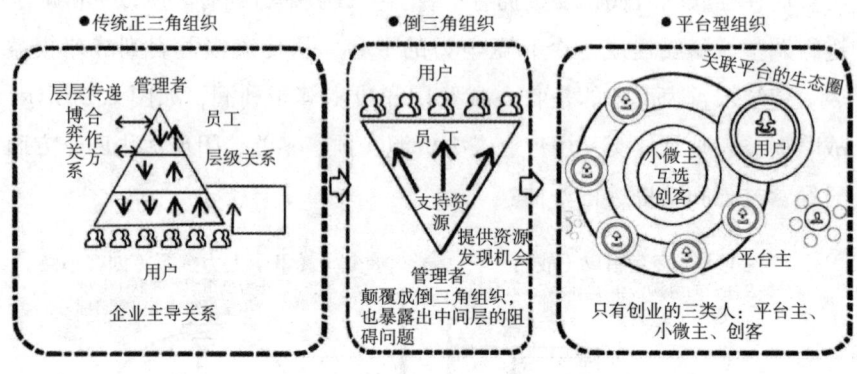

图 2.3　海尔组织转变

3. 机制创新：从企业付薪转型为用户付薪

原来海尔实行宽带薪酬，企业内部不同的层级，不同的岗位有不同的薪酬，当时海尔有十级岗位，十四级薪酬。随着企业转型为以用户为中心，实行用户付薪。比如"0030"机制，0 固薪，0 费用，30% 风险金池，海尔还实行 24 小时限时达/超时免单，所以员工获得报酬的多少取决于获得用户价值的多少。从传统薪酬到人单薪酬，传统薪酬按照职务级别分配，人单薪酬则按照员工创造的价值确定收益。如图 2.4 所示，海尔人单酬包括基本酬、对赌拐点酬（季度）、超值分享、股权超利分享。

　　传统的企业核算体系是事后算账，见数不见人，见果不见因，是以资本为中心的，追求的是股东至上。海尔的人单薪酬是以员工为中心，即以人单合一的机制激发员工的创新力，让员工创造用户价值和市场资源，达到用户、企业、员工的多赢，并得以实现员工的高效率、高增值、高薪酬。

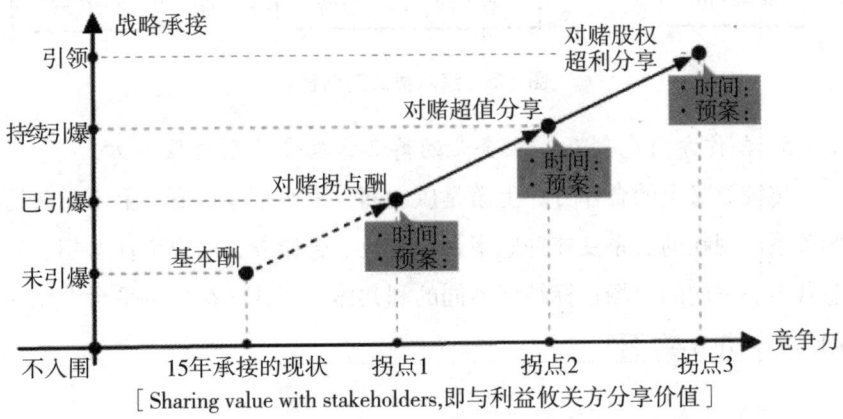

图2.4　海尔人单酬匹配

　　4. 员工角色创新：从指令执行者转为创业者

　　如图2.5所示，人单合一双赢模式改变了员工角色，从原来被动的指令执行者变成了主动创业者，每个员工自主经营而不是被经营，员工已经从"选用育留"转型到"动态合伙人"，进而转型到自创业、自组织、自驱动的"三自人"。自创业就是创客自己在市场上发现机会、创造项目，而不是由公司决定你是不是可以去创业；自组织就是根据这个项目的要求，创客自我组织可以完成这个项目的团队；自驱动就是根据给市场、用户所创造的价值，在市场竞争中优胜劣汰来驱动自己再发展。员工创客化最后要达到的目标是，"人是目的，不是工具"，平台的价值在于让每个人都把自己的价值充分发挥出来，海尔试图让平台上的小微和创客们都实现这一点。

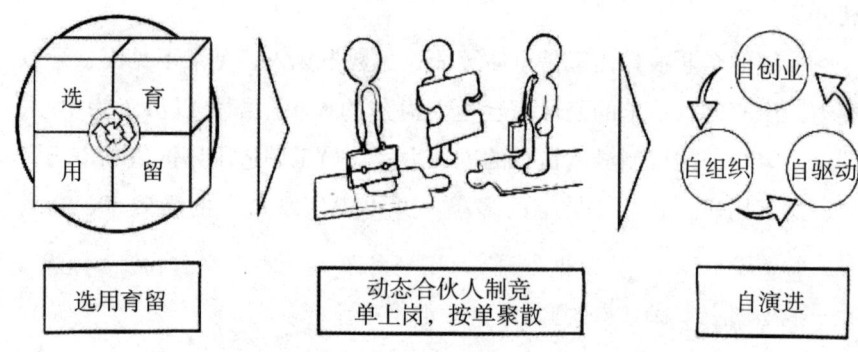

图 2.5 海尔员工变创客

5. 合作方角色创新：从企业的博弈方转变为利益攸关方。

传统意义上的合作方，上游是供应商，下游是零售商，上下游是博弈关系。现在的关系变成并联平台，企业、合作方、用户责任共担、利益共享。不同的市场目标结成不同的利共体，利共体在海尔平台上创业创超值，并分享超利。

（二）人单合一模式管理工具

1. 两维点阵表和共赢增值表

两维点阵表，也叫纵横匹配表：纵轴体现网络价值，通过个性化体验迭代，产生用户终身价值，包括终生用户、交互用户、顾客。纵轴的路径体现在横轴的果，即产品价值，销售、利润要体现"三高原则"（高份额、高毛利、高增长）。

共赢增值表体现的是边际效应递增，包含用户资源、收入、成本和边际收益五个部分，颠覆了企业传统的三表。举个例子，如"社区洗"，用户资源包括交互用户 607 万，活跃用户 281 万，体验迭代 152 万。收入分为硬件收入 2299 元/台，生态收入 2367 元/台（包含服务收入、广告收入、增值收入），扣除硬件成本 1950 元/台，生态成本 373 元/台，最终实现的边际收益包含硬件边际收益 512 元/台，生态边际收益 7.6 元/台。

2. 共创共享平台

海尔这么多小微创业，怎么保证小微创业不偏离方向、少犯错误，主要是企业搭建了大共享平台，这个共享平台包括预算、人力、财务、DTS、税收、内控内审、法律等10大板块，包括50+类服务模块，价值交互90000次/日（如抵御网络入侵4次/秒，移动办公30000人/日，人力服务7000次/日，单据处理7500笔/日），这些对刚孵化出的小微企业，从初创到成长到成熟有非常大的推进作用。

财务共享平台，原来集团财务人员是1800人，后来到了540人，现在优化到227人。效率从原来每个月1198笔，现在每个月处理11071笔，效率大大提高。从原来的串联到并联再到跨界，运营效率是行业的20倍。

3. 创客所有制

不同于传统的股权激励（少数人拥有，关注公司短期市值）和西方的委托代理激励机制，海尔首创了创客所有制。创客所有制有三个特点：①用户付薪。创客的薪酬不是领导决定，而是用户决定，每个创客的薪酬和自己创造的用户价值一一对应。②资本社会化。创业小微一定有外部风险投资，即社会资本的参与，同时创业者参与跟投，跟投多少与创客自身能创造的价值相对应，并以跟投股本做对赌，实现利益共享、风险共担。③动态优化。创客的股权是动态的，创造价值大，股权就多，没有创造出价值，股权就没有价值。

海尔不是国企，也不是民企，是集体企业，实行全员创客，人人都是创客，不是结果公平，而是给每个人有公平的机会；创客能上能下，能进能出，收益按创造的价值获取。比如行业典型股份收益是收益＝可分配收益股份占比，海尔是收益＝可分配收益股份占比价值指数，价值指数就是员工创造超值价值和用户价值。

第三章　生态圈化企业转型案例研究

第一节　方案设计

一、方法选择

本文选择归纳性案例研究方法深入探索基于生态圈化的企业转型的微观过程，有以下两个原因：一是案例研究适合解决"是什么"和"如何"的问题，本文致力于描述生态圈化的"微观过程是什么"以及在此过程中"如何"影响企业转型和其绩效的机理，适合采用基于案例分析的定性理论研究方法（Yin，1994）。而这恰好与本文专注的过程研究相一致。二是采用案例研究方法，多维度构建因果证据链，可以提高研究的内在效度。

二、案例样本选择

选择海尔企业转型实践作为案例和实证研究，其原因有：

一是，案例企业的选择应符合 Eisenhardt（1989）提出的研究聚焦原则和极化类型原则。聚焦原则体现在集中注意力探索企业战略变革过程。极化类型原则体现在海尔作为一家年销售额超过 2661 亿（2018年）的大型传统制造企业，通过历次生态圈化变革均取得良好的社会、经济效果，并得到国家肯定和大力支持，更具理论和经验价值。案例企业的这些特性，有利于充分地探索企业特定情境下企业转型的内部动力机制，进而增加研究结果的严谨性和一般性（Eisenhardt & Graebner，2007）。

二是，选取的案例企业具有较强的典型性和特殊性，符合 Pettigrew（1990）挑选案例企业的标准。海尔作为当前中国情境下传统大型制造企业成功转型的典范，具有代表性。海尔的互联网时代下的生态圈化变革始于 2005 年 9 月的"人单合一双赢模式"的提出，至今已有 14 年，商业化实践较为成熟，其变革的良好效果又具有"大象也能跳舞"的特殊性。行业环境的突变凸显企业生态圈化的迫切性，后者又显著影响企业转型效果，这种典型性和特殊性使研究过程清晰可见。

海尔集团是一家全球领先的美好生活解决方案服务商。在互联网和物联网时代，海尔从传统制造企业转型为共创共赢的物联网社群生态，率先在全球创立物联网生态品牌。在公司创始人张瑞敏的企业管理思想和经营哲学指引下，海尔集团顺应时代发展潮流，历经五个战略发展阶段，从资不抵债、濒临倒闭的集体小厂发展成为物联网时代引领的生态型企业。海尔将围绕"智家定制"（智慧家庭定制美好生活）的战略原点，构建食联生态、衣联生态、住居生态、互娱生态等物联网生态圈，满足全球用户不断迭代的个性化家居服务方案的需求。在持续创业创新过程中，海尔坚持"人的价值第一"的发展主线，首创物联网时代的人单合一模式，颠覆西方传统经典管理模式，并以其时代性、普适性和社会性实现跨行业、跨文化的输出和复制。哈佛大学、斯坦福大学等世界一流商学院把"人单合一模式"的探索和实践写入教学案例，诺贝尔经济学奖获得者哈特给予高度评价，加里·哈默等管理学家称之为下一个社会模式。

三是，笔者自 2007 年至今，作为主要参与者实践和见证了海尔企业转型的过程和路径，更能从局中人角度加以深度阐述。

三、资料收集和信度效度

作者从 2007 年开始有侧重、持续搜集企业转型相关数据。不仅采用田野调查、半结构性访谈、参加例会等获取一手数据，也通过企业内刊、会议纪要、重大会议、第三方调研咨询公司搜集数据，以尽可能保持信息来源的多重性。此外，为减少信息偏差，作者遵循数据的三角证据，将半结构化访谈、档案资料和会议观摩的信息进行相互验证，论文中所使用的重要陈述都独立地从多个数据搜集渠道获得。EdenandHux-ham（1996）认为多渠道获取的多角度数据证据能够提高研究的可靠性和有效性。研究对象的数据和本意的多渠道多视角是保证研究结构可靠稳定的关键。

Pettigrewetal（2001）指出，企业转型过程的研究中，确立研究者和研究对象的合作共赢的信任关系非常重要。本研究执行中尽量搭建这种信任关系，例如主动提供行业趋势分析、对手动态研究、优质标的公司等对研究对象显然有吸引力的无附加条件的资源服务，同时强调与其同一目标并体现设身处地地为之服务，并坚持坦诚和有益的访谈和研究，建立了良好的"共享共研"合作关系和工作氛围。其间的调研对象也即企业家创客（特定产品或服务的小微生态圈主）超过300人、平台主超过30人、领域主超过6人，以从不同节点探讨成员对企业转型过程和生态圈化的理解和观点。

研究过程发现，研究者和研究对象的良好互动也能提高被访谈者信息和观点表达的清晰度和信度，例如随着调研的不断深入，越来越多的被调研者表示，访谈或者回答问题的过程也是反思自己对企业转型目标现状的差距的过程，该过程对企业转型的实施有直接正向影响，更有很多调研对象主动联系研究者就某个困惑寻求帮助或展开研讨。

在案例数据和信息收集过程中，鉴于研究者可能存在信息和数据偏好以及被调研者回答可能存在的主观性，综合参考了 Yin（1994）、Eisenhardt（1989）等学者的研究成果，试图使用多方法尽量规避这一影响，例如注重访谈纪要和被访谈者确定理解和表达清晰准确，访谈纪要和企业内部刊物、会议纪要、第三方数据等相互印证，以提高调研数据和信息的信度和效度。

第二节　案例背景

一、国内外的生态圈化

商业经济发展到最后，就是生态圈的竞争，简单来说，企业变成一个平台其实就是将自己变成一个开放的系统，这个系统里面有一整套机制和规范，吸引着不同的群体加入，激励他们在这里互动，创新，实现自我价值的同时达成平台的价值追求。

苹果公司为用户提供了一个简单易用的生态圈，并且不断完善，这让用户觉得只用"苹果"这一个品牌的产品就够了。不仅如此，苹果公司还持续推出它生态系统中的新品，如 HomePod 音箱。苹果品牌一直稳坐智能硬件市场的霸主位置，旗下的手机，电脑，平板以及其他智能产品占了市场份额的大头。

Google 搭建了以"Android"为核心的生态圈，除了软件生态系统，包括 Android One、Android Auto、Android Wear、Android TV、Google Cast，还有硬件生态系统，比如智能家居品牌 Nest，Chromecast 电视棒，Nexus 手机，Chromebook 笔记本电脑以及 Google Home 智能家居音箱。不论是在手机、平板计算机、Chromebook、汽车、穿戴式装置、Android TV、Google Cast 上，目前谷歌都已与品牌商建立合作关系，Google 将会透过这些硬件装置布局，进一步扩大其 Android 平台在不同装置与产业共生体系的影响力，而这背后代表的是 Google 生态体系的扩大。

阿里巴巴现在有三个大的集团，一个是阿里巴巴电子商务集团，大家耳熟能详的淘宝和天猫就隶属于里面，不管是 B2C 还是 C2C 领域，天猫和淘宝都是当之无愧的巨头。第二个是阿里巴巴小微金融服务集团，蚂蚁金服和网商银行就属于该集团管辖。第三个就是菜鸟网络，主攻物流方面。也就是说，从信息流，资金流和物流，铁三角的布局，形成一个完整生态圈。假如说，你想买一件衣服，你可以在淘宝上面寻找你需要的款式；购买的时候，你如果缺少资金，蚂蚁花呗可以借给你，甚至，平台也可以允许你分期付款；买完衣服后，菜鸟网络会把商品送到你的家里。你会发现整个流程下来，你都是享受阿里巴巴带给你的服务，就算蚂蚁花呗借钱给你，但资金的流向最终还是流回了阿里巴巴集团。

腾讯也是生态圈的霸主，腾讯的手几乎触及互联网各行各业，你会发现拥有一个腾讯账号就几乎可以在互联网世界畅行无阻，假设你想玩社交，你可以用腾讯的账号登录微信、QQ；你想听流行歌曲，用腾讯账号登录 QQ 音乐；想看电影，腾讯视频可以满足你；想购物，京东的最大股东就是腾讯，可以用腾讯的账号登录京东；想点外卖，美团的大股东，也是腾讯，你可以登录美团点外卖。除了这些，搜狗、滴滴、特斯拉、唯品会等都有腾讯的股份，腾讯的势力强大得让人窒息。腾讯还有一个"大杀器"，就是微信。360 集团的董事长说，微信本身就是生态圈，微信不单单是一个社交工具，更加是一个互联网开放式的平台，除了社交之外，你还可以用来支付、购物、买火车票、订酒店、打车、理财等，微信的存在，让很多的 APP 直接下线，因为你没必要耗费大量的人力和金钱去推广你的 APP，你只要开放一个入口，让微信直接接入，然后你只需要负责运营就行。

可见生态圈化的路径是构建核心生态系统，苹果的核心是 IOS 软件系统以及基于此的"近乎完美的"硬件系统，谷歌的核心是 Android 系统以及强大硬件合作系统，阿里巴巴则是以交易平台"淘宝"为核心的信息、支付、物流相结合的生态系统以及基于投资的商业生态圈，腾讯是以社交软件"微信"为核心的系统以及基于此的支付、购物、买火车票、定酒店、打车、理财等商业生态圈。

二、海尔生态圈化概念

海尔的生态圈概念是由海尔集团董事局主席张瑞敏在 2011 年首次提出的，他认为由于互联网发展消费者成为主导，企业必须从营销到内部管理建立起一个基于互联网的快速反应生态圈①。互联网时代，企业和企业之间的竞争已升级为平台和平台之间的竞争，智能手机领域的发展现状和趋势已无可辩驳地证明了这一点。目前，随着第三次工业革命的到来，这股潮流正在向所有行业和企业蔓延，任何一个企业要么成为开放的平台，要么就被互联网时代的消费者放弃。开放平台＝开放的生态系统，开放平台的最高境界是形成开放的生态系统。按照"生态系统"的理论，不管是自然的生态系统还是人工的生态系统都具备两个共性：①生态系统内部具有自我调节能力，而且结构越复杂，物种越多，自我调节能力越强；②生态系统是动态系统，要经历一个从简单到复杂，从不成熟到成熟的发育过程。2013年3月，第十二届全国人民代表大会会议中，周云杰执行副总裁针对物流行业的现状和发展做了大量的调研，基于海尔集团正在进行的人单合一双赢模式创新实践，提出了以物流为核心，建设开放的平台型企业，创建新的商业生态圈，并以海尔的网络化战略为例，与代表分享了海尔创新的商业模式。生态圈重在"生"，同自然界的生态系统一样，好的生态圈能够适应外部环境的变化，不断繁衍演化。对利共体来说，用户永远在变，引领的目标也不是一成不变的，好的生态圈能够动态地开放地聚散资源。在海尔人单合一的平台上，用户资源与一流资源互相吸引，持续交互，实现超值的交换和超利的分享。

　　海尔的生态圈化，如表3.1所示，经历了从概念提出到构建局部功能生态圈、到打造平台生态圈、创建整体生态圈的模式探索期（2011—2013年），从机制驱动"抢出"生态圈主人、到机制驱动生态圈内的创客成员、再到机制驱动外部资源进入生态圈的机制完善期（2014—2016年），从推进生态圈演进到明确生态圈和其他要素的作用关系的持续迭代期（2017年至今）。

　　针对生态圈化过程的举措进行编码，形成构念，进一步范畴化。

得出生态圈经历了生态圈模式和方向明确、机制驱动新成立的生态圈坐实落地、回到生态圈体系的迭代演进的过程。

表 3.1 海尔生态圈化演进路径

时间	典型举措	构念化	范畴化
2011 年	互联网发展消费者成为主导，企业必须从营销到内部管理建立起一个基于互联网的快速反应生态圈	局部生态圈	模式明确
2012 年	开放平台＝开放的生态系统，开放平台的最高境界是形成开放的生态系统。按照"生态系统"的理论，不管是自然的生态系统还是人工的生态系统都具备两个共性：①生态系统内部具有自我调节能力，而且结构越复杂，物种越多，自我调节能力越强；②生态系统是动态系统，要经历一个从简单到复杂，从不成熟到成熟的发育过程	开放生态系统	
2013 年	周云杰执行副总裁针对物流行业的现状和发展做了大量的调研，基于海尔集团正在进行的人单合一双赢模式创新实践，提出以物流为核心，建设开放的平台型企业，创建新的商业生态圈，并以海尔的网络化战略为例，与两会代表分享了海尔创新的商业模式	整体商业生态圈	
2014 年	集团例会上，张首席聚焦"众创、众投、众包"三众战略，强调让小微、投入和产品都找到主人，打造能够"冒出创客"的生态圈	驱动小微主	机制驱动
2015 年	"社区洗小微"目前 38 人，其中 36 人是外部抢入，注册实体公司也在北京。许多人降薪1／3抢入，但多名"社区洗小微"成员表示，喜欢现在的工作环境，因为目标一致，"不为开会而开会，不为加班而加班"	驱动创客	
2016 年	在海尔模式吸引下，诸多外部资源纷纷加入其中，将在协同创新、技术研发、产业孵化和公共服务等方面积极探索，构建全球一流资源，共创共赢生态圈	驱动资源	

时间	典型举措	构念化	范畴化
2017 年	张首席在集团 W21 周三示范会上首创"用户乘数"的概念以来，白电转型平台与投资孵化平台各小微创客都想将自己的用户"交互"通过"用户乘数"看自己用户生态圈的演变进度，用户价值与用户交互是体现小微价值的关键内容，但却无直观平台显示	"用户乘数"验证演进	迭代演进
2018 年	明确接下来的一年将是物联网全面引爆的一年。海尔将与各攸关方一起共创共享，持续深耕"智慧家庭"生态，全面推进生态样板复制。在人单合一模式和"三生"（生态圈、生态收入、生态品牌）体系的指引下，海尔生态一定能够在全球率先构建物联网星际新生态，实现物联网范式的全面引爆	"三生"体系	

三、海尔生态圈化概述

海尔探索成果较好的有五大共享生态圈，包括产城创、COSMOPlat 工业互联网、企业大学、品牌社群、双创生态圈；五大价值生态圈，包括开放式创新、互联工厂、三店合一、智慧物流、智慧服务生态圈。

（1）产城创生态圈，是海尔人单合一模式的重要实践成果，可概括为"133"，即 1 个中心、3 层架构、3 大平台。秉承海尔创世界级物联网模式和美好生活 X.O 的战略，以定制用户美好生活为中心，以产业为基础，打造相互融合、相互促进的产业集群平台、智慧生活体验平台、国家级双创示范平台，三大平台三级联动，形成宜居宜业、富有活力的生态基地，为城市发展、企业转型提供综合化解决方案，推动新旧动能转换。产城创规划了基层 – 中层 – 顶层的三层架构，层层递进，形成平台 – 产业 – 方案相互支撑的开放的城市生态结构：基层工业互联网平台，即海尔 COSMOPlat 工业互联网平台，为区域经济转型升级提供平台支撑；中层产业集群生态平台，依托 COSMOPlat，发挥平台的资源集聚和辐射效应，推动企业、产业集群发展，为城市、区域发展提供高质量的产业支撑；顶层智慧生活体验平台，面向用户输出全场景、定制化的美好生活解决方案，提升居民生活幸福指数。

（2）COSMOPlat 是海尔打造的具有中国自主知识产权的、全球首家引入用户全流程参与体验的大规模定制平台，解决了"为谁智造""谁来智造""如何智造"的系列问题。不但可以 ToB，为企业转型升级提供全流程、定制化的大规模定制解决方案，推动产业集群发展，更可以直接 ToC，满足用户个性化需求，创造用户终身价值。COSMOPlat 通过提供平台、模式、方案、资源等全方位支持，可赋能用户、创客、企业、产业，最终构建企业、用户、资源共创共赢的工业新生态，加快区域新旧动能转换。

（3）企业大学生态圈，吸引一流资源，打造网络时代的开放学习平台，不仅服务于内部，还对社会开放，致力于成为行业引领的学习平台。海尔大学加速创客孵化及小微转型，在与用户开放并联、实时互动的过程中，开放连接、共创共享，着力落地非线性学习的共享企业大学平台建设。在海尔集团转型过程中，海尔大学也转型成为共享服务平台，为集团各业务发展提供人才培养支持，助力创客创业创新。伴随着海尔物联网战略转型的深入推进，海尔大学颠覆传统的线性的培训做法，聚焦创客加速培养，吸引内外部一流资源，搭建网络时代的开放学习平台，集聚一流的讲师资源、创业创新资源，打造企业、创客、讲师等攸关方共创共享的知识生态圈。

（4）社群品牌生态圈，是海尔在长期品牌理论研究和探索实践的基础上，总结出新时代的社群品牌传播模型，即以诚信为核心原则，以数据为工具，以社群为基础，以体验为目的，通过三者的互联互通、相互作用，打造用户全流程最佳体验，进而在用户体验中沉淀品牌力量，实现与用户共创、共享、共治的品牌传播营销新范式。

在"数据"方面，海尔品牌建设的原则是：数据不是数字，场景数据化带来体验个性化；拥有场景小数据，才能驾驭大数据。

在"社群"方面，海尔品牌建设的原则是：人即场景，有人的地方就有场景；每个人都是场景节点，体验即分享。

在"体验"方面，海尔品牌建设的原则是：处处皆体验，看到即得到；体验无断点，起点即终点。

（5）双创生态圈是首批国家级双创示范基地，是一个专业、开放、共享的、全方位支持创新创业的服务平台，打造了创客学院、创客工厂、创客空间、创客资源、创客服务5个子平台，依托海尔30多年的产品、服务、管理经验等资源，为创业小微提供全流程、全要素、全生命周期的一站式创业服务，为创客提供共创共享的"有根创业"平台。例如，海尔双创平台不仅开放创业培训、办公空间等基础服务，而且开放了国家级实验室、模具工厂等企业核心资源，帮助解决创客小微缺技术、融资难、找不到用户等难点，提供全流程创业支持，为社会培养创新型企业家，帮助创客实现创业梦想。

（6）开放式创新生态圈，是海尔的 HOPE （Haier Open Partnership Ecosystem）平台，成立于2009年10月，最初是海尔基于"世界就是我的研发部"理念成立的开放式创新团队。HOPE平台是一个创新者聚集的生态社区，一个全球范围的庞大资源网络，也是一个支持产品创新的一站式服务平台。HOPE把技术、知识、创意的供方和需方聚集到一起，提供交互的场景和工具，促成创新产品的诞生。HOPE平台支持海尔各个产品研发团队和超前研发团队创造了众多的颠覆性产品，如控氧保鲜冰箱、净水洗衣机、传奇热水器、固态制冷酒柜、小焙烤箱等，受到消费者喜爱，在市场上迅速成为明星畅销产品。HOPE不仅为海尔的各个产业提供创新服务，从2015年起也开始为其他的一些公司、机构服务。服务的客户包括能源、汽车、日化、烟草、电力等行业的大型公司，也包括科研机构、创业公司等。HOPE可以为客户提供的价值：①对企业：解决创新在哪里、如何创新的难题；②对创新者和创新机构：创新成果以及知识的商业化，同时帮助创新者找到志同道合者，共同创新。海尔形成了"技术、专利、标准"联动模式，以用户为中心，以技术创新为驱动，以专利为机制，以标准为基础和纽带，打造了开放的产业创新生态圈，实现了技术创新从跟跑到领跑的根本性跨越。

（7）互联工厂生态圈，是以模块化、自动化、信息化为支撑，以标准化、精益、质量保证期为基础，打造两个圈：一是用户全程参与的个性化产品实现圈。通过互联网平台，吸引用户参与到从产品设计、制造、配送和服务的全过程，形成工厂和用户的零距离，用户和工厂直连；二是并联资源生态圈。将企业的"墙"打开，吸引全球一流的设计、研发、营销、物流、制造等资源到海尔平台上，形成并联的资源生态圈，能够快速满足用户的个性化需求，共同去打造用户的最佳体验。这是一个全方位、全体系的变革，支持整个产业链、上下游企业都在这个生态圈上协同创新，共创共赢。

（8）三店合一生态圈，通过微店主、小顺管家、车小微等建立起与用户零距离交互的触点网络，打造后电商时代有情感、有温度、有诚信的共创共赢的社群经济生态圈，创造用户的终身价值。"大顺逛"平台通过线上店、微店和体验店"三店合一"和营销网、物流网、服务网、信息网"四网融合"，既可以精准快速地满足用户需求，又能够交互用户个性化需求，倒逼产业创新，带动产业结构升级、服务升级。

（9）智慧物流生态圈，以用户体验为核心，以诚信为本，按照开放平台、共创共赢的理念，吸引物流行业的创业者到平台上来优势互补、协同发展、共创共享，按照客户的需求提供定制解决方案，为客户创造价值，创全流程的最佳用户体验，具体可以总结为三化：企业平台化、方案定制化、服务场景化。

（10）智慧服务生态圈，全程管家、真诚社群的智慧服务社群实现从顾客到用户，再到终身用户的转化，超越行业"坏了就修"的传统服务模式，体现"真诚到永远"的"大服务"理念，给用户提供全流程的最佳服务体验。海尔创新的流动服务站模式以站为载体，搭建服务兵创业平台，重新定义海尔服务，流动服务站是搭载了全套服务系统、服务设备和服务备件，是服务兵自己的流动网点；实现有广度、有深度、有温度的用户积累一个非常关键的要素就是交互，海尔服务微站①搭建连接服务兵与用户、用户与用户的实时交互平台，通过交互实现对用户的主动关怀、主动服务，给用户带来全新的管家式服务体验，实现智慧服务再升级。

第三节 共享体验——横向生态圈化

一、产城创生态圈化

(一) 海尔产城创生态圈探索的背景

海尔产城创生态圈响应当前城市、产业转型发展的时代要求，围绕海尔人单合一模式战略转型以及构建物联网时代生态品牌的战略目的，致力于打造城市发展的"中国模式"，是海尔适应时代发展变化，自主创新打造的城市发展新平台、新模式。

1. 城市转型升级是时代发展的必然要求

党的十九大报告指出，"我国经济已由高速增长阶段转向高质量发展阶段，正处在转变发展方式、优化经济结构、转换增长动力的攻关期"。人民日益增长的美好生活需要和不平衡不充分的发展之间的矛盾成为主要矛盾。人民对生活环境、生活质量的追求，必然要求城市加快转型步伐，优化和提升发展质量，提供高质量的产品和服务供给。

与此同时，日益严重的环境危机、资源危机、生态危机客观上也对城市、区域的产业发展提出了新要求，产业转型必须清楚自身同用户、同社会的整体关联性，不能忽略产业的外部生态，不仅要优化、提升经济结构、经济效益，更要关注其社会效益，同区域城市发展有机融合起

---

① 服务微站：海尔集团售后部门为用户搭建的，可提供安装/维修/清洗等家电服务的在线服务平台；同时也是售后服务人员与用户在线交互，为用户提供净衣、净水、净空气生活解决方案的生活服务平台。

来，真正实现以人为本。

2. 物联网时代为城市转型提供了机遇

时至今日，从产业发展的空间形态来看，产业升级已经形成了1.0工业园模式和2.0产业园即产业集群模式。这两种模式侧重企业的空间集聚，通过优化经济发展空间格局，促进企业降低成本，提高企业竞争力，尤其产业集群具有其他形式无法比拟的群体竞争优势和集聚发展的规模效益，这也构成了当今世界要素布局的基本构架。

但网络通信和现代交通的发展，正在改变这一逻辑，或者说产生了乘数效应。网络技术不仅为企业创新发展提供了新技术，更为产业升级提供了新的空间和模式。网络时代，开放的全球市场、快速的运输手段、高速的通讯方式，使得企业几乎能够在任何时间、任何地点，找到任何所需要的生产资源。城市转型、产业升级可以突破物理空间的限制，整合利用世界资源。

当前，新技术、新经济、新模式、新业态不断涌现，为产业发展、城市升级带来了新的机遇。传统的 GDP 导向下，地方发展容易导致产业结构单一、资源分散、市场隔离，缺乏合理的区域产业分工，同质化竞争影响区域的可持续健康发展。在产业结构调整、新旧动能转换的大背景下，利用科技创新、组织创新，城市、区域完全可以借助现代化交通通信和新兴技术构建一体化的市场、共享的新型技术平台。利用新型产业集群，带动产业结构升级，培育形成新经济新业态，为经济发展注入新动力。

3. 承接海尔集团战略转型的客观要求

物联网时代，海尔以人单合一模式为基础，加快企业物联网转型，构建物联网时代生态品牌，围绕用户需求，开放企业资源，搭建共创共赢生态圈，从提供产品转型为提供解决方案，实现生态攸关方的共创共赢。产城创生态圈建设是海尔战略转型的必然要求，也是海尔自身产业的迭代升级、建设生态品牌的创新性探索。

自 1984 年创业以来，海尔始终坚持以用户需求为中心，持续创新发展，为用户提供高质量的产品和服务，从一个濒临倒闭的小厂发展成为在全球拥有 24 个工业园、108 家制造工厂的全球化企业，并实现了"1.0 工业园—2.0 产业园"的产业升级：1.0 阶段，海尔以家电制造为主体，依托工业园的建设，形成了自己的家电制造体系和质量管理体系，这阶段的工业园主要是企业的空间布局；2.0 阶段，海尔将工业园升级成为产业园，整合供应链上下游资源，形成家电产业集群，逐渐打破企业边界，整合供应商等利益攸关方，围绕用户需求，共同满足用户需求，打造企业完整的产业链、价值链。

产城创生态圈是海尔产业升级的 3.0 阶段，也是海尔人单合一战略转型的进一步深化。产城创聚焦用户美好生活、生态共赢，将传统的工业园、产业园、社区等物理空间颠覆为全球化资源在城市的触点，形成平台化、无边界的产业升级生态圈，产业、政府、用户、创客等攸关方共创共享。

因而，从做系列产品，到做产业链，再到做平台，最后到做生态圈，实现产城互动、产城融合，这些探索实践是一脉相承的——海尔逐渐打破企业边界，转型成为开放的生态系统，实现同用户、同城市的融合发展。

（二）海尔产城创生态圈建设的内涵与主要举措

1. 海尔产城创生态圈建设的创新内涵

产城创生态圈是海尔自主创新探索的城市转型发展新平台、新模式，是海尔持续推进人单合一战略转型，构建物联网时代生态品牌的重要实践载体。

产城创生态圈集成海尔在智慧家庭、工业互联网、智慧物流、创业创新等多领域的模式创新和实践成果，颠覆传统的工业园、产业园模式，搭建了虚实融合、无边界的城市发展新平台，智能制造、智慧生活、创新创业相互促进、融合发展，打造宜居宜业、富有活力、开放的城市新生态，通过产业升级、创业升级、消费升级持续助推城市升级，为用户提供美好生活的解决方案，提升幸福生活指数。海尔产城创为城市转型发展提供了一套有机制、可复制的综合性解决方案，助力区域转型升级，帮助区域新旧动能转换。

2. 海尔产城创生态圈的主要做法

海尔产城创生态圈可概括为"1334"，即聚焦为用户定制美好生活的 1 个中心，通过规划 3 层架构，创新城市发展新模式；通过建设 3 大平台，打造城市转型新生态；通过赋能 4 类主体，为区域发展提供新动能，形成帮助城市转型的一套"目标 – 模式 – 应用 – 价值"的完整框架和解决方案。

聚焦一个中心：定制物联网时代美好生活

物联网时代，海尔以人单合一模式加速企业转型，致力于打造物联网生态品牌，成为物联网时代的引领者，为用户定制美好生活 X.0。目前，海尔探索构建了食联生态、衣联生态、住居生态、互娱生态等物联网生态圈，满足全球用户不断迭代的个性化家居服务方案的需求。

作为人单合一模式的落地载体，产城创承接了海尔构建物联网生态品牌的战略目标，集成了海尔在智慧家庭、智慧物流、智慧服务、健康医疗等多领域的创新模式和成果，并成为有机融合的整体，以为用户定制物联网美好生活 X.0 为中心，通过产业升级、创业升级、消费升级持续助推城市升级，为用户提供美好生活的解决方案，提升幸福生活指数。

规划三层架构：开放共享，创新城市发展新模式

从发展模式层面看，海尔产城创规划了"基层 – 中层 – 顶层"的三层架构，层层递进，形成平台 – 产业 – 方案相互支撑的开放的城市生态结构。

（1）基层工业互联网平台，即海尔具有自主知识产权，并引入用户全流程参与体验的 COSMOPlat 大规模定制平台，为区域经济转型升级提供底层模式和基础平台的支撑。

COSMOPlat 和其他工业互联网平台最大的不同在于，不是简单的机器换人、设备连接、交易撮合，而是以用户体验为中心，创造用户终身价值，实现企业、用户、资源的共创共赢共享。主要体现在两个方面：第一，高精度指引下的高效率，精准抓住用户需求，由为库存生产到每台产品都直达用户，深化供给侧结构性改革。第二，大数据基础上的小数据，不仅关注工业大数据和数据安全，更关注用户个性化需求的小数据，实现从大规模制造转型大规模定制。

COSMOPlat 具有全周期、全流程、全生态的三大特点，以大规模定制颠覆大规模制造，打造工业新生态，不仅能 ToB，输出交互定制、开放创新、精准营销、模块采购、智能生产、智慧物流、智慧服务 7 大板块的应用服务，为中小企业提供转型升级的模式、标准和解决方案，更重要的是能 ToC，直接面对用户，满足用户个性化需求，实现用户定制美好生活。同时，美国电气与电子工程师协会（IEEE）、国际标准化组织（ISO）先后确定由海尔主导制定大规模定制的国际标准，COS-MOPlat 代表中国取得了大规模定制国际标准的话语权和主导权。目前，海尔在 COSMOPlat 支撑下已建成 10 大互联工厂，订单交付周期缩短了50%，产品不入库率达 69%，CCC 为 -10 天，2017 年平台交易额 3133亿，定制订单量 4116 万台，为 3.2 亿用户和 3.5 万家企业提供了增值服务，是全球领先的大规模定制解决方案平台。

（2）中层产业集群生态平台，依托 COSMOPlat，充分发挥平台的资源集聚和辐射效应，推动企业、产业集群发展，带动整个产业链条的转型升级，为城市、区域发展提供高质量的产业支撑，如海尔在天津围绕高端装备制造形成了产学研用为一体的产业集群。

（3）顶层智慧生活体验平台，面向终端用户输出全场景、定制化的美好生活解决方案，形成独特的品牌和示范效应，提升居民生活幸福指数，如海尔智慧家庭，为用户提供成套的智慧家电服务，从提供产品转型升级为提供解决方案，实现了智慧家庭服务的定制化。

通过三层架构，海尔产城创推动平台、产业、服务融合发展，"做乘法"而不是"做加法"，为城市发展提供有方案、可应用的转型模式和创新机制。

以无锡为例。海尔在无锡着力建设以服装产业升级为切入的高端工业互联网、智能制造集聚区和智慧生活、创新创业示范区，以衣联网为示范打造世界级物联生态网示范基地。其中，基层以 COSMOPlat 为核心，规划了工业互联网场景平台、智能物联孵化基地、联合创新基地，为制造企业提供智能制造解决方案，助力无锡及江苏企业转型升级。中层以服装产业切入，通过搭建衣联网生态应用示范平台、智慧物联供应链示范平台、智慧物联网双创示范平台，推动服装产业集群发展，服务全球百家知名服装品牌及亿万大众用户。顶层则结合无锡城市发展定位，建设海尔智慧生活体验平台，打造"物联网 + 智能服务 + 美好住居"模式，为用户提供定制化的服务解决方案，创造用户美好生活体验。

未来，海尔无锡物联生态网基地将带动 RFID 企业、物联网技术企业、服装品牌企业等生态资源方集聚成为千亿级规模的产业生态，同时带动周边中小企业加入"产城创"，助力区域新旧动能转换。

建设三大平台：落地布局，打造城市转型新生态

在具体的落地建设中，海尔着力及布局建设"产""城""创"三大平台，三级联动，形成"1 + 1 + 1 > 3"协同效应，以产业带动创业，以创业促进就业，同时配备智慧生活服务，形成产业、创业、生活为一体，开放、共创、共赢的城市新生态。

"产"是以 COSMOPlat 为核心的产业集群平台。依托 COSMOPlat 工业互联网平台，加快产业资源集聚，带动区域经济产业集群发展。目前，COSMOPlat 已复制推广到农业、房车、家居、服装等 12 个行业以及 11 个区域和 20 个国家，通过 COSMOPlat 的落地，加快区域优势产业的集群发展和产业生态创新。

如在淄博，围绕建陶产业，海尔 COSMOPlat 通过产业集聚，将 135 家建陶企业整合为 20 余家，推动淄博建陶产业园实现从中低端到中高端、从传统制造到用户定制化、从企业单打独斗到产业平台化三个

转型。

在房车领域，针对目前行业存在的零部件采购碎片化、生产周期长、销售中间环节成本高、配件查找难、融资渠道少，消费者对购买的房车功能配置不满意、使用房车旅行寻找营地不方便、补给困难等诸多问题，COSMOPlat 赋能房车从大规模制造转型大规模定制，围绕房车行业上下游，构建房车生态：用户可以一键定制智能房车和智慧出行方案；房车企业可以复制以用户体验为中心的大规模定制互联工厂；全国房车营地可以联结成网络，不仅提供智慧营地成套标准解决方案，还与各攸关方共同打造营地净水、生鲜配送、餐饮服务生态；联结房车行业上下游供应商，引入金融、保险等配套服务，沉淀房车行业相关数据，成为物联网时代房车标准制定引领者。目前，在烟台 COSMOPlat 已对房车企业康派斯工厂制造端进行智能化升级，将传统房车升级为智能房车，订单量增幅43%。截至目前，海尔 COSMOPlat 吸引了荣成 10 多家房车企业入驻，形成房车产业园。

在现代农业领域，COSMOPlat 为实现山东金乡大蒜与终端用户的零距离，COSMOPlat 搭建了物联网农业平台，利用物联网、人工智能、大数据等技术，推进大蒜的科学种植，保证了大蒜的品质及产量。同时，将种植户、食品制造企业、物流运输、社群运营等原先的分散、独立环节整合成一个共创共享的产业生态，为用户提供了从田间、蒜农直达用户餐桌的一条龙式解决方案，让用户吃上健康安全的金乡大蒜。

"城"是智慧生活解决方案服务平台。以智慧家庭、智慧社区、智慧小镇等为示范，提供美好生活 X.0 的一站式解决方案，同时依托海尔智慧物流、健康水站、日日顺乐家、健康医疗等线上线下资源，建立城市美好生活触点网络，形成 5 分钟生活圈、10 分钟工作圈的美好生活社群平台，助力解决城市资源分配不均问题，帮助解决居民面临的教育、看病难等城市生活难题，带动整个城市的转型升级和生活质量提升，促使传统的评价指标由 GDP（国内生产总值）转型为 GDH（国内幸福总值），大大提升全体居民的生活幸福指数。

　　海尔智慧家庭不只是单独的某个家庭的家电智能化，更是智慧生活平台的触点，具备开放整合资源，提供个性化解决方案的能力，可联动农业、物流、服务等行业资源，带动城市的资源流动与价值创造，更好地服务用户美好生活。以海尔馨厨冰箱为例，除了具备传统冰箱的功能之外，馨厨还具备物联网的功能，可以链接食品供应商、电子商务等生态资源，实现了菜谱查询、电子商务、智慧管理食材、影音娱乐等基于物联网的功能与服务，用户可以通过馨厨冰箱直接下单购买金乡大蒜等农产品，产品从原产地直达用户餐桌，信息全程可溯，保障食品健康安全，有效带动了优质农产品资源的消费。在为用户提供健康安全的消费体验的同时，也带动了农产品提供者的收益，实现多方共赢。

　　同时，海尔自2016年起开始在全国发展医养健康产业，着力打造高中低端医养护康融合发展的生态圈。在上海，海尔基于"人单合一"模式创新，推出了"医患合一"的服务模式，以患者为中心，围绕患者提供全流程服务，实现医患共赢，并在上海盈康护理院和上海永慈康复医院得到了推广。海尔还搭建了网养平台，为线下的医疗机构赋能，让优质医疗资源进入更多社区、家庭，为更多居民的健康护航。

　　"创"是国家双创示范基地，为城市发展提供创新驱动。迈克尔·波特指出产业集群是区域发展的核心推动力之一，而产业结构的优化和升级除了依靠自然禀赋之外，更需要通过产业内的自生创新，才能形成持续的竞争力。海尔双创示范平台为产业转型升级和新动能培育提供了支撑。

　　作为首批国家级双创示范基地，海尔双创平台具有专业、开放、共享三大特点，打造了创客学院、创客工厂、创客空间、创客资源、创客服务5个子平台，依托海尔自身的产品、服务、管理经验等大企业资源，为创业企业提供全流程、全生命周期的一站式创业服务，为创客提供共创共赢共享的"有根创业"平台。例如，海尔双创平台不仅提供创业培训、办公空间等基础服务，而且开放了国家级实验室、模具工厂等企业核心资源，解决创客创业难点，为社会培养创新型企业家，为城市发展、产业升级培育新动能。此外，海尔首创了一套创客激励机制——"创客所有制"，通过用户付薪，创客薪酬同他创造的用户价值挂钩，让每一位创客都有公平、公开的创业机会。

目前海尔平台上已汇聚了 4500 + 家创新创业孵化资源、1300 + 家风投机构以及超过 120 亿创投基金，汇集了 2600 多个创业项目，海尔平台上有超过 100 个创业小微年营收过亿，海尔直接和间接创造了 190 多万个就业机会。例如，海尔双创平台孵化的雷神科技，以游戏笔记本设计、研发和销售起家，经过 3 年时间，已发展成为集电竞硬件、游戏电竞娱乐产业、神游网等为一体的游戏共创平台，并在 2017 年 9 月新三板上市。海尔家居 2014 年脱离海尔开始创业，借助海尔平台，不仅实现了收入和利润的持续增长，估值 29 亿，而且做成了产业平台，孵化出了互联网装修的开创者有住网（估值 10 亿），克鲁德机器人等项目；2016 年发起成立了智慧住居生态圈——少海汇，目前该生态圈成员企业已有 46 家，创业公司 108 家，在西安、成都、广州等地布局 15 座产业园，核心用户体验交互中心 2100 余家，核心企业年产值达到150 亿。

赋能四类主体：平台赋能，打造区域发展新动能

海尔产城创在为城市、区域发展带来优质的产业资源，为区域发展"输血"的同时，以人单合一模式为底层保障和机制驱动，实现"造血"，通过平台赋能创客、企业、产业和城市，为区域发展打造新引擎。可以说，一个产城创生态圈的落地和成型，就意味着一个区域经济发动机的诞生。

（1）赋能创客：提供丰富的创业、就业机会，同时开放大企业资源，提供专业的一站式创业创新服务，提高创业成功率，持续为区域发展提供创新驱动。

（2）赋能企业：通过 COSMOPlat 工业互联网平台，打造同用户、企业、资源共创共赢的生态圈，开放海尔的产业资源和平台资源，输出大规模定制全流程解决方案，帮助中小企业转型升级、提质增效。

（3）赋能产业：加快产业集群发展，优化区域产业结构和资源配置，带动整个产业链条转型升级，输出高质量产品和服务供给，深入落实供给侧结构性改革。

（4）赋能城市：通过为城市发展引入产业资源，帮助企业转型升级，海尔产城创可推进区域实体经济发展，增加地区 GDP 和税收；通过打造城市智慧生态圈，充分发挥海尔智慧家庭、智慧物流、健康医疗等城市触点网络的交互和服务作用，推动均衡城市资源分配布局，促进城市转型升级；同时，海尔产城创承接"中国制造 2025"战略、智慧城市、双创战略等，将有效助力城市打造国家级示范，成为深入落实供给侧改革、新旧动能转换的国家级样板。

3. 产城创生态圈建设的基础保障

海尔人单合一模式，以及构建物联网时代生态品牌的战略目标是产城创生态圈建设的基础保障，为产城创的探索奠定了坚实的模式基础和引领的战略方向。

人单合一模式的底层支撑

早在 2005 年，海尔便提出人单合一模式，这一模式转型体现在三个方面的创新，即战略创新、组织创新、机制创新。战略创新，就是从制造产品的企业转型成为开放的创业平台，员工转型为创客，以用户不断迭代的需求构建生生不息的生态系统，攸关各方共创共享共赢；组织创新，就是颠覆传统科层组织成为网络节点组织，海尔的组织变革不是扁平化，而是网络化，每个员工都是网络上的一个节点，与用户零距离，自创业、自组织、自驱动；机制创新，就是海尔颠覆了传统的企业定薪，首创了以用户付薪为核心的创客所有制，创客的薪酬不是由领导决定，而是由用户决定，和他创造的用户价值挂钩。

目前，人单合一模式具有时代性、普适性、社会性，已经得到了国际管理学界的高度认可，被认为是"下一个社会模式"。同时人单合一模式已成功跨界复制到农业、媒体、医疗等领域，并通过"沙拉式"的多元文化融合体系，推广到了美国、新西兰、日本、印度、欧洲等国家和地区。

构建生态品牌的战略导向

物联网时代，海尔以人单合一模式加快企业转型，致力于构建成为物联网时代生态品牌，为用户定制物联网时代的美好生活 X.0。

不同时代，品牌有不同的含义。传统时代是以传统产品做品牌，互联网时代以平台做品牌。而物联网时代，品牌则体现为生态品牌。所谓生态品牌，是物联网时代企业综合竞争力的体现，它区别于产品品牌和平台品牌囿于产品和企业自身发展能力的评价标准，更看重的是孕育未来发展的企业。

物联网时代，海尔致力于构建生态品牌，根据不断挖掘的用户需求，持续为用户构建满足需求的生态圈，提供定制化解决方案，实现生态圈的共创共享共赢。目前，围绕生态品牌建设，海尔已探索了"食联网""衣联网""血液网""COSMOPlat"等共创共赢生态圈，持续为用户输出高质量的解决方案。例如，海尔通过 RFID 技术，实现用户衣物从制造生产到清洗护理统一的智能识别规范，建立起衣联网生态圈，海尔洗衣机可通过 RFID 自动识别衣物的面料和颜色，并自动匹配洗涤程序，真正实现了企业的智能制造到用户的智慧生活的打通，为用户提供全流程、全周期的衣物智能体验。

海尔产城创承接构建生态品牌的战略目标，集聚海尔在智慧家庭、工业互联网、智慧物流、健康医疗等多领域、多层面的创新模式和成果，开放共享，连接外部优质企业、产业和服务资源，共同围绕用户需求持续输出美好生活解决方案。

（三）海尔产城创生态圈建设的实施成果

1. 产城创模式创新获得国内外广泛关注

海尔产城创自提出、实践以来，以其模式的创新性、实践的可行性得到了海内外媒体的广泛关注和报道，成为新时代产业转型升级、城市创新发展、区域动能转换的新焦点。

2018 年 3 月，路透社、美国市场观察网 Watch、全球在线新闻等海外媒体刊发文章《中国"产城创"发展模式将促进经济强劲发展》（IMP，ILP and MEI Development Model Launched by China Would Deliver Robust Economic Growth），报道了"产城创模式"——由海尔集团首创的一种城市发展模式。文中指出，城市是人类最伟大的文明，虽然美国是全球第一经济大国，但是据国际通信巨头沃达丰（Vodafone）最近发布的《物联网市场晴雨表》显示，中国将成为全球物联网领域的领导者，而"产城创模式"能够带动中国城市发展实现强劲的增长。

在国内，基于产城创生态圈模式的创新性和实践成果，2018 年 6 月，海尔产城创生态圈模式荣获中国管理科学学会管理科学奖实践类大奖。此外，《经济观察报》整版刊文，以"赋能城市经济生态圈"为题解读了海尔产城创模式。中国区域经济学会秘书长陈耀评价，"从 1.0 工业园模式到 2.0 产业园模式再到 3.0 产城创模式，海尔开创了产业转型升级、城市创新发展的新范式。海尔产城创致力于打造城市发展的'中国模式'，已成为新旧动能转换、实体经济转型升级的名片。"

2. 产城创打造城市、区域动能转换样板

目前海尔产城创已在天津、上海、广州、济南、无锡等城市落户，充分结合城市定位和产业发展，打造城市转型发展的示范。其中，海尔产城创在上海主要以中小企业的升级为切入点打造先进制造业产业链，目前已经对上海超过 200 家中小企业开展服务；在天津主要以高端装备联合研发、孵化为切入点打造高端装备产业链；在广州主要以高端制造和人工智能为切入点，打造从软件到硬件，从开放研发到制造、销售、服务全流程的工业互联网应用平台；在无锡结合物联网产业发展，以服装产业为切入点打造领先的物联生态网基地。

以上海为例，海尔产城创以工业互联网平台为核心，全力打造集物联网、移动互联网、电子商务、软件开发等智能制造、智慧生活、"双创"于一体的开放型服务平台，已成为"G60 科创走廊"的一张名片。具体来看，"产"，是以 COSMOPlat 工业互联网平台为核心的智能制造产业集群平台，以中小企业的升级为切入点，打造先进制造业产业链。同时将 GEA 中国总部落户上海。目前上海已将 COSMOPlat 纳入上海市战略新兴产业，并成为上海市重点推广的中小企业转型升级平台。"城"，打造海尔智谷，建设以 COSMOPlat 为核心的国家级工业互联网创新中心和物联网示范园区，打造办公、住居、休闲等一体化生活空间。"创"，建立海尔国家级双创示范基地，依托海尔国家级双创示范基地的双创领军优势以及海尔世界一流的科研创新能力，为创业小微提供全流程的创业服务，加速创新创业人才汇聚，为产业发展和升级提供新动能。

海尔产城创将加快推动"上海制造"迈向"上海创造"，为上海打造国家级工业互联网创新发展示范城市和全球先进"智造"高地、巩固提升实体经济能级以及加快建设具有全球影响力的科技创新中心提供有力支撑。

综合来看，海尔产城创通过平台、产业、服务融合发展，"做乘法"而不是"做加法"，为城市发展提供了一套有方案、可应用的转型模式和创新机制。海尔将充分发挥产城创生态圈的平台辐射效应，带动城市转型升级，助力区域新旧动能转换，实现高质量发展。

二、工业互联网生态圈化

（一）基于 COSMO 生态圈的大规模定制管理的实施背景

1. 顺应全球制造业转型升级的时代趋势

互联网、物联网时代，全球制造业迎来新一轮的变革浪潮，新一代信息通信技术向制造业的深度渗透和融合为全球企业转型升级、提升竞争力提供了机遇，也为制造业模式创新提供了契机，助推制造业探索新模式、新平台、新业态。例如，工业互联网平台作为工业全要素连接的枢纽、资源配置的核心和智能制造的大脑，正重构生产体系，引领组织变革，构建新工业生态，已逐渐成为制造业国际竞争的焦点。

与此同时，当前我国制造业正承受产业"双向转移"的压力。一方面，劳动密集型的以出口或代工为主的中小制造企业正在向越南、缅甸、印度和印尼等劳动力和资源等更低廉的新兴发展中国家转移；另一方面，部分高端制造业在美国、欧洲等发达国家"再工业化"战略的引导下回流。中低端产品的竞争力也将被削弱，我国制造业"产业空心化"的风险将不断增加，全面重振"中国制造"已刻不容缓。基于制造业的国内外发展形势，我国政府提出发展"中国制造2025""互联网+"协同制造等政策导向，推动互联网与制造业融合，积极推进制造业转型升级。海尔基于COSMOPlat工业互联网平台的大规模定制管理是企业适应时代发展趋势，有效响应国家政策导向的探索实践。

2. 满足互联网时代用户消费需求日益个性化、多样化的客观需要

互联网带来的最大影响是"零距离"，这改变了传统时代的信息不对称，原来信息的主动权掌握在企业手里，现在到了用户手里，企业必须快速响应用户需求，赶上用户点击鼠标的速度。互联网的开放性及其与用户的零距离，决定了最终的决定权在用户手上，用户是最终的裁判员。对于制造企业来讲，传统时代是由生产商决定生产何种产品，而互联网时代已转变为用户来决定制造何种产品。

与此同时，用户越来越重视产品带来的自我认同感，尤其对于年轻用户来说，自我认同和个性变得格外的重要。因此，为了满足用户不同的个性化需求，产品细分正在不断深化。此外，用户开始逐步追求高品质的高端产品、个性化的产品，更多的用户表示他们愿意购买高端产品因为其更可靠的质量和高品质。企业必须适应这种变化，要转变过去的"卖产品"理念，逐步由卖产品向提供解决方案转变，最终通过智能制造为客户提供个性化定制的最优解决方案，为用户创造价值，获得用户信任，同企业融合共创。

3. 深化海尔战略转型，创建物联网时代生态品牌的需要

物联网时代，海尔持续探索人单合一模式加快企业转型，已从传统的家电制造企业转型成为开放的创业平台、共创共赢的物联网社群生

态，海尔致力于打造物联网时代的生态品牌，成为物联网时代的引领者，为全球用户定制美好生活。基于COSMOPlat工业互联网平台的大规模定制管理是海尔人单合一模式在制造领域的落地实践，这一管理创新突破传统的大规模制造模式，探索了以创造用户体验为核心的大规模定制模式，是深化企业物联网战略转型，创建物联网时代生态品牌的重要实践。

自2005年海尔提出将传统制造变成大规模定制以来，2008年，海尔对整个企业的产品设计和制造体系进行了模块化改造，同时在虚拟设计、实体制造方面进行了系统建设，从模块化到自动化再到"黑灯工厂"，再到互联工厂、COSMOPlat工业互联网平台，海尔逐渐探索出一套完整的智能制造体系。其中，体现大规模定制管理的COSMOPlat，打通交互、研发、营销、采购、智造、物流、服务等的全流程，颠覆传统封闭式的工业体系，构建开放、共享的工业新生态，已成为海尔生态系统的基础平台，在助力海尔原有产业转型升级的同时，输出大规模定制全流程解决方案，助力企业有效推进供给侧结构性改革，成为新旧动能转换的播种机，助推高质量发展。

（二）基于COSMO生态圈的创新内涵和主要做法

海尔大规模定制管理创新源于企业近十年来智能制造转型升级的探索和实践，适应网络时代制造业转型升级和用户消费需求日益个性化的趋势，以大规模定制颠覆传统大规模制造，探索打造了物联网时代企业转型升级的新方案、新模式，构建起企业、资源、用户共创共赢的工业新生态。

海尔大规模定制管理不是以产品迭代为中心，而是以用户体验为中心，致力于创造终身用户。在实践中，海尔搭建具有自主知识产权的、以大规模定制为核心的COSMOPlat工业互联网平台，打通交互、研发、营销、采购、制造、物流、服务全流程七大节点，实现用户全流程参与体验，以用户需求驱动企业生产经营，推动供给侧、需求侧融合创新，精准满足个性化需求，实现传统产品经济转型为体验经济。同时COS-MOPlat系统输出大规模定制解决方案，助力广大中小企业转型升级。

海尔大规模定制管理致力于为全球企业转型贡献一个世界级的全球引领的大规模定制模式和中国自主产权的世界级工业互联网平台；助力制造强国和网络强国战略，为中小企业提供大规模定制解决方案，帮助中小企业转型升级，助力新旧动能转换，实现高质量发展。其主要做法如下。

1. 明确以用户体验为中心的大规模定制管理思路

物联网时代，企业竞争最重要的资源是用户资源，即拥有多少终身用户。海尔大规模定制管理的目的不仅仅是创造企业的价值，更重要的是创造用户价值。大规模定制管理颠覆大规模制造模式，不是以企业、产品为中心，而是以用户体验为中心，创建一个使用户的体验迭代、体验升级的生态组织，围绕用户需求，生态攸关方持续满足用户个性化需求，共创共赢。

基于以用户为中心的理念与原则，海尔自主创新打造用户全流程参与体验的COSMOPlat工业互联网平台，COSMOPlat以大规模定制为核心，颠覆企业传统的业务流程和体系，让用户参与体验到交互、定制、营销、采购、制造、物流、服务等全流程，将传统的消费者转变为"产消者"即生产者与消费者合一，打造企业、资源与用户互联互通的生态系统，实现供给侧与需求侧融合创新。例如，研发方面，传统模式是企业设计产品再推销，产品是企业调研设计出来的，而COSMOPlat是让用户全流程参与交互和设计；制造方面，传统模式是顾客—工厂—物流—用户的流程，而COSMOPlat实现了每台订单都有用户信息，用户直连工厂，产品直发用户，实现用户与工厂的零距离；营销方面，传统模式是用户通过带有传感器的产品与工厂建立联系，而COSMOPlat模式是始终和用户连接，感知用户的情景，持续迭代用户体验。

2. 打造以大规模定制为核心的工业互联网平台

COSMOPlat是海尔自主创新打造的具有中国自主知识产权、全球首家引入用户全流程参与体验的工业互联网平台。COSMOPlat 颠覆传统的大规模制造转型为大规模定制，不是封闭的，而是一个开放的开源平台，利益攸关各方可以参与共建平台、共享平台，使平台不断迭代、优化、升级，持续创造用户价值。

COSMOPlat 与其他工业互联网平台最大的差异化在于，它不是简单的机器换人、设备连接、交易撮合，而是以用户体验为中心，创造用户终身价值。实现企业、用户、资源的共创共赢共享，主要体现在两个方面：第一，高精度指引下的高效率：精准抓住用户需求，由为库存生产到每台产品都直发用户，深化供给侧结构性改革；第二，大数据基础上的小数据：关注工业大数据和数据安全，更关注用户个性化需求的小数据，实现从大规模制造到大规模定制。具体来看，COSMOPlat 具有三大特征：

全周期：产品由电器变为网器，从提供工业产品到提供美好生活的服务方案，实现了从产品周期到用户全生命周期延伸。企业与消费者的关系，由传统一次性交易的客户到持续交互的终身用户，解决了企业的边际效应递减的问题。

全流程：将低效的串联流程转变为以用户为中心的并联流程，以互联工厂为载体解决了大规模和个性化定制的矛盾，实现了大规模制造到大规模定制转型。

全生态：COSMOPlat 不是一个封闭的体系，而是一个开放的平台，平台上的每个企业、资源方和用户都可以在平台上共创共赢共享，并推进整个平台非线性矩阵发展。

围绕创造用户体验，COSMOPlat 打通交互、研发、采购等七大流程全流程，并系统打造七大开放、专业的子平台，具体包括：用户交互定制平台（众创汇），该平台是一个用户社群交互定制体验平台，用户基于平台可以将各种对家电的需求、好玩的创意、精彩的评论等在线交互，这里是产品创意的源泉；精准营销平台，该平台基于 CRM 管理以及用户社群资源，通过大数据研究，将已有用户数据和第三方归集的用户数据进行梳理研究，同时，应用聚类分析，形成用户画像和标签管理的千人千面的精准营销；开放设计平台，该平台包含三个核心套件即开放创新平台（HOPE）、HID 迭代研发平台和协同开发平台，累计在线资源 300 万 +，涉及 500 多个方向 1000 多个领域的 30 万 + 家核心资源；模块化采购平台，该平台基于模块商协同采购平台开发，是针对模块商资源与用户零距离交互的需求而搭建的模块商资源服务和聚合平台，实现模块商按需设计、模块化供货。采购系统采用分布式架构，用户需求面向全球模块商资源公开发布，系统自动精准匹配推送；智能生产平台，该平台是产品的智慧制造平台，其部署了智能生产的智能软件，实现智能排产、实时监测、精准配送、计划与能源优化等，通过智能套件的部署，可实现百万级产品的个性化定制需求，实现工厂与用户、与资源的零距离，支持工厂大规模定制；智慧物流平台，该平台由核心的智慧运营和可视化两大类软件套件构成，包含平台预约管理、智慧物流 TMS、配送协同平台、物流轨迹可视及智能管车平台等，可提供全国仓配一体的放心、省心和安心的一站式最佳服务体验；智慧服务平台，该平台创建了新的家电服务业态，解决用户对家电及时维修的需求，通过社会化外包、信息化等实现订单信息化，仓储智能化，为用户提供维修服务解决方案。用户购买产品后通过该平台一键录入家电信息，建立专属家电档案并上传，完全替代传统纸质保修卡，信息永不丢失。

3. 以用户需求为驱动，实现大规模标准化制造向大规模"私人定制"转型

海尔大规模定制管理坚持以用户为中心，用户可全流程参与交互、研发、营销、采购、制造、物流、服务 7 大环节，实现企业与用户零距离互联互通，进而以用户需求驱动企业生产经营，精准满足用户个性化需求，实现攸关方的共创共赢。

以交互定制及研发节点为例，海尔通过"顺逛"等交互平台可实时获取用户需求，实现用户、企业、资源零距离交互。例如用户在以

"顺逛"微店为核心的海尔社群生态圈中反映了对智能冰箱的不同需求，平台根据用户需求完成馨厨冰箱的虚拟设计、制造及交付等过程，用户全程参与交互，可实时提出改进意见；在定制方面，大规模定制管理让用户由消费者和旁观者成为直接参与产品设计的主导者，用户可在众创汇平台以"众创＋预约预售"模式催生新产品，创造出真正满足用户需求的产品，如在2016年10月上海"孕博展"上，宝妈们分享了很多关于宝宝衣物干衣机的创意，众创汇迅速发起干衣机的话题和创意收集，经过逾10万条的创意交互、180天的全流程交互设计、逾10次产品设计迭代，以及数万宝妈投票，海尔壁挂式迷你干衣机设计定型，首发日预售量破千台。此外，海尔搭建的开放创新平台（HOPE）同样坚持根据用户需求进行产品迭代研发。简而言之，大规模定制管理通过交互、众创定制和迭代研发以及预约预售，完全打破了以往的先有产品后有用户的模式，实现了生产线上的每台产品都已"名花有主"的大规模个性化定制的转型。

4. 建设互联工厂，构建共创共赢工业新生态

海尔大规模定制管理以互联工厂为载体，实现用户定制产品的智能制造和攸关方的共创共赢。互联工厂不单是对传统物理空间的智能改造，而是体现为企业、资源与用户互联互通的网络空间，是持续迭代用户体验、攸关方共创共赢的生态系统。用户只需登录海尔定制平台提出定制需求，订单信息就会马上到达互联工厂，工厂的智能制造系统随即自动排产，将信息传递到各条生产线，以最短的时间定制出用户专属的个性化家电产品，实现高精度下的高效率。通过互联工厂，海尔实现大规模与个性化定制的融合，在解决了企业生产成本和效率问题的同时，有效满足了用户的个性化需求。

与此同时，海尔实现用户需求与全球供应商资源的实时共享，推动供应商等生态攸关方共创共享共赢。例如，海尔海达源平台构建了模块商与用户零距离交互、共同参与设计的共创共赢生态圈，以"滚筒洗衣机门无螺钉"的解决方案产生过程为例，用户普遍反映螺钉生锈后易污

染衣物，滚筒洗衣机门的模块供应商德国德仕公司在平台上交互出无螺钉的模块化解决方案，将11个零件整合为1个模块，成功解决了螺钉生锈污染衣物的难题。目前海达源已实现平台服务的社会化，可帮助中小企业降低采购成本，助力企业转型升级。

5. 打造智慧互联服务体系，创造用户全流程最佳体验

大规模定制管理实现用户全流程参与，通过打造智慧互联的服务体系，为用户提供全周期服务，创造用户最佳体验。以物流为例，海尔大规模定制模式依托以"日日顺智慧物流平台"打通入户、送装"最后一公里"。该平台是我国目前唯一实现大件商品进村，入户、送装同步的物流服务平台，平台融合营销网、物流网、服务网、信息网等，打通与供应链上下游资源生态和货源生态资源连接关系，构建智能多级云仓方案、干线集配方案、区域可视化配送方案和最后1公里送装方案等用户解决方案，实现物流从订单下达到订单闭环的全程可视化、以用户评价驱动全流程自优化，有效支撑产品"直发"到用户。

此外，海尔还搭建了COSMOPlat智慧服务平台（CEI），为用户提供全周期智慧互联服务。具体来说，智慧服务平台通过智慧云服务实现服务兵与用户的零距离交互，通过前台的用户交互、中台系统技术支撑和后台大数据汇集分析服务体系，实现服务过程可视化、信息到人价值到人、人人服务落地、服务兵创客抢单等创新服务。例如产品内置传感器监控产品运行状态，一旦发生故障，预警信号将传输至COSMOPlat平台信息中心，信息中心对故障进行自诊断和预判后，主动向用户发出预警，并自动选派客服人员上门处理。再比如，平台还可对产品使用状态进行大数据分析，为用户提出最优使用方案，传统意义上的"电器"成为连接用户和用户需求提供方的"网器"。以海尔中央空调智慧节能云服务系统为例，通过对联网空调当日负荷及此类设备的平均负荷的大数据搜集对比研究，平台可为客户提出节能建议。

6. 推进"电器—网器—生态"迭代，创造终身用户

海尔大规模定制管理聚焦迭代用户体验，创造终身用户，将传统电

器转型为网器，直连用户，并以网器为载体开放连接一流生态资源，从提供产品变为提供解决方案，打造智慧家庭，创建物联网时代的生态品牌，为用户定制美好生活。

以衣联网为例，海尔通过在衣服上添加 RFID 标签，跨界将洗衣机、服装、洗涤剂等资源连接在一起，"厂、店、家"互联互通，打造了全球首个衣物全生命周期管理的物联网生态品牌，不只是给用户提供一件干净的衣服，更满足用户对衣物洗涤、护理、存放、搭配、购买全生命周期管理的需求，为用户提供定制化的衣物解决方案。目前，衣联网已吸引服装品牌、洗衣机品牌、洗护用品、RFID 物联技术等国内外 2420 家生态资源方加入，聚合了 6500 万用户。依托大规模定制管理体系，海尔已探索了衣联网、食联网、血联网等多个生态品牌。

7. 全面创新管理机制，确保企业大规模定制深入推进

作为全球引领的物联网管理模式，人单合一模式为海尔基于 COS-MOPlat 的大规模定制管理创新提供了底层的模式和机制保障。具体来看，围绕大规模定制管理创新中，海尔探索创新了以下管理机制：

（1）战略上，以用户为中心，创建共创共赢生态。

传统时代，企业生产以大规模制造为核心，大规模制造则是以企业为主中心，生产的产品经由经销商销售给用户，用户只能被动选择企业的产品，企业与供应商、用户之间是零和博弈。海尔大规模定制管理则是以用户为中心，将企业传统的封闭的供应链体系、单向的价值链颠覆为共创共赢的生态圈、价值矩阵，通过用户与企业的零距离交互，不仅让企业精准获取用户需求，快速满足用户体验，而且实现用户需求驱动企业全流程的变革，打破传统的企业边界，开放连接资源共同满足用户需求，实现利益攸关方共创共赢。

（2）组织上，构建并联生态，颠覆传统串联流程。

基于人单合一模式，海尔将传统科层组织颠覆为网状节点组织，小微成为海尔平台上的基本单元，拥有决策权、用人权和分配权，围绕用户需求，实现自创业、自组织、自驱动，持续满足用户需求。

如图 3.1 所示，传统模式下，企业研发、制造、销售、物流各业务部门之间是串联流程，以研发为例，企业先进行市场调研、需求分析，之后产品设计、开发验证，再到产品测试、产品交付……完成一级之后转入下一级，像瀑布一样。

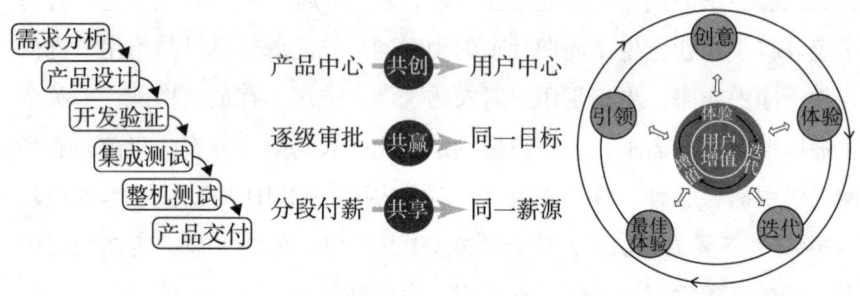

图 3.1　研发模式变化

而大规模定制管理模式下，海尔将研发与交互、定制、生产、采购、营销、物流、服务等各节点并联，围绕用户需求共同提供定制化解决方案，各节点之间同一目标，同一薪源，形成满足用户需求的开放的资源生态圈，持续创造和迭代用户体验。

（3）薪酬上，以用户付薪颠覆传统付薪机制。

传统模式下企业的薪酬是按照岗位和职位来划分，员工执行上级的命令，绩效由上级评价，薪酬由企业来支付；同时，企业与攸关各方的利益分配是按事先价格竞标和供货量来划分，攸关各方执行企业的订单，好坏由企业评价，利润由企业采购数量来赚取。而海尔大规模定制管理探索的薪酬机制和攸关方分享机制则是以用户付薪为核心，员工、攸关方的利益分配同他们创造的用户价值挂钩。

首先，传统的分享是固定利润，通过企业事后评价获得，海尔的分享则是与用户价值"对赌"，需要事先算赢，为用户创造价值的资源投入不是企业和上级分配，而是对赌跟投，风险先担，如果不能创造用户价值，对赌失败，先赔付利益攸关方自己跟投的钱。其次，攸关各方为用户创造的价值由用户评价，分享来自为用户创造价值的超利分享。最后，用户付薪实现的是共创共赢而不是企业、用户、攸关方的相互博弈，利益攸关方通过共同创造市场资源和用户价值，实现共赢增值。

（三）基于 COSMOPlat 工业互联网平台的大规模定制管理的实施成果

1. 大规模定制管理更好地满足了用户多样化、个性化需求

基于 COSMOPlat 工业互联网平台的大规模定制管理核心是创造用户体验、用户价值，它打破了传统的企业边界，让用户全流程参与到企业的生产经营中，用户个性化需求可直达企业，进而实现企业生产由用户决策、受用户个性化需求驱动，从而实现了企业与用户的融合，满足用户的个性化需求。在这一管理模式中，用户从传统的消费者转变为"产消者"，既是消费者也是生产者，企业围绕用户需求，开放连接资源共同满足用户个性化需求，持续迭代用户体验。2017 年，COSMOPlat 工业互联网平台交易额实现 3133 亿，定制定单量达 4116 万台，为 3.2 亿用户提供了增值服务。

例如，贝享空调是 2016 年大规模交互定制产品。该款产品来源于母婴人群的定制需求，有 15 万人进行了交互，产品上市后得到用户的广泛认可。之后针对用户的静音需求，COSMOPlat 快速吸引设计资源和模块商资源参与进来和用户交互，并在 2017 年 5 月迭代出了有静音功能的静＋空调，首次预售便突破 1.1 万台。静＋空调上市后，用户又提出了空气净化功能需求，COSMOPlat 又迭代出了空净一体的净界空调，该产品一经上市就实现了 18 万的预售，实现了产品的上市即引爆。

2. 大规模定制管理有效促进了海尔转型升级

基于大规模定制管理，海尔探索创新建设了互联工厂，以用户需求驱动全流程，提高了生产全要素生产效率和经济效益，助推高质量发展。目前，海尔已在全球构建了十大互联工厂，实现高精度下的高效率，订单交付周期缩短了 50%，生产效率提高了 60%，现金流的周转是 -10 天（家电行业里资金占用时间大概是 30~40 天），产品不入库率达到 71%（这 71% 的产品不用入库直接配送到客户端）。

同时，依托 COSMOPlat，海尔初步形成了聚合用户和资源的生态系统，构建了一个开放共享的工业生态体系，2017 年平台已连接 390 多万家企业，为 3.5 万家企业、3.2 亿用户提供了增值服务，成为全球领先的大规模定制工业互联网平台。基于 COSMOPlat 工业互联网平台的大规模定制管理创新，海尔为制造业从大规模制造向大规模定制转型提供了借鉴和示范作用，打造了深入落实供给侧结构性改革的新模式、新平台。2018 年，在世界经济论坛公布的全球首批先进"灯塔工厂"名单中，海尔成为唯一入选中国企业。

3. 大规模定制管理引领全球企业转型，为世界贡献中国模式

海尔大规模定制管理不仅在海尔自身得到验证，而且实现了大规模定制模式的社会化输出。目前，海尔已经输出交互、定制、研发、采购、制造、物流、服务七类可社会化复制的服务应用，并复制到了建陶、家居、农业和服装等 15 个行业以及上海、广州、天津等 11 个区域，围绕模式转型、提质增效、资源配置等服务模式，助力中小企业转型升级。以建陶企业转型升级为例，针对淄博建陶企业面临的生产落后、生产效率低下、供应流程不透明、品牌无法做大做强、能耗大等转型困境，海尔与淄博市淄川区合作建立 COSMOPlat 建陶产业基地，基于大规模定制管理，通过产业集聚，将 135 家建陶企业整合为 20 余家，帮助企业成本下降 10%，产能提升 20%，同时推动建陶产业园区转型升级，逐步实现从中低端到中高端、从传统制造到用户定制化、从企业单打独斗到产业平台化的三个转型。

目前，海尔大规模定制管理创新及平台建设已获得国内外权威认可，成为世界范围内引领物联网时代企业转型升级的"中国模式"。

2017 年以来，COSMOPlat 先后被 IEEE、ISO、IEC 确定牵头主导制定大规模定制模式及工业互联网平台的国际标准，成为国际标准制定者，这也标志着中国模式从跟随变为引领，走向世界舞台中心。

同时，海尔大规模制定管理实现跨文化复制，推广到美国、日本、新西兰、俄罗斯、南亚等国家和地区。以美国为例，2016 年海尔并购

了 GE 家电，并将 COSMOPlat 大规模定制管理运用于该企业，一年多的实践效果明显。2017 年，GE 家电实现两位数增长，全年增速创 10 年最高。2018 年上半年，在美国家电市场负增长 1% 的低迷情况下，GE 家电美元收入逆势增长 11%，成为市场增长最快品牌，有效地展示了海尔 COSMOPlat 及大规模定制管理创新的有效性和普适性。2018 年 4 月，海尔 COSMOPlat 参展德国汉诺威工业博览会，德国工业 4.0 之父、德国工程院院长孔翰宁现场体验 COSMOPlat 示范线，高度评价 "COS-MOPlat 全流程互联互通，是'完整的解决方案'"，并欢迎 COSMOPlat 到德国帮助企业转型升级。

此外，道琼斯市场观察、福克斯电视台、美国广播电台等欧美主流媒体多次对海尔 COSMOPlat 及其大规模定制模式进行了报道，全球最大财经资讯平台彭博社刊文《日本制造业进入向 "中国模式" 学习的时代》，基于海尔 COSMOPlat 的创新实践，提出世界制造经历了 "欧美时代" "日韩时代"，如今正在进入 "中国时代"。

三、企业大学生态圈化

（一）基于非线性学习的共享企业大学平台建设背景

1. 顺应网络时代学习场景的发展趋势

新学习时代已经来临。技术的进步正推动着前所未有的变革，改变着我们的学习，也改变着企业的运作。企业只有不断保持创新和变革才能取得成功，学习正是促进创新与变革的原动力。到 2020 年，75% 以上的劳动力将是千禧一代，他们对学习抱有更高的期望。如果组织希望吸引到最优秀并且最聪明的员工，就必须满足他们的学习需求。

学习正经历前所未有的变革。根据 ATD 最新行业研究报告，在 2010 年传统的教室培训占到整体培训的 60%，到 2015 这一比例降为 51%，而在一些信息和高科技企业中只有不到 40% 的培训是通过教室培训方式进行的。非线性的、围绕工作任务、工作场景为主的学习方式成为主流，学员在面对工作场景时所遇到的问题困难需要通过即时学习获得满足，即学即用。

新学习时代的来临为每位从事学习发展的专业人士提出前所未有的挑战。培训工作必须与业务需求和战略保持一致才能体现其价值。人才培训发展必须成为企业中的业务合作伙伴，这一点在新学习时代至关重要。传统的线性的、指令性的培训已无法满足学员场景化的学习要求，而对于新的非线性学习技术、学习方法的掌握更是人才发展必备的利器。

2. 承接海尔集团战略转型的客观要求

自 2005 年以来，海尔持续探索人单合一模式创新，加快企业转型建设时代的企业。这期间，海尔依托人单合一模式，不断打破企业边界，以用户需求为中心，同用户零距离、同生态资源攸关方搭建生态圈，协同共创。物联网时代，海尔已经从传统制造企业转型成为开放的创业平台、无边界的共创共赢的物联网社群生态，从出产品转变为出创客，由提供产品转变为提供解决方案。当前，海尔致力于创建物联网生态品牌，成为物联网时代的引领者，为全球用户定制美好生活。

海尔大学基于非线性学习的共享企业大学平台，是承接海尔集团战略转型的实践成果。在海尔集团转型过程中，海尔大学也转型成为共享服务平台，为集团各业务发展提供人才培养支持，助力创客创业创新。伴随着海尔物联网战略转型的深入推进，海尔大学颠覆传统的线性的培训做法，聚焦创客加速培养，吸引内外部一流资源，搭建网络时代的开放学习平台，集聚一流的讲师资源、创业创新资源，打造企业、创客、讲师等攸关方共创共享的知识生态圈。海尔大学共享企业大学平台的建设是海尔战略转型的重要实践探索，也是海尔战略转型对海尔大学提出的客观要求。

3. 实践海尔大学战略定位的必然结果

海尔大学始建于 1999 年 12 月 26 日，致力于成为海尔人的学习平台和创客加速平台。海尔大学承接海尔集团的战略发展，加速创客孵化、助力小微引爆，并通过交互推广海尔的"创业、创新"文化及"人单合一"模式，助力每位员工成为自己的 CEO，持续为用户创造价值。颠覆传统的线性的培训做法，聚焦创客加速培养，促进人人创客战略落地、帮助创业者成功创业的同时输出海尔的创新管理模式。海尔大学吸引一流资源，打造网络时代的开放学习平台，不仅服务于内部，还对社会开放，致力于成为行业引领的学习平台。

对创客，海尔大学提供全方位个性化的能力提升解决方案，通过场景化、非线性学习方法使员工能自主学习，自主发展，激发每个员工的"创业、创新"精神，让每个人都成为创业者，成为自己的 CEO。

对企业，海尔大学通过打造开放式平台聚合一流资源。在这个平台上，员工可以直接与外部资源互动、探讨，不仅可以进行培训学习，还可以开展合作，进行资源整合，共同开发新产品，为企业搭建了一个可持续增值的生态圈。

对社会，海尔大学沉淀海尔管理模式并对外输送，树立了网络时代企业管理的新路标。扩大海尔创业平台的影响力，同时吸引外部优秀创客、优质项目到海尔平台上创业。

海尔大学通过建设共享企业大学，吸引一流资源，打造网络时代的开放学习平台，不仅服务于内部，还对社会开放，致力于成为行业引领的学习平台。海尔大学加速创客孵化及小微转型，在与用户开放并联、实时互动的过程中，开放连接、共创共享，着力落地非线性学习的共享企业大学平台建设。

（二）基于非线性学习的共享企业大学平台建设创新内涵和
　　主要做法

网络时代，世界充满了不确定性。这种不确定性对企业的运营、管理都提出了新的挑战，对于组织的学习更是如此。"那些最聪明的人都在给别人打工"，著名的乔伊法则揭示，人力资源不再局限于企业内部，企业可以通过网络把任何地方你想要的人进行整合，这就要求企业不能封闭自我，单纯依靠自身的资源发展，而要以"世界为我的人力资源部"的创新理念，转型为开放的生态圈。

1. 基于非线性学习的共享企业大学平台建设的创新内涵

作为全球白色家电第一品牌，海尔集团一直坚持"人的价值第一"的理念，搭建了开放、公开的人才发展平台，让员工在实现企业价值的同时实现自我价值。所有员工都可以自主参与集团内部岗位的竞聘和发展。海尔集团的人才战略有三个核心理念：赛马不相马；机会公平、结果公平；自主发展、能上能下。

"赛马不相马"倡导选拔人才不再仅凭印象、而要像"赛马"一样，让员工在实际岗位、工作中竞争，以最终的绩效结果为导向，让优秀的人才优先拥有更大的发展空间。优秀的人才可以通过这个平台不断发展，不再因为学历、资历甚至领导的主观印象等无法获得发展机会。

"机会公平、结果公平"意味着所有的发展机会对每个员工来说都是公开透明的，具备岗位所需胜任能力的员工可以充分参加集团岗位的竞争。竞争的结果取决于专家评委（跨部门领导、行业专家、人力等）做出的评价，最终人员发展主要围绕员工竞聘时提出的未来工作规划和承诺达成的绩效目标等维度。

"自主发展、能上能下"意味着海尔集团提供给员工的不再是线性的发展通道，而是可以实现跨部门、跨层级的发展。员工个人意愿越强、绩效越好、贡献越大，其发展机会更多，发展速度也会更快。"能上能下"意味着员工发展不再是单向的，只能晋升、不能降级，而是根据员工的绩效进行动态调整。持续为集团做出贡献的员工，可以不断晋升，甚至跨级发展；无法达到目标的员工则会接受绩效辅导，如辅导后仍不能达成目标则会降级甚至退出企业。

基于这样的管理模式和人才理念，企业、员工要不断思考如何学习和创新，以寻找更有竞争力的方法实现绩效目标。承接海尔集团"赛马不相马""机会公平、结果公平""自主发展、能上能下"的人才理念，海尔大学颠覆传统线性培训体系，搭建了开放的、基于非线性学习的共享企业大学平台。

海尔大学的共享企业大学平台，致力于成为行业引领的共创共享示范平台，创新了"自组织、自学习、自迭代"的学习自演进模式，搭建了场景化、数字化、智慧化的线上共享学习交互平台，聚集外部知识资源共创共享，面向上万家大中型企业、政府、高校等输出海尔文化、人单合一模式等资源，提供定制化培训解决方案，为企业发展提供高质量的知识资源和人才支持，助力员工自我成长，成为自己的CEO。

2. 基于非线性学习的共享企业大学平台建设的主要做法

海尔大学颠覆传统线性培训体系，搭建了开放的、基于非线性学习的共享企业大学平台，实现突破创新。

海尔大学一方面通过非线性组织学习自演进，赋能企业内部员工创客，帮助创客学习发展；另一方面通过共享企业大学建设，输出人单合一模式，提供资源链接，帮助外部企业家实现转型升级。

海尔大学激发网络化时代的学习动力，帮助学员更好地学习、发展，体现在：自组织，培训从封闭到开放；自学习，培训从静态到动态；自迭代，培训从线性到非线性。

海尔大学进一步落地非线性学习共享企业大学平台建设。主要体现在以下两个方面。

海尔大学非线性组织学习自演进

（1）海尔大学非线性组织学习的创新思路。

网络化时代，海尔颠覆他组织为自组织，从大型管控型组织裂变为小微公司，小微公司直面用户创造价值。每个员工都从雇佣者变成了创业者，成为企业的动态合伙人。因此，企业培训要做的是——如何帮助每个人价值最大化。在这样一种背景下，海尔大学突破原有的人力资源建设结构，构建出一个开放的人力资源体系，激发人才的创造力，将人力资源融入每一个小微当中。过去，海尔集团与员工是雇佣关系，员工被动等待命令执行；现在，员工主动寻找机会创业，成为自己的CEO，成为动态创业合伙人，实现从激活人到自激活。

著名的战略大师加里·哈默说：网络时代之后，商学院可能就不存在了。其实商学院所面对的挑战，主要就在于传统的学习方式都是线性的，而网络时代的管理都是非线性的。过去的企业培训都是单向的，学员往往是被动接受。如图3.2所示，海尔大学也开始探索自组织、自学习、自迭代的模式，帮助学员更好地学习，通过激发其学习动力，实现人才转型与业务价值。

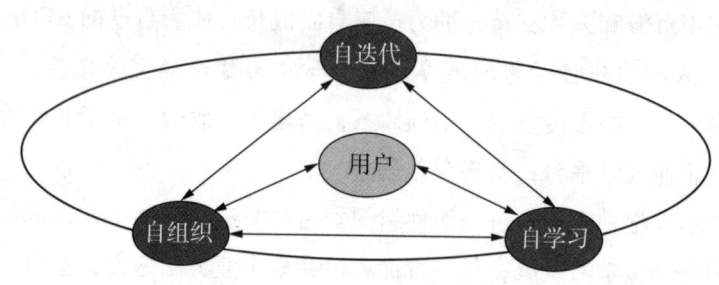

图 3.2　学习自演进模型

（2）通过自组织，组织学习实现从封闭到开放。

即学员参与设计、资源共享、自发组织。从前的培训是企业组织、单向学习，企业负责培训规划、寻找资源、组织实施、评估反馈，学员单方参加学习。现在则是学员参与设计、多向学习，体现的是用户思维。这就破解了"单向链接"的难题——从封闭到开放，学员参与设计、资源共建，找准培训中的刚需、高频、痛点内容。

学员自组织

学员自主组织学习活动，共创学习价值。以微课大赛为例。2017年，海尔集团的学员自发组织并共创学习内容，产出1300门微课，全部沉淀到海尔大学云学习平台上，全体创客可主动登录学习。2018年，海尔大学更进一步做成了"平台"，14个产业主动抢入共创微学习体系。海尔大学梳理了体系化学习框架、场景化业务工作，具体的微课程开发则由各个产业自己组织完成，进行业务模式的沉淀、复制推广。2018年微课大赛新产出微课3133门。

运营自组织

学习项目过程中，海尔大学发起学习官的抢单活动，学员抢单成学习官，采用轮值班委制，自主运营学习项目。以 2017 年小微训练营为例：学员抢单成为学习路线官，负责项目学习需求的调研、学习内容的规划；学习鉴定官，负责学习内容的提炼、学员问题的收集；学习实践官，负责学员学习成果的收集、成功案例的推广应用。在此过程中的项目启动、课程通知、作业收集、效果评估等环节，都由学员自主自发实行。这就让学员参与了学习项目的设计和实施，直接结果就是出勤率提高；学员也会分享案例和内容，组织困惑问题的研讨。

平台资源自组织

（1）创新生态社群共创项目，助力小微创业引爆。

该项目定位创业小微引爆助推器，通过开放吸引专家顾问、资源方、创业小微、用户等参与，事前锁定"对赌"业务目标、签订"对赌"协议，约定业务目标达成后、各方可按"对赌"协议分享收益。项目引入创新创业商数测评，显示创业小微团队的能力差距，引入一流资源定制赋能解决方案，通过认知迭代、路径创新和并联共创来解决创业小微面临的实际经营问题，加速小微创业引爆。

海尔搭建了创客孵化加速平台，鼓励内部员工、社会资源利用海尔平台进行创业。截至目前，海尔已聚集 2483 个创业项目，256 个创业项目漏出到孵化器孵化，平台上有 4325 家创业创新孵化资源。创业项目利用海尔平台资源获得了指数级增长，但在进一步引爆过程中，也很多创业团队因为缺乏相应能力短板，无法快速推动项目实现引爆引领。

针对创业小微在发展过程中因人员能力而影响业务推进的问题，生态社群共创项目通过事前锁定"对赌"目标、签订"对赌"协议，约定分享收益。通过测评认证显差、定制辅导解决创业小微业务经营难题，助力业务团队实现从想干到会干再到能干，达成业务对赌目标。

结合创业小微的战略发展要求，海尔大学引入"创新创业商数测评"，对酒知道、小管家智能照明、果蔬机等创业团队进行认证显差，显示学员在突破常规、创意落地能力存在差距。根据学员能力差距，海尔大学定制社群共创方案，引入外部资源，通过升维学习、工具导入梳理、资源对接等助力学员实现认知观念迭代、路径创新升级和并联协同共创。

如图 3.3 所示，通过生态社群共创项目，海尔大学帮助创业团队优化项目商业模式、明确关键运营指标、优化用户使用体验、提升终端动销，帮助酒知道、智能照明、食材净化等 5 个小微项目连续六个月达成业务"对赌"目标，实现销售收入 4022 万元，产生直接业务增值 402 万元。

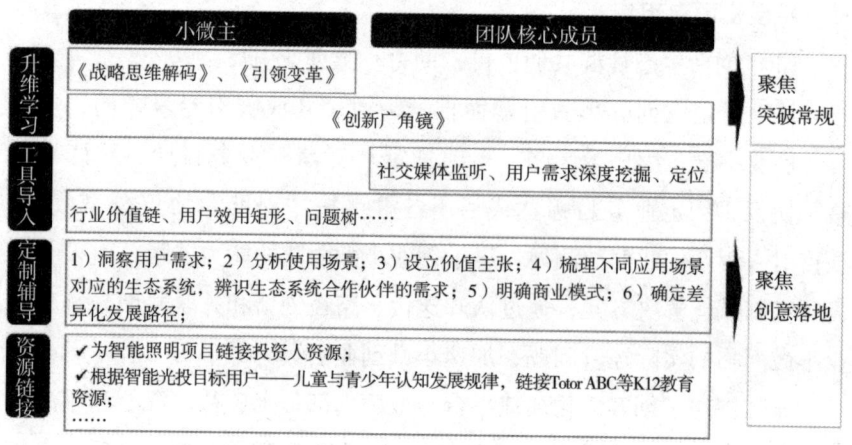

图 3.3　生态社群共创项目

此外，海尔大学还链接了大量的外部资源，促成资源自链接、产生合作。2017 年，某生物公司、某科技公司通过海尔大学的平台，产生了资源方面的链接与合作。

（2）打造生态赋能营，"政企创"多方共赢。

海尔大学承接海尔在全国各大城市落地"产城创"的战略，在全国各个城市开展 HICE 生态赋能营。

"产城创"是海尔首创模式，是海尔人单合一模式实践的重要成果，是海尔在全国城市发展过程中开创的新产业升级发展模式。

海尔建立的是首个集"产、城、创"三个平台为一体的生态圈，而非传统意义上的工业园。"产"就是智能制造平台。凭借海尔具有自主知识产权、用户全流程参与的 COSMOPlat，打造全球先进的产业平台，做强中国制造业。创建物联网时代与德国工业 4.0、美国工业互联网并肩的世界第三极。"城"就是智慧生活平台。有了智能制造，就有了智慧生活。智慧生活将提升居民的生活幸福指数。"城"平台的打造，将促使传统的评价指标，由 GDP（国内生产总值）转型为 GDH（国内幸福总值）。"创"就是双创平台，互联网时代让世界"零距离"，让整个世界成为海尔的"人力资源部"和"研发部"，以新技术推进双创平台发展。智能制造平台、智慧生活平台、双创平台，三者不断更新换代、相互促进、融合发展。

海尔大学产城创生态赋能营（以下简称 HICE）聚焦推动物联网时代企业转型升级和产业高质量发展，致力于成为企业转型升级、产业高质量发展的助推器。海尔大学通过为当地企业提供转型落地解决方案、创业加速解决方案和项目落地产业资源，成为政府推动企业转型升级、产业新旧动能转换的政策落地帮手、企业转型抓手和创客发展推手，实现多方共赢。

物联网时代，企业、政府在市场环境、管理模式和业务模式等方面面临挑战。市场环境从有序、机械到混序、有机，管理模式从线性、标准化到非线性、自主化，业务模式从基于核心能力的业务延伸到共创共担共享。对绝大多数中小企业来说传统管理已然乏力，企业想转型却没有成熟经验、平台可供使用，企业规模小、单打独斗无法应对激烈竞争；对政府来说，实体产业发展乏力，大部分企业转型升级仅仅停留在硬件升级，引导产业高质量发展没有好的切入路径。

海尔大学并联海尔产业、当地政府、行业协会、咨询公司等发挥资源聚合效应，从软件－以海尔人单合一转型实践、海尔管理模式导入、硬件－海尔企业智能升级解决方案、海尔智慧家庭成套解决方案，产业资源对接合作两个方面，针对中小企业和各地政府痛点，从行业共创、转型落地和生态共建三个方面设计解决方案。海尔大学以高峰论坛切入组织行业共创，把握市场趋势，从不确定中寻找确定；通过转型赋能培训帮助企业家借鉴优秀管理模式和转型方案，进行物联网转型探索；通过生态资源对接会链接多方资源，搭建共创共担共享的生态。

如图 3.4 所示，HICE 生态赋能营已在上海、无锡等地组织实施两期，链接海尔集团战略部、衣联网、卡萨帝、COSMOPlat、生态资源平台以及苏商会、普华永道、中子星等 50 余家协会、咨询公司资源，为700 余名企业家提供转型升级赋能成套解决方案。目前，该赋能营已促成业务合作、资源链接 20 余项，为康乃馨织物集团、银宝控股集团等对接海尔产业资源，并受到中国新闻在线、搜狐网等 20 余家外部媒体报道。

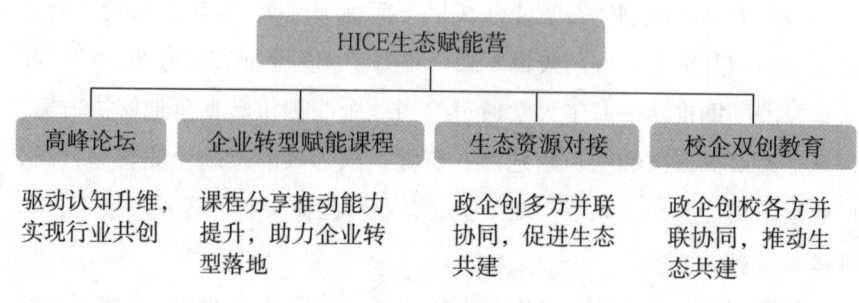

图 3.4　HICE 生态赋能营

（3）通过自学习，组织学习实现从静态到动态。

海尔大学借助场景思维按需定制、快速迭代、制造场景。过去的培训是标准课程实施，现在的培训是创造个性化的体验。这体现的是"场景思维"，破解了"供需分歧"难题——实现从静态到动态。例如海尔大学的创客读书日，就是让感兴趣的人进行社群学习。

线上智慧学习

海尔大学深耕培训领域，服务内外部生态圈创客，深刻了解用户在不同工作场景下的能力需求。基于丰富的培训经验和海量的用户数据，海尔大学为全员提供了线上智能场景化解决方案。

海尔大学运用用户的个性化小数据，如用户的人员属性、测评结果、专业领域、工作经验、兴趣爱好、业务数据等内容，形成个性化的用户能力画像。平台上的课程，是基于用户具体的工作场景，以解决工作中的实际问题为出发点。海尔大学通过人员标签多维度定义课程标签，保证每一门课程都有用户画像，每一门课程都有明确的定位，达到人和课的匹配，精准解决用户问题。海尔大学现已按照 18 个族群，112 个序列、工作经验、专业经验、行业经验、人才发展路径等 284 个标签，达到线上学习资源的智慧体验。海尔大学据此将适合的学习资源，实时推荐给需要的用户，让每一个用户能按需学习适合的内容。

线下场景学习

海尔大学结合小微实际经营问题，设计场景，搭建智囊小组，运用量子说五步法，为创业团队提供场景化方案，解决实际经营难题。

量子说五步法，是基于海尔人单合一管理理念提炼的适应网络时代的战略管理工具，以用户场景为切入，通过帮助用户找到用户价值、有竞争性的战略、开放的人力资源、预赢优化和价值共享五个步骤，帮助小微找到用户价值，确定战略定位、战略实施、战略动态调整以及价值共享的动态管理工具。

量子说的实施通过小微实际运营的工作场景切入，每期量子说都会找一个案主，大家集中解析他的困惑。由于他们自己就是亲历者，因此在分享过程中能够以工作中真实的场景切入，从量子说五步法分析，小微在整个运营过程中哪一步出现问题，与会的小微主共同帮助案主分析，共创解决方案。某种意义上而言，海尔大学量子说就相当于一面镜子——表面上是在看别人，实际上是看自己，通过这样的经验碰撞学习，可以让小微主少走很多弯路。海尔大学帮助小微主不仅知道"人单合一"战略，更能掌握运用一套"找准用户需求、差异化价值实现路径和显关差"的具体工具方法，从实际工作场景切入，推进战略落地，帮助面临挑战的小微主找到解决问题的办法。激活团队，提升团队的创新能力。

（4）通过自迭代，组织学习实现从线性到非线性。

学习体系自迭代

海尔大学创造性地提出了"非线性火焰动能模型"。过去，企业对学员能力的要求是指令、胜任现岗；现在，企业对学员能力的要求是自发、既要胜任现岗又要胜任未来。"非线性火焰动能模型"破解了"迭代被动"的难题——实现从线性到非线性，学员的学习资源、能力画像实现自主迭代，共创增值、各方受益。

"非线性火焰动能"理论是指为适应不断快速变化的外界环境，组织中的个体从内到外动态更新自己的核心能力。该理论用火焰代表人的能力变化，包含三部分：焰心自驱力、内焰认知力和外焰实践力。焰心自驱力是一个人的内在动机，是不断寻找能量进行反应并放出光和能量的潜能。内焰认知力是对动态环境、信息进行组织加工表现出来的个体差异和解决问题的能力。外焰实践力是在实际工作中实践、历练提升和转化的外显能力，是个体"燃烧"释放的光和能量。

美国经济学家大卫·梯斯在 20 世纪 90 年代就提出动态能力的战略理论，动态能力的观点认为，一个企业固然需要核心竞争力，但最重要的不是核心竞争力，而是更新核心竞争力的能力。很多企业有核心竞争力，做成行业老大，但时代变了，却不能动态更新核心能力，生存危机就出现了。企业动态更新核心能力的能力很大程度上依赖员工的动态能力，不断寻找资源、重构资源、吸引资源进行反应并放出光和能量。

海尔大学将"非线性火焰动能"理论作为人单合一模式下单人匹配的创客画像构建的理论依据，依托创客单的数据、能力数据、绩效数据，动态迭代能力项及能力标准，并实现学员画像动态化、测评认证场景化、学习赋能智慧化。

学习形式自迭代

海尔大学成立了小顺商学院，承接国家聚焦乡村振兴、海尔触点网络建设的战略，成为农民创业的赋能平台和政府双创的帮手，通过学习形式的自发迭代，吸引攸关方共创价值。

小顺商学院的学习形式，经历了三个阶段的自主迭代。从一开始的社群学习，提升生态产品知识及创业能力；到有温度的线下训练营，提升社群经营能力；最后是生态品牌，政府、企业、农民等各方蜂拥而至，共创共享。

海尔正在成为一个生态品牌。后电商时代，社群经济成为新经济模式。在海尔的生态圈中，包括用户在内的所有资源都可以平等地生存其中，企业越发小微化，距离用户也就更近一步。"小微＋社群"这即是将高高在上的企业打碎成多个个体与用户相连，同时又将传统企业独自解决的问题置于生态圈之中，由用户及所有的资源方共同参与解决。这种模式能够在保证与资源方零距离交互的同时，挖掘出更多的创意和解决方案。

中国的农村具有特殊的乡土情怀，是一个天然成熟的社群。海尔社群经济的开展，是帮助农民创业成为海尔平台的小顺管家，小顺管家不断与村民交互"需求"倒逼生态圈资源"连接"，从而为农民需求提供解决方案。从此前追求的"最后一公里"倒置为"领先一公里"，领先的是用户需求。

海尔的小顺管家从一名普通农民成为海尔社群生态的交互节点，如何与村民交互需求、如何认可海尔生态平台和帮助村民定制解决方案，成为急需解决的问题。小顺管家作为海尔社群生态共创共赢平台的一部分，通过培训让小顺管家获得价值创造的能力。

传统的培训解决的是组织内人才发展的问题，小顺管家培训解决的是如何通过社群交互定制符合农民需求的解决方案从而达到增加收入。传统培训是对岗位能力的评估从而定制和完成培训计划，小顺管家培训则是搭建社群交互的平台，通过案例赋能。传统培训可以聚焦出目标学员的岗位，小顺管家群体基数大，而且没有明确的人员分类。

通过与生态资源方共创小顺商学院以萃取经验案例、赋能小顺管家意见领袖，加速小顺管家持续与农民交互从而定制产品创造价值、分享价值。

小顺商学院首先解决培训"距离"问题，在小顺管家 APP 中应用场景精确地获得体系化的知识，通过认证具备创造更高收入的能力。

在小顺管家触点体系建设场景中，乡镇小顺管家合伙人和县域小顺管家合伙人通过社群经营能力培训，配合"高分享"机制驱动，合伙人主动在县域组织社群活动与农民持续交互并定制日化、光伏、酒水等解决方案从而实现小顺管家增收。

小顺管家通过微信社群每周学习优秀小顺管家做法、生态产品技巧和平台策略。目前小顺商学院已在全国 20 多个县域形成与政府、高校、生态资源方共创的农民创业多元赋能模式，赋能数千农民创业。

3. 共享企业大学建设引领未来

（1）共享企业大学建设创新思路和目标。

海尔大学围绕物联时代知识大规模定制，构建了线上一站式学习共享平台 Hi – study 平台，链接用户和生态资源，打造具备生态品牌的学习系统，构建开放、智能、共创的非线性学习交互平台，构建共享企业大学。

顺应时代的发展和集团战略的转型，海尔大学建立了以 Hi – study 为依托的培训生态系统，并搭建海尔大学微信公众号进行知识及模式分享。海尔大学通过"共同探索创新模式"吸引全球一流的资源参与到员工学习当中，开放并联，实时互动。海尔大学已经与哈佛大学、瑞士洛桑管理学院、中欧商学院、北京大学、清华大学、微软、思科、宝洁等诸多世界一流资源建立合作关系，可以 24 小时在线与员工进行案例互动、分享创新经验。

Hi – study 平台以海尔品牌做背书，将学习资源及用户面向社会开放。一方面海尔大学开放学习资源，服务企业/政府用户，可减少单位试错的成本、减少中介成本；另一方面海尔大学开放用户资源，吸引社会大众在平台共创课程、共享讲师资源，同时增加资源方的推广途径，获取更多用户。该模式颠覆了传统的培训老师与用户必须通过中介对接的方式，让讲师直面用户，同时讲师的价值由用户评价体现。

数字化是 Hi‑study 的核心特点，包含用户数字化、知识数字化、设计数字化。

具体而言，在大数据及人工智能应用方面，Hi‑study 平台通过获取用户海量培训数据及人工智能交互，可建立精准的社交网络，以用户需求及学习习惯作为培训定制产品开发的输入，成为资源延伸平台，并记录用户对产品评价，不断迭代升级。最终形成物联网时代知识的大规模定制平台。

Hi‑study 平台通过智慧社群交互、动态评价体系、场景化解决方案、一站式项目管理、火焰动态认证体系等功能设计，为资源平台、项目经理、项目学员提供了全方位的升级服务。

（2）搭建智慧化社群平台，实现场景化资源自迭代。

原先资源管理者很多精力用在了课程管理和讲师管理，关注课程迭代和讲师升级等事务性工作。通过 Hi‑study 平台上的智慧社群交互及动态评价体系，资源管理者可以自动关注课程的使用情况，针对用户提出的课程评价及提升建议，动态迭代场景化课程；同时资源管理者也可以实时了解讲师的授课情况，评价情况等。通过社群场景交互，为讲师的动态调整和升级提供有效依据，资源管理者可以基于平台功能进行课程和讲师的自迭代、自升级，吸引更多资源方加入平台上来。

（3）创新数字化项目管理，实现一站式管理自运转。

企业的培训经理很多精力需要忙于事前的培训需求调研、培训预算申请，学校资源招标，合同签订以及培训方案设计；事中进行项目实施时需要督促学员签到、事后进行课程讲师满意度评价等。培训经理们因为疲于应对，在实施过程中往往出现纰漏。通过 Hi‑study 的场景化设计方案和数字化一站式项目管理可以有效解决这些痛点。通过数字化管理，项目经理可以把更多的精力投入到知识构建和数据管理，通过这些去服务于以后的项目方案设计和项目实施。

（4）精准智慧化学习推荐，实现定制化学习自推送。

VUCA 时代学员天天会面对海量的信息，在有限的时间内需要做出高效的策略，这时甄别和选择会变得更困难，在学员进行学习资源选择的时候遇到问题，只能根据自己过去的经验和认知进行盲选、海选。基于这个痛点，Hi-study 通过"火焰动态认证体系"，实时系统的动态显关差，根据学员显差结果智能推荐精准的学习内容，同时满足学员不同需求，也会根据学员属性，学习偏好等进行个性化课程匹配。

（三）基于非线性学习的共享企业大学平台建设的实施效果

总体而言，海尔大学非线性学习共享企业大学平台建设取得以下三方面的成果。

1. 生态平台赋能创客升级发展

（1）创客公开课：海尔大学已形成创意期、初创期、成长期、成熟期四个阶段，包含创业机会、财务知识、团队组建、商业企划、用户交互、公司运营、产品创新、电商营销、投后管理、股权众筹、上市管理、退出机制等十二个主题 30 余门课程的创客公开课体系。2016 年至今，海尔大学邀请世界知名管理大师、知名投资人、互联网公司高管、成功创业者等围绕 50 余个主题组织了 100 余期免费公开课。活动中吸引内外部创客 10000 余人参加。

（2）创业训练营：海尔大学搭建创客 + 训练营体系，通过海创营、海客营、海学营、海院营，分别为处于创意期、初创期、成长期和成熟期的小微企业提供定制化赋能解决方案。海创营聚焦创意期，通过用户洞察、创意生成、概念转换、提案演示等产生创意及商业提案，帮助小微形成创意，目前已产出可落地的 7 个创新产品概念。海客营聚焦初创期，通过线上社群研讨辅导、线下主题培训掌握创新创业技能，目前已与东北财经大学达成战略合作，18 门创新创业课程已接入教学体系。海学营聚焦成长期，通过定制主题分享、实战辅导、头脑风暴、定制测评、社群研讨等帮助小微快速成长，目前已优化 11 个产品设计，促成 72 项合作，成本降低 32 项，优化 15 项商业模式，21 项专利，10 个项目对接融资，创造价值 7486 万。海院营聚焦成熟期，通过资深教练实战辅导，结合企业案例进行复盘，帮助 5 个项目优化商业模式，3 个项目对接融资。

（3）课程讲师体系：目前海尔大学课程讲师交互平台上，聚集着4000 多门课程、数千家外圈资源、500 多名内部讲师及导师，为创业小微提供全生命周期的人才发展支持。通过搭建内外圈培训师生态圈交互机制，建立体系化、专业性的培训师交互平台，对外输出海尔模式，对内进行组织文化、创客素质、小微经营等方面的培训。2016 年至今已培养创客讲师 270 人，开发课程 130 门。

过去的 12 个月，海尔大学为全体员工开通了在线学习系统的个人账号，让每位员工在线分享自己的知识/经验。各业务单元也将在线学习系统作为了日常工作的首选，通过在线系统进行岗位经验分享、知识考试、日常业务培训等，接受培训的员工覆盖率达到了 100%。同时员工可以自主、随时随地、碎片化地进行学习，员工平均学习时长也提升了 221%。

如表 3.2，海尔大学通过使用技术实现成本节约。海尔大学通过在线学习平台、移动学习系统的应用，一方面员工可以及时分享工作经验、想法；另一方面，有需要学习了解的员工也可以快速找到相关知识或解决办法。海尔大学过去 12 个月实现成本节约 3300 万元，通过在线学习、移动学习节约大量员工、外部讲师的差旅费、住宿费用；海尔大学通过员工分享节省了外包讲师开发课程、讲授课程的费用；海尔大学通过在线培训在线自定进度、在线虚拟方式由讲师分享等技术的应用，实现业务销售指标的快速达成。

表 3.2 通过技术实现成本节约

接受培训的员工数量/人			日平均学习时长/小时			通过技术实现成本节约额/万元		
2017 年12 月	2018 年12 月	增长率/%	2017 年12 月	2018 年12 月	增长率/%	2017 年12 月	2018 年12 月	增长率/%
73000	86000	18	0.11	0.17	51	1100	2000	90

高潜人员赋能：2017 年海尔大学通过学习项目的运作，帮助学员

掌握升级所需的知识、技能并助力学员发展升级。以海尔大学小微训练营为例，20%进入海尔大学训练营的学员已成功升级，抢单为小微主。

该项目聚焦海尔集团中高层管理者及其后备人才的培养，为用户提供全生命周期的学习加速服务。项目设计紧密结合小微公司的业务目标，通过 3 类产品——启航班、续航班、远航班，形成了跨 5 大平台的学习社群，搭建了集团内资源对接及跨界合作平台。课程设计围绕自组织、自学习、自发展，为学员提供非线性的学习解决方案；学习内容也从指定内容的学习地图到学员参与定制的非线性学习罗盘，构建了包括测评解码、线上知识学习、线下体验学习、实战项目辅导、人文素养提升等模块在内的综合学习解决方案，并沉淀成为海尔大学学习项目的经典模式。（海尔的三类人："行业主"可以理解为某一行业 & 领域的高管，如海尔冰箱产业的总负责人；"小微主"可以理解为独立运作公司的 CEO，如海尔卡萨帝冰箱小微的负责人；"创客"可以理解为除行业主、小微主之外的创业者。）

2. 定制服务助推小微创业创新

海尔大学搭建开放资源平台，通过学习项目帮助创业团队优化商业模式，对接投资人、导师等资源加速创业。以深度用户交互、团队抢入、项目学习 & 辅导等方式，帮助业务方实现创业项目成果落地。如空调售后的同事与郑州制造中心同事根据小微训练营促成合作，建立全国首个家用空调服务培训基地，每年输出合格服务兵 5000 人以上等。

海尔大学为研发部门设计的 DFA 项目，实现成本节约 2732 万元，项目辅导帮助电磁灶小微实现收入 1000 万元。产出 61 个创意方案，申请专利 40 余个，10 余个创新产品已上市，市场收入逾 3 亿。匹配针对性课程，促进业务成本降低 32 项，业绩提升 56 项，通过项目辅导帮助电磁灶小微实现销售收入突破 1000 万元。

海尔大学以冰箱、洗衣机、电热水器、空调、油烟机等 5 个样板项目进行赋能提升，搭建外部专家导师、三自人力、开发部长等业务专家团队，通过定制化的学习解决方案，提高研发设计人员相关能力，通过模块化降低产品研发生产成本，产生业务增值。产出 5 个优化的茶农设计改善方案，预估可节省成本 7000 万元/年。比如 Q 系列电热水器，2017 年取得以下阶段成果：完成 13 个改善点，单台节省 40 元，每年预估可节约 4000 万元成本。目前销售额约 2 亿元，已节省成本 1200 余万元。

3. 模式输出推动企业创新发展

海尔大学围绕人单合一、COSMO、大共享平台、创新文化、创业加速五个主题开发培训课程，培训社会数万名创客。2014 年至今，已对外开设上千场课程培训，收获了大量的用户好评和反馈。政府、企业、高校、商会等众多组织来海尔交流学习，包括：深圳市国资委、中石油、中石化、北汽集团、国药、宝洁、万宝盛华、如新、京东、北京大学、清华大学、中国人民大学等。很多企业家、行业中高管均对该课程给予了高度评价。台湾如新集团、深圳宝安集团、陕西鼓风机集团等众多企业多次来访学习，并进行其企业内的落地应用。

2017 年、2018 年，海尔大学连续两年获得 ATD BEST Awards（最佳学习型企业奖），是中国大陆企业唯一一家。同时，基于该模式的创新性、落地性、前沿性，海尔大学助力海尔集团获批国家首批双创示范基地，每年接纳数万人来访。此外，海尔大学近年连续获得各类企业大学奖项，包括国际绩效改进协会、《培训》杂志、上海交大、教育百强等国内外一流机构"最佳企业大学""最佳学习项目"等 40 余个奖项。

四、社群品牌生态圈化

（一）社群品牌生态圈的实施背景

1. 互联网颠覆了传统的商业世界，企业破坏性创新迫在眉睫

从 1969 年世界上第一次开始尝试军事连接起，至今互联网已经全方位覆盖并无时无刻不在影响改变着我们的生活和世界格局。从信息的获取和传播，到人们社交的方式与范围，到生产方式的改变，目力所

及，整个商业世界正在迅速地全面互联网化。从海尔的实践总结来看，互联网时代的变化和挑战主要是以下三点：

商业模式颠覆了——从分工式到分布式

"分工式经济"是亚当·斯密提出来的，传统经济的本质就是管理上的科层制、生产上的流水线。互联网改变了信息不对称的格局，媒体变成"所有人对所有人的发布"，由此分工式变成了分布式，出现了"去两化"的趋势：一是去中心化，二是去中介化。去中心化是指每个人都是中心，去中介化是指任何两方通过互联网都可以直接联系。

这样一来，企业里的科层制无疑被分布式打破了，企业本身变为互联网上的一个节点，为全网创造价值，同时也拥有全网资源的访问权。传统经济里必须交换才有价值，互联网经济里共享才有价值，所以现在企业经营竞争的是拥有多少资源的使用权，而非所有权，企业要与攸关各方打造共创共赢的生态圈。

制造模式颠覆了——从大规模制造到大规模定制

大规模制造就是来自英国经济学家大卫·李嘉图提出来的"比较优势理论"。目前的世界局势也是这样的：以中国为首的"世界工厂"制造了世界上最多的产品；以中东为首的资源供给国，提供石油、天然气以及原材料；消费国就是美国等发达国家。

大规模制造是上一个工业时代的产物，它遵循成本最低和利益最大化的规则，但却无法满足用户的个性化需求。但是，互联网时代用户话语权放大，用户需求变化更快、更为个性化了，所以企业要满足用户的个性化需求，就一定得采取大规模定制。

消费模式颠覆了，从产品经济到体验经济。

所谓产品经济是指，产品生产出来以后给经销商，经销商再给分销商，分销商再卖给顾客。但在今天，用户是中心，谁能满足用户的个性化需求，用户就会选择谁的产品或解决方案。

这对企业造成的直接挑战就是"名牌效应"失效，西方现在产生了一个新词——"换商经济"，用户频繁地更换所选的产品，他们考虑的不是这个品牌是不是名牌，而是看这个品牌的产品能否创造用户最佳体验。

2. 海尔推动"三化"变革，率先转型互联网企业

在外部环境变化之下，海尔探索实践"三化"变革：企业平台化、用户个性化、员工创客化，目的是从制造产品的企业转型为孵化创客的平台，从大规模制造转型为大规模定制，彻底颠覆传统的组织架构和管理模式，率先转型为真正的互联网企业。

企业平台化颠覆了传统的企业科层制

传统企业是金字塔式的科层制组织，员工之间有严密的等级制度，这样容易造成用户需求与企业决策的脱节，产生所谓的大企业病。海尔通过企业平台化颠覆了科层制，企业成为互联网的一个节点，由制造产品变为孵化创客，整个组织从上下级体系转变为无上下级的三类人：平台主、小微主、创客。整个海尔平台能够开放地链接全球资源，内外部创客聚合在一起共同满足用户个性化需求。

用户个性化颠覆了产销分离制

传统消费模式是产品生产出来之后层层分销，企业为了品牌效应拼命打广告，用户就是一次性交易的顾客。但是互联网时代，用户关注的不是"广告"而是"口碑"和"体验"，企业建立的是与用户融合的生态圈。所以，海尔通过互联工厂满足用户的个性化需求，互联工厂实现了用户体验的无缝化、透明化、可视化的颠覆，用户不再是匿名的顾客，而变成能够全流程参与产品的设计、生产，既是消费者又是生产者，从而实现从产销分离到"产消合一"。

员工创客化颠覆了雇佣制

互联网时代，用户需求越来越难以捕捉，这就要求让每个员工都能零距离对接市场，创造自己的用户资源。原来的员工是雇佣者、上级命令的执行者，现在海尔把员工变成了创业者、合伙人。海尔将西方传统的选育用留用人机制颠覆为动态合伙人机制，以用户付薪为薪酬来源，目的在于实现"每个人都是自己的CEO"。在海尔，平台主、小微主和

创客没有层级，差别只是所掌握的用户资源不同，他们共同围绕用户需求整合一流资源，创造用户全流程的最佳体验。

3. 互联网时代品牌由企业与用户共创、共享、共治

作为用户个性化、全流程体验的重要组成部分，海尔通过信息化手段，在品牌传播营销模式上进行了系列创新，不断清晰用户是谁、用户在哪、用户要什么，实现跟用户共创共赢的目标。

如表 3.3 所示，经过 30 多年的成长，海尔在全球搭建起了以海尔、GEA、斐雪派克、亚科雅、卡萨帝、统帅、日日顺为主体的品牌架构，通过多品牌布局满足全球不同区域用户的需求。

表 3.3 海尔集团品牌体系一览表

品牌	覆盖市场	品牌定位	品牌简介	产品方案
海尔（Haier）	全球 100 多个国家和地区	网罗生活智慧，为千家万户打造不拘一格的智能家居体验	海尔集团家电主品牌，秉承锐意进取的海尔文化，品牌定位"绿色理念"	家电、通讯、IT 数码产品、家居集成、模具、软件、金融、房地产、生物制药等
GEA（GE Aappliances）	美国市场	美国百年家电品牌	美国本土仅次于惠而浦的第二大家电品牌，美式生活方式创造者	家用电器和商用解决方案两类，包括洗衣机、冰箱、大厨电、小家电等多种品类
斐雪派克（Fisher & Paykel）	澳新市场	全球顶级厨房电器品牌	新西兰国宝级电器品牌、全球顶级厨房电器品牌、世界著名的奢侈品牌，至今已有 80 余年历史，自创建之始，便强调关注用户体验，追求卓越设计	灶具、冷藏、清洁、清洗和烘干五大部分
卡萨帝（Casarte）	中国市场	国际高端艺术家电	海尔集团高端家电品牌，卡萨帝 Casarte 名字的灵感源于意大利，品牌定位为"创艺家电、格调生活"	涵盖冰箱、空调、洗衣机、热水器、厨房电器、小家电、电视机等九大品类

续表

品牌	覆盖市场	品牌定位	品牌简介	产品方案
亚科雅（AQUA）	日本市场	追求极致价值的白电高端品牌	"AQUA"源于意大利语，本意为"水"。AQUA诞生于琵琶湖畔的滋贺县，是海尔集团日本市场高端家电品牌，依托三洋电机洗衣机事业50多年的辉煌历史，品牌内涵为 Authentic Question Unique Answer（追求极致价值）	洗衣机、冰箱
统帅（Leader）	中国市场	互联网时代第一家电定制品牌	秉承"你设计，我制造；你需要，我送到"的品牌理念以及"只为需要的功能买单，为不需要的功能免单"的价值主张，通过虚实融合模式，线上（互联网）快速获取用户个性化需求，线下快速满足用户需求	彩电、冰箱、洗衣机、空调、冷柜等
日日顺（RRS）	中国市场	海尔集团旗下的综合服务品牌	以诚信为核心，以社群为基本单元，打造后电商时代共创共赢的平台	旗下有日日顺乐家、日日顺物流、日日顺健康等国内专业的社区服务平台

互联网时代给企业经营带来了全新的机遇和挑战，企业品牌建设也不例外。当下，消费模式正从 CRM 向 VRM 转变，其中，CRM 是客户关系管理，即企业管理用户；VRM 是供应商关系管理，即用户管理企业，用户的购买力决定于他的鼠标。为此，海尔发现品牌建设必须进行两大转变。

所有者发生变化：从企业变为用户，品牌由用户创造及所有

在互联网上，用户能够免费或者近乎免费地获取信息，并可以根据自身需要进行信息挑选而不是被动接受，这样一来，用户就从品牌的被动接收者变成品牌的主动传播者，并在传播的过程中对品牌进行重建，从某种角度看，用户角色进一步升级，成为品牌的创造者、所有者。对此，开放鼓励用户参与体验及分享。

塑造方式发生变化：从专业部门投放信息的结果变成全节点用户体验的积淀

品牌建设的方式从企业通过广告等方式对用户单向灌输变为用户通过社群主动参与、交互、体验、分享。这就意味着，互联网时代品牌的塑造不是一个专职部门的工作，而是企业与用户接触的所有触点带给用户体验的总和。换言之，品牌存在于用户全流程参与的每个节点上，用户在所有节点上沉淀出的体验，就构成了品牌，塑造好品牌就是创造用户全流程的最佳体验。

本文主要从"海尔"品牌切入，面对互联网时代的新环境，海尔品牌本着"以用户为是，以自己为非"的理念，在理论研究和实践探索的基础上，创新总结出新时代的品牌传播模式，以适应时代发展，更好地为企业发展助力。

（二）社群品牌生态圈的创新内涵和创新实践

1. 基于用户体验的社群品牌体系创新成果内涵

海尔在长期品牌理论研究和探索实践的基础上，总结出新时代的品牌传播营销模型，即以诚信为核心原则，以数据为工具，以社群为基础，以体验为目的，通过三者的互联互通、相互作用，打造用户全流程最佳体验，进而在用户体验中沉淀品牌力量，实现与用户共创、共享、共治的品牌传播营销新范式。

在"数据"方面，海尔品牌建设的原则是：数据不是数字，场景数据化带来体验个性化；拥有场景小数据，才能驾驭大数据。

在"社群"方面，海尔品牌建设的原则是：人即场景，有人的地方就有场景；每个人都是场景节点，体验即分享。

在"体验"方面，海尔品牌建设的原则是：处处皆体验，看到即得到；体验无断点，起点即终点。

2. 基于用户体验的社群品牌体系创新实践

整体思路

在 PC 时代，企业在品牌传播时关注的是信息对称，互联网使信息传递更加便捷化，却导致全而不精准的现象；移动时代的品牌传播关注的是个性化营销，互联网使信息更加碎片化，出现了一对一营销的传播方式；物联网时代，品牌传播更关注用户全流程的体验，因为互联网使信息传播场景化，只有给用户创造无断点的体验才能形成好的品牌口碑。

为此，海尔通过搭建 SCRM 系统，为各产品线与用户交互提供数据营销工具包的支撑；通过顺逛和大盈家微店，探索社群型传播营销新模式；通过在自有电商平台——海尔商城展开对用户体验的探索，连接互联工厂、物流等资源，满足用户的个性化需求，提供无断点的全流程最佳体验，以此强化新时代企业品牌建设。

由于"品牌即体验"的品牌传播营销模型来源于广泛的海尔产业实践，这一模型同样适用于海尔海外的品牌传播营销，并在海尔全球产业的具体实践中，不断进行优化和完善，为产业转型和发展提供更好的支撑。

创新要点

一是做交互创新而非精准营销。精准营销是为产品找用户，本质上是 B2C，带来的不过是提高能效，而交互创新则是为用户找产品，本质上是 B2B，带来的是对行业传统运营方式的颠覆。为此，海尔 SCRM 系统整体要做的是交互创新，整合海尔 30 多年积淀的用户大数据资源，利用大数据技术为产业线与用户交互赋能，让每个节点都具备品牌建设能力。

二是基于社群信任做价值交互而非价格交易。微商的价值不在"商"，而在"微"，不是简单做成产品交易的工具，而是要做成与用户交互、满足用户个性化需求的重要通路。为此，海尔在实践中探索基于社群信任，通过交互定制、场景体验形成一个开放的共创共赢社群生态圈，让用户体验和用户口碑有一个黏性平台进行承接、传播。

三是围绕用户需求实现了大流通与大制造的全新对接。电子商务的本质不在"电子"，而在于"商务"，其竞争力不在于"网店"，而在于"供需链"。为此，海尔商城以用户全流程个性化体验为导向，打通全产业链，围绕用户需求实现了大流通与大制造的全新对接，进而不断刷新用户体验预期，沉淀用户口碑，创生互联网时代全新的诚信品牌内涵。

创新实践

（1）数据线：用 SCRM 系统为各产业线用户交互赋能，提升交互效率和用户体验。

不同于常规概念的大数据精准营销，海尔 SCRM 系统整体要做的是交互创新。在实践中，海尔 SCRM 系统积累出四个原则。

原则一：数据的核心是人。

数据平台要洞察用户需求，因此，海尔分两个层面运营用户数据：

一是底层数据平台，即海尔 SCRM 数据平台，打通 8 类数据资产（会员注册数据，产品销售数据、售后服务数据、官方网站数据、社交媒体数据等），已覆盖 1.4 亿用户数据，通过清洗、融合、识别，平台为每个用户生成了 360 度用户画像。

二是上层会员平台，即海尔梦享 + 会员俱乐部，活跃会员超过3000 万人。这些数据目前主要用于两个方面：一是通过数据挖掘，分析出这些用户什么时候又有购买家电的需求，进而展开精准营销；二是分离出活跃用户并与之进行交互，满足他们的需求，实现交互创新。

原则二：数据采集的核心是连接。

数据经过连接才能变成有价值的信息。海尔以用户数据为核心，全流程连接企业运营数据、社交行为数据，特别是网络交互数据、网络行为数据等。海尔 SCRM 系统把分散在海尔不同系统中的用户数据进行融合、清洗，识别出每个海尔用户的姓名、电话、年龄、住址、邮箱、产品等，进而通过用户在网上的行为数据，进一步了解每一个海尔用户的特点、爱好和生活习惯，并为他们打上数据标签。

在海尔 SCRM 系统 360 度用户画像的标签体系中，包含 7 个层级、143 个维度、5236 个节点，现在的数据标签超过 11 亿。值得一提的是，用户识别、用户画像是一项不会"结束"的工作，只要用户还在参与交互，这项工作就要持续更新、迭代，实现对用户特征的动态记录。

原则三：数据挖掘的核心是预测。

美国管理大师德鲁克有一句名言："好的公司满足需求，伟大的公司创造需求。"所以，海尔 SCRM 系统挖掘、分析用户数据的目的还是为了预测用户需求、行为等。在 11 亿数据标签的基础上，海尔 SCRM 系统现已建立了 3 大类、10 个数据模型，用量化分值定义用户潜在需求的高低。

原则四：数据应用的核心是场景。

在预测用户需求、行为的基础上，海尔 SCRM 系统才能为各产业线与用户交互提供更有价值的工具包，以确保各节点能在正确的时间、地点，给用户送去他们正想要的产品或服务方案。为此，海尔 SCRM 系统针对线上、线下的不同场景开发了多个工具包。

在线上，海尔 SCRM 系统的工具包主要有 RTB（Real Time Bidding，实时精准展示）、CT（协同定向营销）两种。

其中，RTB 涉及 DMP（Data – Management Platform，数据管理平台）、DSP（Demand – Side Platform，需求方平台）、Ad Exchange（展示交易平台）三大平台。DMP 平台扮演大脑角色，分析出谁是目标客户；DSP 平台扮演中介角色，代表品牌主到 Ad Exchange 平台出价采购；Ad Exchange 平台扮演市场角色，通过实时竞价将目标展示位置出售给品牌主。以海尔天樽空调 RTB 操作流程为例，全部环节在 0.05 秒内精准完成，大大提升了营销的精准度和投入产出比。

在 CT 方式中，海尔 SCRM 系统根据既有数据模型找出高价值目标用户，将用户信息匿名化输出至新浪等第三方社交媒体平台，在第三方平台更大的用户数据库中找出相似用户，进而扩大目标用户规模，实现精准营销基础上的资源共享。以海尔天樽空调 CT 操作流程为例，通过外部生态圈协作，十万级的目标用户可以迅速放大到百万级。

在线下，海尔 SCRM 系统开发了两个数据产品，即"海尔营销宝""海尔交互宝"。

"海尔营销宝"其实是一个 APP，是为海尔营销及销售人员开发的具有精准营销功能的大数据交互创新工具包，可辅助其对特定区域、社区和用户个体开展精准营销。"海尔营销宝"具备四个功能：社区热力图、用户热力图、小微播音台、小微摇钱树。

其中，"社区热力图"显示的是手机所在位置周边 30 个小区的数据，包括每个小区有多少海尔用户、哪些用户可能需要对家电进行更新换代，便于营销人员能够在正确的时间到正确的地点把产品送给需求者。"用户热力图"显示的是手机所在位置周边 5 公里范围内，有多少海尔用户需要进行产品更新换代，终端人员可以和这些用户直接取得联系，并进行精准交互。"小微播音台"面向的是海尔 42 个区域小微公司，它可以显示出这个区域有多少海尔用户，他们对海尔的哪一款产品有需求，小微公司进而可以大规模和用户精准联系。

"海尔交互宝"是为研发人员开发的具有用户交互功能的大数据交互创新工具包，可帮助研发人员更全面地了解用户痛点、受欢迎的产品特征、用户兴趣分布及可参与交互的活跃用户。海尔交互宝有四个核心应用：活跃用户雷达、用户痛点雷达、用户兴趣雷达、用户生活圈。

"活跃用户雷达"可以告诉开发人员有哪些用户愿意和海尔打交道，在这里筛选需要邀请的用户，点击"推送联系人"，设置交互名称、交互时间、交互内容等，交互邀请短信就会自动发送到相应的用户手机中。"用户痛点雷达"用可视化的办法告诉开发人员，现在消费者对海尔哪一款产品、哪一个功能有抱怨，用户体验过程中有哪些痛点、需要在哪些方面优化体验。"用户兴趣雷达"是在产品标签（节能、时尚等）的基础上，通过用户购买行为判断用户对哪一点感兴趣，研发人员进而就可以在特定地方进行放大，形成爆点。"用户生活圈"用大数据挖掘海尔用户在社交媒体上讨论什么话题，哪一个人说的话对他有影响力，这样就知道用户是谁，在哪里，喜欢什么，进而达到精准营销的目的。

值得注意的是，"网器"数据正成为海尔最重要的数据资产。举个例子，海尔创业团队研发了一个产品——"馨厨"冰箱，它具备"网器"特征：冰箱和食物通过传感器互连，冰箱和超市通过网络互连，冰箱和人通过手机终端互连。在海尔打造的美食生态圈中，"馨厨"网器是一个物联要素，网器本身是数据源，它能在与用户智能交互的过程中生成数据。

在未来，网器将成为数据海尔 SCRM 平台重要的数据来源，并不断提供用户标签新维度，完善用户画像，作为结果，海尔 SCRM 平台将基于这些数据推动网器不断迭代优化，满足用户需求，形成"数据完善→网器优化→用户满意"的良性循环。

（2）社群线：打造开放社群主阵地，实现用户体验的共创、共享、共治——以海尔顺逛和大盈家为例：

要将微商做成基于社群信任，与用户交互、满足用户个性化需求的重要通路，重要的是实现线上"微商"与线下"店商"的 O2O 融合。

为此，在线上，海尔上线顺逛、大盈家微店平台，通过联通线下 3 万家专卖店资源，以微店平台为杠杆将线下经营了 20 年的营销、物流、服务资源进行全流程开放整合，为设计者、销售者、消费者角色合一奠定基础，并为这一过程中的用户体验提供全流程保障。

顺逛的实践代表了海尔对既有家电产品的移动社交电商探索，顺逛微店相当于海尔专卖店在线上端的入口。一方面，微店主不需要任何成本投入，通过 APP 操作就能将当地专卖店的上架产品发布到朋友圈，利用人脉展开销售，实现零库存、零投入的零成本网店模式。另一方面，全国 3 万多家海尔专卖店无须投入专项资金，只要接入顺逛微商平台，就能轻松实现电商销售，吸引的微店主越多，实际上就相当于拥有更强大的营销团队，实现 24 小时在线营业。

概括来说，顺逛微店平台已探索出三大路径塑造用户全流程的最佳体验：

一是针对不同地域，探索出适合不同用户的两种不同样板。众所周知，不同地域用户的生活方式、消费习惯等也会不同，适合一方的微店平台不一定也适合另一方。对此，顺逛在一二级市场探索出石家庄美尚样板，搭建城市区域服务商、直销员（服务兵、员工）、用户会员为主体的社区生态圈；在三、四级市场探索出青岛高密润科样板，搭建各级服务商、乡镇店、村级联络站、用户资源为主体的乡镇生态圈。在先进样板的带动下，顺逛在一、二、三、四级市场建立了更接地气的服务网络基础，为用户体验打好基础。

二是加入"网器"元素，激发用户参与交互、主动"代言"的热情。举个例子，2015 年 10 月 8 日，海尔新型的互联网冰箱——馨厨冰箱正式登录顺逛平台，由于强大的智能表现，一上线就引来了广大用户的持续关注。作为顺逛平台的用户，时女士对馨厨一见钟情，马上在顺逛上定制了一台馨厨冰箱，付款后不到 1 小时就接到网点送货预约电话，接着不到 2 小时服务兵就上门送货、安装，并给时女士讲解了冰箱的性能、保养及 APP 安装操作等信息，让时女士舒心不已，她立刻在朋友圈发声，抒发心情的同时也成为馨厨、顺逛的主动传播者。

三是开放物流生态圈，通过 3 小时极速达和货到付款提升用户交付体验。与传统微商不同，顺逛平台拥有海尔强大的服务网络做支撑，比如遍布全国的 3 万多家海尔专卖店，9 万个"车小微"，18 万名服务兵，以及 5000＋网点，可以实现 2600 余个区县的送装一体，2000 余个区县的货到付款，并在全国 70％以上的区县实现 72 小时内按约达，部分地区甚至能实现 3 小时按约达，从售后服务环节确保全流程最佳用户体验成为顺逛微店的"标准配置"。

从结果来看，2016 年 1—4 月，顺逛微店主达到 95517 个，加 2015 年累计已达 12 万个，其中 O2O 旗舰店达到 21057 个。微店整体交互率 49％，第一季度达到 58.2％，复购率接近 50％，1300 家海尔专卖店旗舰店接入平台，用户可以不限时间、地点实现朋友圈购物。顺逛已成为中国最大的大家电微商平台，到 2018 年，顺逛要实现海尔系和社会化系产品齐头并进，引领全行业。

除了顺逛之外，大盈家的实践代表了海尔通过社交电商收集用户个性化需求，进而提供定制解决方案，满足用户个性化体验的探索。

大盈家是海尔日日顺商城的微店服务平台，以净水、健康为切入点，招募社会上的微店主，不是简单推销产品，而是根据朋友圈内的需求为大家创新设计解决方案。目前，日日顺大盈家已经聚集了 22.3 万左右的微店主，背靠海尔强大的质量保证，依托日日顺商城完整的物流配送网络、售后服务体系，将分销渠道扁平化。

具体来看，大盈家微店通过保证用户和微店主双方的利益，鼓励用户和微店主积极参与交互，强化感情连接，进而满足用户个性化需求，提升用户体验。

对用户来说，大盈家的用户可参与到产品定制环节，可根据用户家的水质情况实现私人订制，按需下单，即需即供。

对微店主来说，微店主销售的净水产品可由工厂直达粉丝，并且配送和售后环节完全不需要微店主担心，解决了微店主在物流、售后服务等方面的难题；此外，大盈家采用独特的"分享赚佣金"模式，解决了普通粉丝想创业但没有货源、没有渠道、没有资金、没有场地的瓶颈。

比如，大盈家微店主李扬的一个朋友想为身在兰州的父母装一台净水机尽孝，但是其家中没有自来水。接到这一需求后，李扬立即在日日顺水质数据库中查看了兰州水质数据，与平台上的专业资源一起为朋友的父母定制了一台装有自吸泵的净水机。当工作人员将这台净水机安装在了老人家中，朋友的感激之情可想而知，渐渐地，李扬成了朋友圈中的净水器专家，他的微店每月都可以为他带来 5000 元的额外收入，而且他还能为朋友送去健康。

此外，在大盈家微店平台上，每个人都可以做老板，并且可以组建自己的营销团队，优秀的微店主可以在移动端组建自己的"销售公司"。

（3）体验线：基于电商平台推动大流通与大制造对接，满足用户个性定制体验——以海尔商城为例。

在数据线和社群线举措的基础上，海尔商城以大数据为根基，一端发挥直接对接用户的优势，利用自动化的 CDM（concept data model，即概念数据模型）技术，用大数据精准预测用户需求；另一端对接上游互联工厂的制造资源，实现制造能力根据用户需求的最优配置，以实际行动推动家电行业的供给侧改革；同时引入覆盖全国的物流网络，为用户提供交互→交易→交付的全流程无断点购物体验。

交互：用 CDM 技术精准预测用户需求。

海尔商城在整合自身平台及各产业系统数据资源的基础上，打通数据孤岛，形成数据合力，多维度完善用户画像，并通过 CDM 技术丰富和完善具备精准营销能力的数据模型，形成数据模型库，以便各产业和业务部门按需使用、创造价值。

具体来看，海尔商城从 4 个层级进行大数据规划，即"数据可视→可分析→可预测→精准营销"，并分 3 期 6 个维度具体实施操作。

海尔商城基于大数据营销模型，先确定潜在目标人群在哪里、常用渠道、偏好内容等，进而针对未购人群和已购人群展开不同的营销方式，以快速、精准地与目标用户建立关系。

比如，针对未购人群，通过 EDM（Email Direct Marketing，电子邮件营销）的方式；针对已购人群，则采取 SNS（Social Networking Services，即社会性网络服务）为主、EDM 为辅的方式，结合用户感兴趣的内容，与用户建立情感关系，并在持续交互中收集用户需求。

交易：联合互联工厂进行逆向定制。

互联网时代用户购物不仅仅是为了产品的功能，更关心产品之外的情感等增值体验。为此，海尔商城在大数据营销的基础上更进一步，让用户需求和制造能力直接对接，真正实现用户需求为导向的逆向定制，为用户创造超乎预期的增值体验。

先是 2013 年 7 月，海尔商城上线"我'型'我'塑'我定制，空调炫彩变装秀"定制活动，提供了 10 个风格各异的空调面板贴膜供消费者选择，消费者还可以上传照片或是自己独创的设计图，由专业的设计生产人员将其一一实现。在贴膜材质和制造工艺方面，海尔选择了国际知名的 3M 公司贴膜制作个性化外观，防刮、防污、防水，色彩清晰逼真，颜色亮丽，而且健康环保，实现了产品品质与个性风格的完美统一。

2015 年 3 月，海尔商城进一步升级定制频道，联合互联工厂打造国内首个家电交互定制平台，上线量身定制、客厅定制、个性推荐三类服务，正式开启了家电定制新时代。

以量身定制为例，用户可通过海尔商城，根据自己家装需求和个人的喜好，自由选择空调的颜色、款式、性能、结构等，定制满足其个性化需求的空调。订单下达后，实现订单全程可视化，坐在家里就可以看到自己的产品实时生产情况。与此同时，用户登录定制频道不仅能定制，还可以产品众筹交互、设计师在线互动、分享创意，采纳后获取激励。将来，海尔商城会不断完善定制频道的功能，后期根据用户定制交互数据开发更多个性化新产品。

以个性推荐为例，进入该功能页面，选择冰箱选项，个性化定制会根据年龄段、家庭人口、产品性能等方面的用户选择，为用户推荐最适合的冰箱。比如，用户选择儒雅稳重、三口之家使用的健康至上型冰箱，海尔商城便推荐 231 升海尔冰箱 BCD－231WDBB，其搭载冷无霜技术，节能省电，且冷冻速度快、均匀冻透，保鲜效果好，冰箱中门 5℃~18℃全温区变温，采用业内最宽变温技术，冷藏冷冻随需变，各温区独立制冷，保证营养不流失，食物不串味。

2015 年 9 月，在综合了多类用户特别是年轻用户的个性化需求后，海尔发现用户对迪士尼经典人物有着共同喜好。为此，青岛海尔与迪士尼中国达成合作，生产了"大白冰箱""HelloKitty 冰箱"等特色产品，在海尔商城上得到用户热捧，通过收集整理用户评价，海尔商城为海尔产品的进一步迭代升级提供了用户需求依据。

交付：借日日顺物流打造无断点的全流程最佳体验。

除了完成交互、交易环节之外，海尔商城还十分重视交付环节的用户体验，引入国内大件物流领导品牌日日顺物流的优势资源，利用其布局全国的三级云仓网络、全覆盖的配送网络，以及全流程可视化的智慧物流系等五大核心解决方案，打造与用户零距离、以用户评价驱动全流程的供应链一体化的定制解决方案，为用户提供诚信的全流程最佳服务体验，实现"体验无断点，起点即终点"。

总之，海尔商城并非将自己单纯作为一个交易渠道，而是发挥链接优势将供需双方的信息直接对接，为电商行业开辟了全新的发展思路。从海尔商城的大数据实践来看，电商不仅仅是通过互联网把产品卖出去，更重要的是实现需求信息回流，为上游生产制造提供依据，进而满足用户的个性化需求。

（4）全球线：基于当地用户喜好，多方式搭建与用户交互的品牌根据地——以欧洲品牌传播营销为例。

在欧洲，根据"品牌即体验"模型的思路，鉴于国外用户在采购前往往会通过线上获取信息或直接网购的消费习惯，自 2012 年起，海尔欧洲通过 Facebook、Youtube、Twitter、Google + 等社交媒体平台，与用户进行交互，邀请用户参与到产品的设计、创意、传播，使用户成为产品的创造者、购买者和宣传大使。目前，仅在法国、意大利、德国、西班牙、英国、俄罗斯六国，海尔 Facebook 粉丝量已接近 50 万。

为了扩大品牌影响力，海尔在欧洲也结合当地用户喜好进行了品牌宣传。2012—2014 年，海尔作为金牌赞助商在最受欢迎的 4 个意大利沙滩赞助了意大利女排（Lega Pallavolo Serie A Femminile）和排球夏季巡回赛（Lega Volley Summer Tour）。在巴黎、里昂、罗马、卡利亚里、热那亚、卡塔尼亚的足球赛期间，海尔也都做了品牌广告宣传活动。

除体育赛事外，海尔也积极参与其他社区项目。比如 2011 年 3 月海尔成为当年多维尔亚洲电影节的赞助商。2011 年 9 月 2 日—2012 年 1 月 9 日，海尔支持卢浮宫举办中国珍宝展，帮助更多的欧洲用户了解中国。

2012 年 3 月，海尔在法国里昂成立了家庭解决方案部门。该部门致力于通过提供水处理和能源处理（比如太阳能热系统、加热水泵、空调等）的解决方案改善用户的居住环境。

2014 年，海尔在欧洲开展 VOC（voice of customer，"用户之声"）活动，并在官网及 Facebook 同步上线。在不到一个月的时间，便收到了来自欧洲各国的千余条用户评论和照片秀，活动页面成为海尔与用户交互的一大平台。

（三）实施效果验证

1. 品牌价值

目前，海尔已经成长为一个全球化的企业、世界级的品牌。

2016 年 6 月 22 日，世界品牌实验室（World Brand Lab）发布了 2016 年（第十三届）《中国 500 最具价值品牌》排行榜，海尔集团连续十三年蝉联家电行业第一品牌，品牌价值同比提升 50.4%。

2. 品牌荣誉

2015 年 12 月 15 日，由世界品牌实验室独家编制的 2015 年度《世界品牌 500 强》排行榜中，海尔入围世界品牌百强，成为全球上升最快的品牌之一，并位居全球白色家电品牌第一名。

2015 年 11 月 28 日，在由 CCTV 证券资讯频道、人民日报社《环球时报》、中国品牌传播联盟等联合主办的第四届中国品牌年会年度"金博奖"盛典上，海尔集团荣获"2015 中国品牌建设贡献大奖"。

2015 年 11 月 21 日，海尔进入《财富》（中文版）2015 年"最受赞赏的中国公司"排行榜前十名。

2015 年 11 月 20 日，中国企业新闻联盟发布民族影响力十大品牌榜中榜。海尔入围"2015 十大民族影响力品牌排行榜"。

2015 年 11 月 19 日，百度营销研究院发布 2015 年度上半年品牌数字资产榜榜单，共涉及 42 个行业、千余品牌。其中，海尔以 11335MB 的品牌数字资产数位居家电品牌榜榜首。

2015（第 21 届）中国品牌价值 100 强榜单显示，海尔以 1288.6 亿的品牌价值连续 14 年蝉联榜首，不仅是本届品牌价值唯一达四位数的企业，还比榜单第二名超出 387.42 亿元。另外，海尔集团旗下独立子品牌日日顺也榜上有名，排名第 24 位。海尔集团是唯一一个两个品牌进入百强的公司。

3. 用户规模

在全球，海尔品牌用户遍布 100 多个国家和地区。2016 年 4 月 25 日，海尔第 2 亿个家庭在青岛诞生，2 亿家庭的用户资源因为海尔品牌汇聚在一起，并持续为海尔品牌的发展创生"新动能"。

4. 全球影响

根据世界知名品牌信息咨询公司华通明略 2014 年调研数据显示，海尔品牌在海外市场的品牌知名度超过 60%，其中在巴基斯坦、尼日利亚市场，海尔品牌知名度分别达到 99% 和 95%，甚至超过了欧美以及当地等知名家电品牌。在欧美、日韩等发达市场，海尔品牌知名度也在逐年稳步上升，为海尔海外市场布局提供了坚实的品牌基础。

5. 标杆效果

来自权威市场调研机构欧睿国际的调研报告显示，中国家电海外销售额中品牌家电仅占 4%，而海尔在其中占了 82%。也就是说，海外每销售 10 台中国品牌的白色家电，就有 8 台是海尔的。

眼下，我们缺的不是中国制造，而是中国品牌。海尔坚持创牌，成为全球行业规则的制定者，为中国品牌走出去开了一个好头，海尔创造世界名牌的经验也吸引了大量企业前来"取经"，帮助更多的中国企业成长为中国名牌、世界名牌。

五、双创生态圈化

(一) 海尔共享式双创平台的建设背景

海尔探索建设共享式双创平台顺应互联网时代特征变化，紧密契合我国经济发展客观趋势，同时承接企业发展战略演变，是企业发展的自主性、创新性与时代性、社会性的辩证统一。

1. 互联网时代带来"三大颠覆"的挑战

互联网新技术的发展和应用改变了用户消费习惯，引领经济发展步入以体验、共享和社群为特征的新阶段，不断催生出新的商业模式和市场竞争格局，企业传统的经营管理理念和管理模式逐渐失效，已无法适应互联网时代用户个性化的需求。

概括而言，互联网对企业的颠覆主要存在以下三点：商业模式从分工式颠覆为分布式，对于企业而言，资源遍布世界；制造模式从大规模制造颠覆为大规模定制，企业必须能够满足用户的个性化需求；消费模式从产品经济颠覆为体验经济，企业必须创造用户体验而不能以自我为中心，以产品为中心。因此，企业必须从传统的经营模式转型为互联网的经营模式以适应时代变化。

海尔始终坚持"没有成功的企业，只有时代的企业"，持续创业创新的"两创精神"已成为海尔的文化基因。探索双创平台是海尔激活企业、员工创业创新活力，顺应互联网时代商业环境变化的必然趋势。

2. 顺应国家"大众创业，万众创新"战略的需要

当前，我国经济形势缓中趋稳、稳中向好，但经济运行仍存在不少突出矛盾和问题，如产能过剩和需求结构升级矛盾突出等。培育新动能，加快新旧发展动能接续转换，是我国经济发展新常态的必然选择，也是企业转型发展的着力点。"十三五"期间，我国坚持"创新驱动"发展战略，推动"大众创业、万众创新"战略，激发全社会创新潜能和创业活力。

目前，"双创"已经在全国各地普遍展开，但诸如创业资源分散，没有规模优势，个人或小微企业"单兵作战"面临成功率低、风险性高、科技成果不易转化等问题，成为"双创"发展的隐忧。不少地方只是做孵化器，提供创业空间或者税费减免、人才公寓等配套政策，没有从创业小微的全生命周期、全产业链角度进行全方位扶持，往往导致创业企业成活率不高，带来政府政策投入的资源浪费。

海尔建设共享式双创平台，深入分析社会上双创建设中存在的问题，通过自身实践探索创新双创平台建设，致力于助力国家双创事业发展，有效响应国家的双创战略。

3. 海尔人单合一模式的实践为双创平台提供基础和保障

创业以来，海尔不断根据时代发展变化调整发展战略，创新管理模式，致力于成为"时代的企业"。早在2005年，基于互联网时代"零距离""去中心化"及"去中介化"的特征，海尔便开始探索人单合一管理模式创新。"人单合一"中，"人"是指员工，"单"是指用户价值，"合一"意味着员工和用户的零距离连接。"人单合一"使每个员工都成为自己的CEO，并组成直面市场的自组织，员工通过为用户创造价值实现自身价值。经过12年的持续探索，目前人单合一已迭代升级为"人单合一2.0——共创共赢生态圈模式"。"人"从员工升级为攸关各方，"单"从用户价值升级到用户资源，"双赢"升级为共赢，最终目的是实现共创共赢生态圈的多方共赢增值。

海尔创新人单合一管理模式，就是探索企业互联网转型，从传统企业转型为开放的平台型企业，搭建平台让员工、创客可以在海尔平台上发挥自己的创造力，实现自我价值。因而，海尔推进人单合一模式创新与双创平台建设本质上相互贯通：人单合一模式为海尔双创平台提供战略指导和机制保障，双创平台建设是海尔推进人单合一模式创新的必然结果。从实践层面看，像海尔这样的大企业颠覆重组变成创业平台的还没有先例，海尔转型开放的创业平台，把"大企业做小，小企业做大"，让员工从执行者变成创业者，零距离对接用户、创造市场，最大限度链接全球一流资源。

(二) 基于人单合一模式的共享式双创平台建设的内涵与主要做法

1. 海尔共享式双创平台建设的内涵

海尔双创平台是首家以大企业创业转型为依托，全面开放大企业资源的开放式创业加速平台，着力搭建一个开放的、可复制推广的共享式双创平台：一方面将员工创客化变成创业者，打造一个利益共享、共创、共赢的平台，每一位创客都有公平、公开创业发展机会；另一方面，向社会开放，为创业企业成长和个人创业提供低成本、便利化、全要素的开放创业生态系统，让每个有创业梦想的人都可以通过海尔开放平台进行孵化。

在实践中，海尔以人单合一管理模式为驱动，建设共享式创业平台，打造全球领先的"互联互通新生态，共创共赢新平台"：以搭建共创共赢生态圈的战略明确双创平台的指导原则；颠覆传统的科层制为网络节点组织，开放连接世界资源；以用户付薪颠覆企业付薪，解决创业中的激励问题；创新战略损益表、共赢增值表，帮助创业者锁定引领的战略目标以及实践路径；搭建5大模块服务平台，创新创业服务生态系统；提供6种创客孵化模式，帮助创客实现创业梦想。

2. 共享式双创生态圈建设的主要做法

基于创业服务生态系统的5个模块创新

海尔致力于建成一个对全社会开放的共享式创业平台，依托海尔32年的用户资源、管理服务资源、供应链和研发技术资源以及海尔品牌的影响力，建设"众创—众包—众扶—众筹"的智慧生态圈，为创业者提供"创意→设计→制造→销售"全产业全要素的专业服务，形成了专业、开放、共享三大特点，帮助解决创客项目成功率低、效率低、技术水平低的三大问题。

海尔双创平台下设创客学院、创客空间、创客工厂、创客服务、创新资源5个子平台，实现创新与创业、线上与线下、孵化与投资的系统结合，提供创客培养－创意落地－创业支持－产品市场化－小微引爆全流程、一站式孵化加速服务，构建了海尔的开放创业创新生态系统。

（1）创客学院。

创客学院专门为加速培养创客而设立，依托海尔平台，吸引内外资源，通过公开课、训练营、导师辅导、互动社区等多种形式提升创客能力，搭建创客项目与投资人对接的平台，已形成集创客公开课、创业训练营、导师辅导、互动社区等多样化的创客加速培养体系。

从具体实践来看，创客学院不仅培训创客，而且培养创客讲师，已累计培养创客讲师 125 名，帮助创客由原来的执行者转变为创业者；同时整合全球一流导师资源，吸引包括世界一流的战略大师加里·哈默，"量子管理学"奠基人丹娜·左哈等 20 余名外部专家任创客学院客座导师，让普通创客也有机会聆听企业管理大师的指导。目前创客学院累计组织了 85 期免费公开课，10 余个项目对接众筹平台，为包含中兴通讯、国家电网、清华大学等企事业单位输出海尔模式。累积到现在，培训了 2.6 万名创客，这个数字相当于一个专业培训机构五年对创业人才的培养数量。

（2）创客工厂。

海尔开放企业核心模具资源，打造以国家级模具中心为基础的创客工厂，为小微企业提供高效低碳的创业服务。海尔也是第一家开放模具资源的企业。举例来说，搞智能制造的小微企业，要开发一个新产品，开发试制产品需要开模具，模具成本对于初创企业很高，但在海尔的 3D 打印设备、模具工厂开放之后，就可以提供给初创企业这一项服务，可直接降低初创企业研发成本 35%。

目前创客工厂云设计平台已搭建完成，云数据平台已建成青岛海尔样板工厂；创客工厂已实现孵化创客团队 8 家，孵化创新产品 15 款；为创客提供大规模定制生产服务的产品种数 15 个，年生产创客产品 50000 台，带动社会就业 10000 余人。

（3）创客空间。

创客空间建设项目包含新建海尔信息谷、海尔全球创新模式研究中心两个实体创客智慧空间和海尔创客数字技术服务平台（DTS）和海客会生活服务平台两个平台。目前，海尔创客空间已升级为"产城创生态圈"模式，产业集群发展平台、双创平台、智慧生活平台三级联动，以产业带动创业，以创业促进就业，配套智慧生活社区，解决传统城市一个中心的发展掣肘，推动城市向多中心化发展，均衡城市的资源分配布局，为城市发展提供新动能和新样板，形成产业、创业、生活为一体，开放、共创、共赢的平台式生态圈。海尔产城创生态圈已在青岛、天津、上海、济南等城市落地，为创客提供不同体验的创业环境，打造"一公里"智慧生态圈。

（4）创业服务。

海尔凭借33年的管理优势，打造了线上创业孵化平台、创客交互平台、社区服务平台、物流配送平台、创客金融服务平台，形成一整套完善的创业服务体系，为小微企业提供专业服务，大大提高了创业效率。例如，创客金融服务平台目前累计新增投资项目18个，投资金额接近60亿，金融服务覆盖中小微企业接近10000家。截至目前，在海尔双创平台上，线上累计孵化创业项目量达2180个。

（5）创新资源。

海尔建立了开放的创新资源平台，包括HOPE创新平台、全球十大研发中心、检测验证与体验平台，致力于打造全球最大的创新生态系统和全流程创新社区，把研发者资源和创新创业结合起来，为创客创业创新提供资源和服务。目前平台可触及全球一流资源达420万，注册用户资源50多万，平均每年产生创意超1000个，累计成功孵化220个创新项目。通过创新资源平台的搭建，研发周期由12个月缩短到8个月，研发资源匹配周期从过去的8周缩短至4周，体验设计的服务周期较之前缩短了25%，模型检测验证周期缩短30%，大大降低创客创业成本。

基于人单合一模式的 6 种创业孵化模式

海尔人单合一模式驱动创客以用户需求为中心，通过用户交互发掘创业机会和市场，开放整合世界资源，形成共创共赢生态圈，实现创客、用户和利益攸关方的共赢增值。如图 3.5 所示，目前，依托人单合一模式，海尔共享式双创平台为创客提供了 6 种创业孵化模式，帮助创客实现创新创业的梦想。

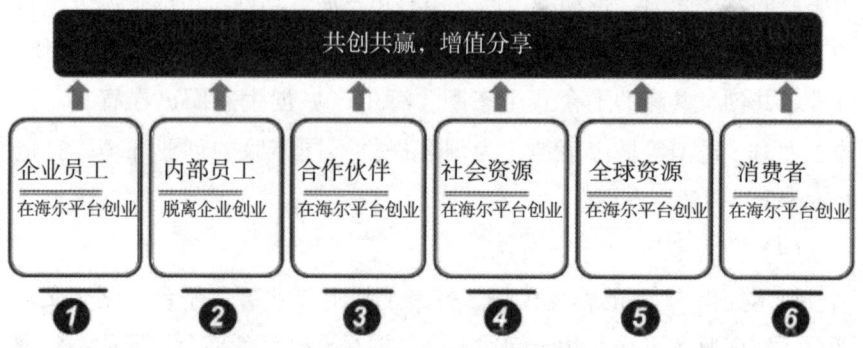

图 3.5　海尔双创平台的 6 种孵化模式

（1）企业员工在平台创业。

这种模式指的是如果海尔员工在提出创业项目之后，经过论证，集团能够支持，同时还能提供天使基金。在创业成立的公司中海尔是大股东，如果发展好并且和海尔的规划发展方向吻合，海尔享有优先回购权。如果创业公司的发展与海尔的方向不十分吻合，海尔就能够考虑卖出去。

案例： 小帅私人影院，就是海尔员工马文俊听到孕妇在网上留言说，坐着看电视不得劲，能不能躺在床上就能看电视。还有妈妈在网上留言说小孩看电视特别容易伤眼睛，希望有可以替代传统电视的产品。获得了用户需求和产品创意后，马文俊整合资源成立小微，需求一提出来就吸引了美国硅谷的创客团队及拥有大量供应链资源的行业专家一起创业。小微首先整合到美国硅谷技术，并找到了美国的德州仪器作为资源方，同时在武汉光谷做生产布局，并在青岛进行投资孵化，全过程开放创新出解决方案，实现小帅投影仪的从无到有，首批 5000 台产品不足半小时即告售罄。2015 年 7 月，小微创建小帅智能科技股份有限公司，目前小微产品已迭代到第三代，小微也获得了 B 轮融资，市场估值 2 亿元。

（2）内部员工脱离企业在平台创业。

这种模式指的是海尔员工如果觉得海尔体系不支持他的发展，创业不够灵活，想脱离海尔，海尔会支持其创业。

案例：2001 年成立的海尔家居，隶属于海尔集团家居平台。因各种原因，业绩和人员反复变动，在市场上没有竞争力，发展前景不容乐观。2014 年，海尔家居脱离海尔走上创业，通过实践人单合一模式，借助海尔资源实现了自身收入和利润的持续增长，并孵化出互联网装修的开创者——有住网。2016 年，海尔家居、有住网等发起成立智慧住居生态圈——少海汇，目前该生态圈成员企业已有 36 家，年产值过百亿。2017 年，海尔家居完成 B 轮融资，估值 29 亿元，继续朝着 IPO 的目标一步步迈进。

（3）合作伙伴在平台创业。

这种模式是指上下游企业在海尔平台上创业，共享价值，实现共赢增值。

案例：海尔日日顺乐家快递柜一开始切入的快递行业末端痛点就是为了解决每个社区每天大量的快递量给用户造成的问题，在小区里放置"日日顺乐家快递柜"，用户只要凭借发送到手机上的密码就能够直接打开快递柜取走快递；通过服务获取用户信息，把用户变成资源，不仅可以入户营销，还可以把用户导流在线上。日日顺乐家的商业模式包括四个方面：快递末端解决方案、便民服务（包含居家养老服务）、农特产品直供平台、社区新媒体等。截至现在，乐家在全国已经有了 1 万多个社区智能柜和社区驿站，这种共赢的好模式已经吸引 100 多个广告商，1100 多个农产品供应商，还和多个金融公司和便民服务商建立了合作关系。如村民张春莲利用日日顺品牌，2016 年"双十一"仅用 2

天就售出了7吨多苹果，变成互联网的创业者。

（4）社会资源在平台创业。

通过定制化产品组合打通上下游，匹配服务型平台，做通整条产业链，盘活产业生态，撬动整个行业升级。

案例： 海尔产业金融致力于构建农业产业生态圈，提供的不是单一的资金，而是从整个产业生态角度提供金融工具。食品农业小微2014年成立，5个创业者从管理咨询公司来到海尔的创业平台，创业者从帮助蛋鸡品牌商整合全产业链开始。通过产业金融支持，将供应端（种鸡农、饲料企业、设备商）、生产端（蛋农）、销售端（蛋品销售平台）、研发中心（蛋品研究中心）整合到一起，从培育健康的仔鸡开始，到安全养殖、稳定销售等，形成了一个完整的闭环，在强健产业链的同时，能够为广大的消费者提供安全健康的鸡蛋。同时，产业链上的各方资源都找到了创业成长的平台。

（5）全球资源在平台创业。

海尔平台能够开放链接全球一流资源，与全球伙伴共创增值。在现代共享经济时代，海尔开放地搭建起相对的共享平台，将社会上更多资源的活力彻底激发出来。海尔坚持"世界是我的研发部""世界是我的人力资源部"理念，全球所有人、机构都能够在海尔平台上看到用户提出的需求，可以根据需求提出自己的创意。

案例： 2013–2014年，海尔洗衣机团队在网上征集"洗衣机内筒脏"这一问题的创意解决方案，当时吸引了990多万用户参与交互，共收集到846个创意方案，最后一名19岁的重庆大学生网友提出的点子获得了众多创客的支持，认为最具商业化价值。于是创意被采纳，该项目还吸引了来自全球的26个专家团队及美国3M、联合利华、陶氏等全球500强企业进行了资源整合和专利分享。"免清洗"上市以来受到了用户广泛好评，也实现了多方共赢：每卖一台免清洗洗衣机，这名提交方案的学生就会有利益分享，同时资源方供应商参与设计，优先供给，员工也可以获得收益。目前海尔免清洗系列洗衣机销量已突破100万台，并出口销售至印度、巴基斯坦和东南亚多个国家。

（6）用户在平台创业。

这种模式就是用户可以自己定制产品，如果创意好，经过论证可在海尔平台发布，用户可以参与分成。

案例：顺逛微店是海尔官方微店，一开始消费者都可以通过此微店购买海尔旗下所有家电产品，因为此平台无边界，无门槛，面向全社会招募微店主，并且所有微店都可以获得日日顺的官方认证，所以很多用户都从消费者转为微店主，自己开起店来。不管你是企业单位的打工族，还是自营私人店主，还是农村农户、农民工等，只要你有手机，就可以注册微店进行创业。因为顺逛背靠海尔强大的产品质量、售后、物流等保证，微店主无须为送货犯愁。同时，微店有独特的赚取佣金方式，解决了很多普通消费者想创业但没有货源、渠道、资金和场地的瓶颈。

3. 海尔人单合一为双创平台建设提供保障机制和工具

战略转型明确双创平台建设方向

战略转型是企业转型发展的前提。互联网时代，海尔以人单合一模式探索互联网转型，战略上就是要从"有围墙的花园"变成生生不息的"热带雨林"，从以企业为中心、以利润最大化为目的的封闭体系变成以用户为中心的共创共赢生态圈。海尔的目标是成为互联网企业，颠覆传统企业自成体系的封闭系统，变成网络互联中的节点，互联互通各种资源，打造后电商时代基于用户价值交互的共创共赢生态圈，实现攸关各方的共赢增值。这为海尔建设双创平台奠定了基础，指明了方向。

海尔颠覆传统的企业边界思维，转型为开放的创业平台，为创业者提供低成本、便利化、全要素的开放创业生态系统，驱动实现从制造产品到孵化创客的转型。

搭建互联互通的节点组织，开放连接世界资源

战略和组织的关系是从属关系——战略跟着时代走，组织跟着战略走。战略上海尔要变成一个无边界的平台，组织就必须把封闭的科层制的企业变成互联网的一个节点，甚至企业里的所有人、组织都要变成节点。

海尔颠覆了传统组织方式，将企业从金字塔式科层组织颠覆为以创业小微为基本单元的节点组织。组织颠覆后，海尔平台上没有传统的管理者，而是有平台主、小微主和创客三类人：平台主是平台服务者，小微主是小微的负责人，创客是小微的员工、创业者，三类人不是传统的上下级管控关系，而只是掌握的用户资源不同，他们都在为用户的最佳体验服务。创业小微作为海尔平台上的基本单元，以用户需求为中心，开放链接、整合外部优势资源，搭建共创共赢生态圈。

与此同时，海尔颠覆了传统的"市场分析—技术研发—工业设计—采购—制造—营销—服务"串联流程为并联流程，建立以用户为中心的开放并联平台，让研发、生产、制造、销售等环节围绕着用户需求并联起来，组成生态圈，协同为用户提供整体解决方案。

案例：传统的产品是一个硬件，而海尔馨厨首创了全球第一代互联网冰箱，除了具备一台传统冰箱的功能之外，更是互联网的入口，连接电商、娱乐、菜谱等服务，构建厨房场景下的生态系统。

馨厨的创造者是一群不懂冰箱的人，但正因为不懂冰箱，所以他们更专注于用户的交互体验，更开放地整合全球一流资源，参与到冰箱的全流程设计制造中。实际上，不仅小微成了一个节点，小微产品也成为服务用户的节点，通过构建馨厨生态圈，馨厨冰箱也成了服务用户生活的平台/载体。目前馨厨生态圈已吸引了中粮、欣和、金龙鱼、古井贡、雪花、统一、瞄上生鲜、蜻蜓 FM、爱奇艺等 30 个资源方入驻平台。

从企业付薪到用户付薪，驱动人人创客

在科层制企业中，员工往往"唯上是从"，听从上级的命令和指挥，被动执行。长此以往就会丧失创造力、创新性。即使硅谷创业企业一旦规模扩大，也采用科层制，原来的创业创新精神逐渐消失。如何激发员工创业创新活力和精神，已成为当前全球企业面临的重要现实问题。

建设双创平台过程中，海尔颠覆传统的"选育用留"式人力资源管理，驱动员工从雇佣者、执行者，变成创业者、合伙人，实现"人人创客"。海尔平台上，海尔不再给员工提供一个工作岗位，而是提供创业机会，海尔把自主决策权、分配权、用人权的三权让渡给小微，小微、创客不是和用户、企业博弈，而是与自己的能力博弈。在实践中，小微"竞单上岗、按单聚散"，坚持人力、资本社会化的原则，实现"自创业、自组织、自驱动"的"三自"机制的动态循环。

作为企业的重要驱动力，在激励方面，海尔颠覆传统的企业付薪为用户付薪，创客的薪酬不是领导决定，而是用户决定，每个创客的薪酬和自己创造的用户价值一一对应，这避免了传统模式下，所有人吃企业的"大数"，个人贡献和收益不匹配的问题。此外，海尔双创平台坚持资本社会化的原则，创业小微一定有外部风险投资，即社会资本的参与，同时创业者参与跟投，跟投多少与创客自身能创造的价值相对应，并以跟投股本做"对赌"，实现利益共享、风险共担。

案例：海尔雷神游戏笔记本小微团队就是由"80后""三李"创建。李艳兵、李宁和李欣利用互联网交互平台深入挖掘了3万条用户数据，自主发现市场机会，并开放链接、整合代工厂和设计资源，实现雷神品牌的从无到有，逐渐成为游戏本行业第一。

此外，创业过程中，小微实现自驱动，以资本社会化为原则，积极探索"第二曲线"，由硬件产品向搭建共创共赢生态圈的方向演进，探索"硬件引爆→周边引爆＋软件→竞技引爆→直播电竞生态平台引爆"的战略和转变路径。目前，雷神小微已实现向海外用户市场的拓展，2016年，雷神小微的销售收入9.6亿元，C轮估值6亿元，目前已登陆新三板。

创建"二维点阵表、共赢增值表"管理工具

基于让员工、创客实现自我管理和自我激活，在创造用户价值的过程中实现自我价值的目的，海尔创新地提出了纵横轴匹配的二维点阵表和共赢增值表的管理工具，帮助创客更好地锁定创业创新的战略方向、

差异化路径及绩效衡量。

纵横轴匹配的二维点阵表

　　如图 3.6 所示，"二维点阵"上接海尔的战略损益表，下连创客的
"对赌承诺"，是全流程闭环的单与绩效管理工具。二维点阵承接战略
损益表中的"战略与目标"，包括横轴和纵轴两个维度。横轴是企业价值
（如收入、利润、平台交易额、市值等），体现企业在市场上的竞争
力位次。纵轴是网络价值，是实现市场竞争力的驱动机制和发展所需的
具体路径，聚焦的不是短期而是长期的持续发展。

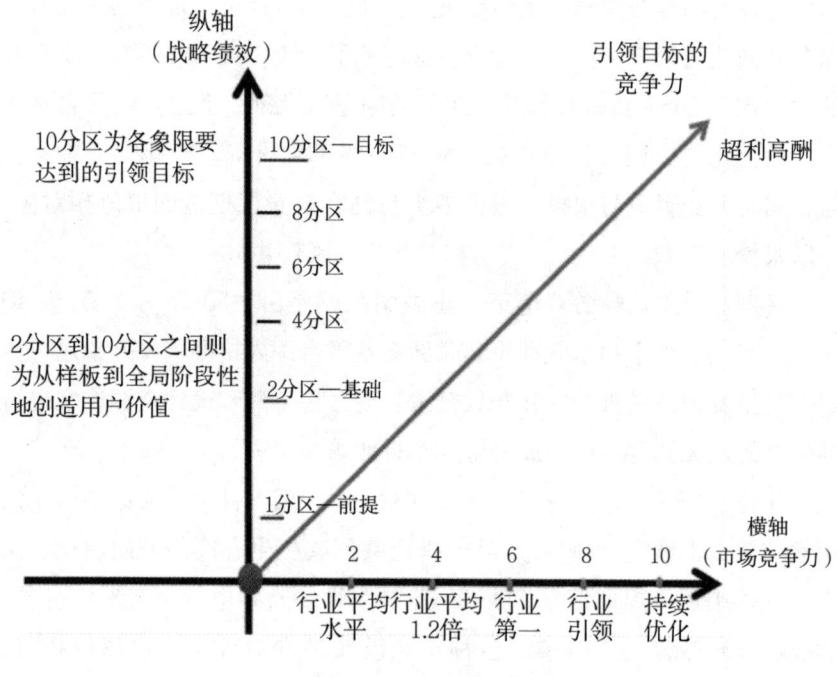

图 3.6　二维点阵图

　　二维点阵的创新性体现在四个方面：一是横轴目标设定：不是和自
己比，比的是在行业中的竞争力。横轴分 2、4、6、8、10 五个分区，
每个分区代表目标在行业中的竞争力——2 区位表示行业水平，4 区位
表示行业 1.2 倍水平，6 区位表示行业领先，8 区位表示行业第一，10
区位表示行业引领——分区越高，说明目标在行业中的竞争力越强。二

是纵横轴互为验证：纵轴是对横轴的校验，纵轴承接战略的因，产生横轴市场竞争力的果。横轴区位和纵轴区位相互匹配，例如横轴实现 6 区位的目标，纵轴不会达到 8 区位的水平。三是自主抢单：摒弃传统组织自上而下分配任务的模式，通过竞单上岗鼓励员工主动挖掘用户需求，抢更大的单。单是事前算赢的，每个员工都有事前算赢的三项，评价流程为公开透明、自报公议的方式。四是体系开放：单目标是开放的、动态优化的，体现的是行业竞争力水平。

海尔的二维点阵体现了"过程＋结果"的结合。传统企业通过做广告就能在市场上获得不错的表现，企业的财务也不错。但在海尔，任何产品的价值都是横轴和纵轴交叉匹配后最终确定，比如一个横轴市场盈利很好的产品，如果纵轴它没有体现用户交互，或者用户交互水平很低，其价值也很小。因为二者存在一定的逻辑关系，如果纵轴无法突破，实现与用户的持续交互而横轴引领，也不可能出现因此带来的更多超利分享。

共赢增值表

传统企业都有三张表，即损益表、资产负债表和现金流量表。传统损益表反映的是收入－费用－成本＝利润，以数字损益为导向，只有冷冰冰的数字，见数不见人，所有人的薪酬都吃企业的大数。

为实现创客收益与其创造的价值的匹配，海尔创新探索出了共赢增值表。海尔平台上每个创客都有自己的共赢增值表，创客只有创造了用户资源才能实现个人的分享。

共赢增值表主要包含 5 个部分，即用户资源、用户增值分享、收入、成本、边际收益。

用户资源：全流程参与设计，最佳体验迭代升级，形成生态圈的用户；

用户增值分享：差异化模式让生态利益各方按创造的增值共赢共享；

收入：用户资源价值转化的直接体现，包括硬件及生态收入；

成本：为实现用户价值所投入的资源成本，包括硬件及生态成本；

边际收益：每单位（产品/用户/资金）所创造的收益。

共赢增值表的目标是促进创客建立多边市场，创造出共创共赢的平台。与传统损益表见数不见人不同，共赢增值表以用户增值为核心，目的是使生态圈中的所有利益攸关方共赢增值。它驱动小微实现由封闭到开放、有用户和资源方参与的模式，将消费者从产品购买者加速转化为用户资源，并持续驱动小微生态圈从边际效益递减的同质化竞争泥潭进入边际效益递增的自演进生态。

共赢增量表是海尔探索的互联网时代企业新的衡量标准和工具。目前，共赢增值表已吸引了传统损益表规则的制定者——美国管理会计协会的关注、认可和研究。

（三）海尔共享式双创生态圈的实践效果

1. 建成国家级双创示范基地，双创建设多次获政府点赞

目前，海尔双创平台已经成为国家首批"创客空间"和首批"山东省创客之家"，海尔双创模式先后得到了国家、省、市各级部门及领导的高度赞同。李克强总理多次点赞海尔的双创模式，并在 2016 年 3 月"两会"上点评海尔双创实践是新动能转换的典范。2016 年 5 月，国务院确定首批国家级双创示范基地，海尔成为家电行业唯一一个入选企业。

2017 年，李克强总理再次对海尔双创工作表示肯定，批示：海尔在双创方面走在了前列，海尔在管理模式方面的创新，很值得总结推广。工信部苗圩部长也做出批示：让办公厅协调中央媒体进行宣传，产业政策司、消费品司等发布行业协会推广，组织力量对海尔带来的做法和经验做一些深入的总结和提炼（我同意是继福特、丰田之后的第三次变革，可以写成专著，类似哈佛的精益生产模式）。

2. 企业经济效益良性发展，共享式双创平台成效显著

截至目前，海尔平台上已经汇聚了 3600 多家双创资源，1333 家风

投机构，搭建了 15 个双创基地以及超过 120 亿元创投基金。海尔平台上有 200 多个创业小微、3800 多个节点小微和上百万微店正在努力实践着资本和人力的社会化，已涌现出雷神、小帅、日日顺快递柜、海尔产业金融、有住网等众多具有代表性的小微，有超过 100 个创业小微年营收过亿元，47 个小微引入风投，其中 16 个小微估值过亿元，具备了创业板上市资格，海尔直接和间接创造了 160 万个就业机会。

3. 共享式双创平台社会效益显著，企业与社会共赢发展

海尔通过双创探索，转型成为开放的创业平台，助力创业者整合优势资源创业创新，共创共赢，实现了企业经济效益与社会责任、社会效益的有机融合，促进了企业与社会的共同发展。

目前海尔创业平台已为全社会提供超过 160 万就业机会；海尔产业金融帮助湘西肉牛企业打通全产业链，创新精准扶贫模式，使政府倡导的产业扶贫和金融扶贫落到实处；海尔跨境电商平台提升中小企业对接国际市场的竞争力，让中小企业具备与跨国公司对话的资质；海尔日日顺健康水站小微开展"一村一水站"项目，不仅解决农村饮用水痛点，而且以健康水站为载体，构建起遍布全国的农村生态圈，吸引到家电、酒水、快消品、农资、便民服务等多领域的近十家资源方的同时，更帮助村民自主创业。2017 年 3 月 6 日，全国"两会"现场，李克强总理参加十二届全国人大五次会议山东代表团审议，在听取全国人大代表、海尔集团总裁周云杰汇报的日日顺健康水站相关情况后，称赞："你们为农民办了件大好事！"

以人单合一模式创新为驱动，海尔将企业从封闭的科层制企业转型为共享式双创平台，从"制造产品"转型为"孵化创客"。实践证明，海尔共享式双创平台建设为国家双创建设注入了活力，为大企业创业创新提供了借鉴。

海尔共享式双创平台，一方面可以扶持中小创业者，为创客创业创新提供空间和资源帮助，另一方面，通过创业创新生态的构建，将助力"中国制造"向"中国创造"更进一步转型，实现国家、企业、创业

者、用户等的多方共赢。

建设开放的双创平台，是一个持续创新、不断完善的动态过程，未来，海尔将继续秉承开放、合作、分享、共赢的管理理念，深入探索实践人单合一模式创新，打造"时代的企业"，为我国"双创"建设事业进行更多建设性的探索和实践，实现企业与社会的共同繁荣与发展。

第四节　价值创造——纵向生态圈化

一、开放创新生态圈化

（一）海尔开放创新生态圈探索的背景

1. 突变环境下的创新挑战

"用户个性化"倒逼开放式创新。互联网时代，信息获取越来越简单，用户非常容易获取到详尽的产品信息，同时随着互联网原住民的成长，用户的需求越发个性化、碎片化，个性化定制产品的呼声也越来越高。因此企业必须改变传统的创新方式，为了满足用户的个性化需求，需要和用户、一流资源一起创新。

企业外部环境越来越表现出易变的、不确定的、复杂的和模糊的突变特征，这种突变环境对企业战略变革提出新挑战，也极易造成企业内部变革发起者与实施者的分歧和冲突。首先，Bouée（2013）用 VUCA 来表达企业经营环境的突变特征。①易变性（volatility）。就变化动力来说，催生环境变化因素越来越容易改变。现代技术特别是移动互联、大数据、云计算等现代信息技术，发展速度越来越快，已经对传统制造业的资源配置、经营管理、商业模式、产品形态等方面带来深刻的变革；②不确定性（uncertainty）。就环境变化结果来说，越来越难以预测，表现出高度不确定性。全球经济的震荡、国际油价暴跌、全球股灾等现象层出不穷，也都以颠覆性方式推动新的产业变革。③复杂性（complexity）。就变化的广度和深度来说，环境变化越来越复杂。从中国社会发展来看，经济结构面临不断优化升级；发展动力从要素驱动、投资驱动转向创新驱动。作为典型的"新兴加转型"国家，我国经济正处于"三期叠加"的特定阶段。企业经营外部社会正在发生着全方位、多层次的变革，利益矛盾和冲突。④模糊性（ambiguity）。伴随环境易变性、复杂性和不确定性，人们对环境的认知也变得越来越模糊。正如同埃里克·莱斯在《精益创业》中所描述，企业经营已经无法进行准确预测分析，面对模糊的市场环境，企业只能进行逐步的市场测试和产品迭代。此时的时代以"突变式颠覆"为特征，企业迎来的挑战已不限于"无可参考的战略、无法抑制的成长和无可阻挡的研发"。

2. 开放式创新成趋势

"产品创新加速"倒逼开放式创新。正如《大爆炸式创新》一书中所描述的，技术的指数级发展和产品的快速迭代改变了原有的创新方式。创新产品以迅雷不及掩耳之势不断冒出，倒逼企业缩短产品研发周期，持续迭代产品，提升用户体验，只有汲取全世界聪明人的智慧才能做到。

如表3.4所示，传统上，内部研发被认为是企业有价值的战略资产，是企业提升核心竞争力和维持竞争优势的关键所在，在竞争日益激烈的今天，企业仅仅依靠内部的资源进行创新活动，已经跟不上市场需求的快速发展了。在此背景下开放式创新成为新的趋势。开放式创新的概念由哈佛大学商学院教授亨利·切萨布鲁夫（Henry Chesbrough）提出，他认为当组织在研发新技术时，应当同时将内部创新与外部创意、内部资源与外部资源有机结合起来，利用内部外部两条市场通道进行商业化推广。可以看出开放式创新强调充分整合企业内部资源和外部资源，综合利用内部创意和外部创意，构建内外部价值网生态系统。

开放创新，被认为是开放软件后的另一个改变世界的力量。在开放式创新范式下，企业边界是可渗透的。创新思想主要来源于企业内部的研发部门或其他部门，但也可能来源于企业外部。企业内部的创新思想可能在研究或发展的任何阶段通过知识的流动、人员的流动或专利权转让扩散到企业外部。有些不适合于企业当前经营业务的研究项目可能会在新的市场发现其巨大价值，也可能通过外部途径使之商业化。公司不再锁住其知识财产，而是通过许可协议、短期合伙和其他安排，设法让其他公司利用这一技术，自己从中获利。

表 3.4　封闭式创新和开放式创新对比

封闭式创新	开放式创新
人才：公司必须招揽优秀人才，让最优秀的人仅为本公司服务	并非所有最优秀的人才都在本公司服务，故除了公司内部人才，还需与公司外部人才合作
包办全部：为了要从新产品/服务获利，公司必须一手包办所有的研发、上市过程	公司内、外部的研发应共同为公司创造价值
创新来源：如果公司自己产生了创新发想，就必须靠自己来将其上市	不一定要靠公司自己发起创新才能从中获利
经营：最快将创新产品/服务上市的公司才会获利	建立较佳的经营模式比快速将创新产品/服务上市重要
赢利模式：只能在公司内部产生最多的创新成果才会获利	只要能够善用公司内、外部的创新成果，即可获利
IP策略：公司必须紧守自身的知识产权，避免竞争者从中获利	其他公司也可以利用自己的智慧财产；必要时公司也可以从外部购入他人的知识产权

3. 开放式创新实践者

"产业颠覆"倒逼开放式创新。互联网时代，各个行业都受到互联网的冲击，颠覆式创新无处不在。企业的颠覆往往出现在"意料之外"，又在"意料之中"，封闭系统注定消亡。只有变成开放的平台，建立开放的创新生态系统，才能持续创新，涅槃重生。

目前已有越来越多的企业通过开放式创新获得和强化自己的领先优势。

苹果公司，至少有三条重要的经验特别值得借鉴。第一，创新源于企业内外部。将自己的策划与外界的技术巧妙结合在一起，并在一流的软件和时尚的设计方面进行充分的包装。比如 iPod 音乐播放器的创意就是由苹果公司聘用的一个项目顾问首先提出来的，将现货供应的零件与内部优势结合在一起，比如有特色、方便的控制操作系统。第二，聚焦用户需求而非技术本身。苹果公司描绘出了设计新产品应当围绕着用户的需要而不是技术的需要这一观点的重要性。第三，统一管理 iPhone 应用软件。发送、收费、宣传由苹果公司全面负责，因此开发者可以专心于开发优秀的应用软件。

乐高创意平台（LEGO Ideas）于 2008 年在日本推出，2011 年推出全球版。在网站上，用户可以方便地注册，提交方案说明（通常提交的方案是需要非常详细，包括图片、说明）。粉丝对业余设计师的新套件创意进行投票。任何获得 10000 张选票的创意都会进入审核阶段，然后乐高会决定哪些可以进入生产阶段。所以前期的这个方案征集也是产品上市前的用户互动、市场调研、预热工作。截至目前，该流程已创作出十几个可用的套件，包括由女性科学家组成的模型试验室和大爆炸理论公寓。乐高也积极和外部合作，如 MIT media lab，借助外部的研发力量缩短开发时间。由乐高、MIT 和使用者社群共同形成了一个包含供应者、合作伙伴顾问、外围制造商和教授等的完整生态系。而乐高也借由利润共享、智财保护等配套措施完善了开放式创新。乐高也建立了"design by me"的设计平台，让顾客下载软件使顾客也可将自己的创意上传到乐高的平台中，然后再经过顾客票选，胜出的创意可进入乐高的新产品开发中，最后进行商品化上市贩卖。乐高运用开放式的顾客共创平台，成功地缩短产品开发时程，由原来的 24 个月降至 9 个月，同时也大大提升了顾客的满意度。同时，乐高开放创新也有利润共享模式，并且成功应用在多个项目中。为了保证利润共享模式的顺利完成，乐高采用了知识产权保护等配套措施。通过分布式共同创造的形式，把志趣相投的各方力量汇聚起来的创新模式，乐高公司是这种创新模式的典型代表。

思科的创新策略是内部开发、战略联盟和收购相结合。在创新型企业中，它是活跃的收购者和投资者。1993年以来，共收购了108家公司，30%的收入来自收购和开发活动。另外一个重要战略就是合作。在二十世纪八、九十年代，它的收购和合作策略在高技术产业中比较独特，这一战略使它更快地获得了新技术和新解决方案。如果公司有人愿意创业，公司又觉得他们做的是好东西，就自己投资支持他们创业。这些公司一旦创业成功，思科有权优先收购，如果小公司没办好关门了，思科除了赔上一些风险投资也没有额外的负担。思科收购是为了获得稀缺的智力资产，基本上是人力资源。在思科，人们经常会遇见"二进宫"甚或"三进宫"的同事。为了确保收购的成功，思科确定每次收购必须达到的三个目标：员工保持率、新产品开发的延续和投资回报。对于潜在收购对象，思科有特定的筛选标准：近25%的收购初始投资都不大，并购必须为思科和被收购企业提供短期和长期的双赢局面；被收购企业必须与思科拥有共同的愿景和融合，而且其位置要与思科靠近。思科用情景规划方法来决定是否收购，以及怎样快速收购。就这样，思科几乎所有的生产都采用了外包的形式，并且通过内部风投扶持创业、并购的方法，思科基本上垄断了互联网路由器和其他重要设备的技术。

（二）海尔开放创新生态圈探索的主要措施

1. 海尔开放创新生态圈建设的创新内涵

海尔开放创新的基本理念是"世界就是我们的研发中心"，其本质是吸引全球资源、用户、企业交互创新，持续不断产出引爆引领产品。海尔开放创新的目标是建立全球资源和用户参与的创新生态系统，持续产出颠覆性科技产品，带来最佳的用户体验，实现生态圈内共创共赢。

在"世界就是我的研发部"的理念指导下，20世纪90年代，海尔就展开了对开放创新模式的探索，海尔在全球亚、欧、美地区设立十大研发中心，每个研发中心都延伸出众多的触角，形成遍布全球的创新资源网络；同时海尔搭建了线上开放创新平台HOPE（Haier Open Partnership Ecosystem，简称 HOPE 平台），全球的用户和资源在平台上零距离交互，实现创新的来源和创新转化过程中的资源匹配，持续产出颠覆性创新成果，带来最佳的用户体验，实现生态圈内共创共赢。以此为基础，海尔在世界范围内逐步构筑起"10 大研发中心、5 大创新中心、1 个社群平台"的三层研发体系，利用全球研发中心的辐射力，创建全球创新合伙人社群平台，根据不同的用户痛点，24 小时开放并联无上限的 N 个全球研发力量，直至开发出最佳解决方案。也就是说，N 是依据用户需求随时变化的变量。

海尔开放式创新体系体现在模式和机制两个方面，同时建设开放式创新平台承接转型。

模式颠覆：从瀑布式研发到迭代式研发

"世界就是我的研发部"是海尔开放创新的基本理念，其本质是全球用户、创客和创新资源的零距离交互，持续创新。迭代式创新则是对用户体验的迭代而非产品的迭代，它与传统研发的不同在于：

①从以产品为中心到以用户为中心；

②从领导决策到用户决策；

③从串联流程到并联流程；

④从自主开发到利用全球智慧交互创新；

⑤创新成果从以延续性创新为主到以颠覆式创新为主。

机制颠覆："并联对赌"，用户付薪

传统研发是串行机制，相关人员分段完成任务获取报酬。而现在报酬统统来自市场的分享收入，大家同一目标、同一薪源。

平台颠覆：从线下到线上线下融合

海尔开放创新平台，致力于打造全球最大的创新生态系统和全流程创新交互社区，宗旨是服务于全球的创新者，通过整合全球智慧，实现创新的产生和创新的转化，最终实现各相关方的利益最大化。海尔建立线上线下融合的开放式创新平台，吸引全球资源和用户参与，形成自驱动的创新生态系统，持续产出颠覆性创新成果。

线下：全球资源网络和创新快速转化平台；海尔全球 10 大研发中心。

目前，海尔在全球拥有 10 大研发中心，通过内部 2000 名接口人，紧密对接 40 多万家一流资源，组成一流资源的创新生态圈。这样，每个研发中心都是一个连接器和放大器，可以和当地的创新伙伴合作，形成了一个遍布全球的网络。

线上：搭建海尔开放创新平台 HOPE。

2016 年，为了更好更快地提升用户体验，海尔开放创新平台提出"创新合伙人计划"，从模式、流程、组织、分享机制对现有平台进行全面升级。

升级体现在 3 个方面：

一是组织升级：从 B2B 的组织间合作到以社群为主体的创新生态系统。

二是流程升级：快速、准确的对接和上市转化、方案转化和创意孵化。

三是机制升级：混沌而有序的组织形式，不同角色的有效协作，根据贡献分享价值。

2. 海尔开放创新生态圈建设的主要做法

线下：搭建全球十大研发中心

海尔已经在欧洲及美国、日本、韩国、新西兰、墨西哥、印度建立了 10 大研发中心。每个研发中心都是一个独立的研发总部，拥有不同的地域性技术优势，同时又能依据需求相互协同，合力为新产品提供最好的解决方案。例如，在冰箱的研发体系中，海尔建立了 5 个核心模块，像亚洲的研发中心负责保鲜模块，北美的研发中心负责冰水模块等，最终实现产品不同层面的同步创新。而全球 10 大研发中心也成为海尔"10 + N"模式的基础平台，担当并联全球研发资源的开放创新触点。所谓"10 + N"就是依据全球 10 大研发中心为开放的基础平台，根据用户痛点随时并联全球的研发力量，那些遍布全球的研发力量就是

N，这个 N 不是定量，而是变量，是根据用户需求而变。这也再次验证了"世界就是我的研发部"的理念。全球研发平台，将日本的工匠精神、德国式严谨、美国的创造性等全都融入产品研发和设计中，博采众长。

线上：搭建社群交互生态圈 HOPE

（1）HOPE 的宗旨和要解决的问题。

HOPE 生态圈的宗旨是开放、合作、创新、分享。作为海尔开放式创新理念的承接载体，HOPE 是一个创新者聚集的生态社区，一个全球范围的庞大资源网络，也是一个支持产品创新的一站式服务平台。HOPE 把技术、知识、创意的供方和需方聚集到一起，提供交互的场景和工具，持续产生颠覆性创新产品。通过吸引聚集全球创新资源，致力于为企业、个人解决创新的来源问题，以及创新转化过程中的资源匹配。

①解决创新创意来源的问题。HOPE 是一个全球创新社区，在平台上聚集了各类有技术、创意、设计才能的优秀人才，通过专业的洞察、交互、设计等方式，促进创新方案的快速输出，并完成用户的验证，确保输出的创新方案能够满足用户的需求。

②创新转化的资源配置。HOPE 平台经过多年的积淀，已经聚集了来自全球 40 多万的解决方案提供者，通过与全球各类创新平台合作，使平台可达资源量超过 380 万，覆盖创新转化从原型设计、技术方案、结构设计、快速模型、小批试制等全产业链的资源覆盖，能够快速满足创新转化过程的各类资源匹配。

（2）HOPE 打造 7 大核心能力。

通过打造 7 大核心能力实现 HOPE 的核心价值：对企业，解决创新在哪里、如何创新的难题；对创新者和创新机构，创新成果以及知识的商业化，同时帮助创新者找到志同道合者，共同创新。

能力 1：用户需求交互和洞察。HOPE 设有领先用户社群，通过分享行业前沿新知，新技术新产品新服务等热点内容的讨论，社群中聚集了大量的科技爱好者、极客族群，他们对智能家居、智能家电、新型生活形态等前沿课题抱有浓厚的兴趣。由此构建的 HOPE 平台领先用户社群，拥有高质量、高活跃度的参与用户。通过线上线下的研究方法结合 HOPE 开放创新平台丰富的经验，输出各类定量与定性的研究成果。在提升效率和降低成本的同时，能够帮助企业更好地了解用户需求，制定正确决策，优化产品与服务。

能力 2：全球技术资源监控。HOPE 开放创新平台的目标是全球一流资源全方位实时监控，目前已监控海尔全产业 51 个主要方向 913 个技术领域的 30 万 + 全球一流资源。HOPE 的"数据爬虫"系统实时通过全球专利、科学文献库、专业网站、社交平台等海量信息，根据设定的关键词进行抓取，快速精准地将方案自动推送到需求者手中。筛选后的方案以不同形式展现出来，包括技术的成熟度、拥有者、众多使用者和关联者之间的关系图谱等，方便使用者进行筛选与评估。

能力 3：全球资源网络。HOPE 网络包含了 380 万以上的创新资源，同时拥有遍布欧洲、北美、亚太的庞大资源网络。这些组织和个人大都乐于接受外部的开发挑战并将其转化成产品。除了实体资源网络，HOPE 平台还配备了专业的全球资源检索工具，可以帮助客户快速、精准地挖掘最佳技术候选人。

能力 4：跨领域专家团队。经过六年的发展，HOPE 可触及全球各行业的创新企业、机构、专家、个人……他们包括：资深业内人士、技术专家、专利持有人、TRIZ 专家和各种具有专业技能的人。当客户需求发出后，HOPE 在资源网络中通过筛选，组成跨学科研发团队，由专业人员引导团队提供颠覆性的解决方案。

能力 5：大数据精准匹配。HOPE 拥有基于全网创新大数据的智能、实时，需求与资源匹配系统，可以方便快捷地帮助客户找到合适的创新解决方案，快速满足用户个性化需求。智能匹配引擎可实时向全球专利、科学文献库、专业网站、社交平台以及其他各类资讯平台的海量信息中，按照需求的方向定向进行信息抓取。再根据各类技术的关键词标签、应用领域进行分类，在此基础上形成创新大数据应用。在使用该系统的过程中，系统会自动记录使用者的搜索习惯，后续如系统再发现与之相关的技术，会自动推送到使用者的邮箱中。

能力6：专业领域知识。经过多年的发展，HOPE平台打造了一支专业化的业务团队，他们多为行业内资深专家，有着专业的知识和多年的从业经验，服务涉及的领域十分广泛：从产业角度看，主要包括制冷保鲜产业、洗涤产业、空气产业等，通过产业分析模型和行业信息的收集（线上和线下），对高价值信息进行甄别和分析，洞察行业的发展趋势和行业机会点，为客户的生产经营决策提供有力的支撑。

从技术领域看，主要包括材料类、机电类、智能传感类、热力学类等各技术领域应用，可以基于客户的要求，提供相关领域的专家资源，对相关信息和结论进行解读和洞察，能够帮客户精准分析技术发展趋势和技术问题解决的方向建议。

能力7：专业的需求拆解、定义。客户在研发过程中碰到的问题一般可分成两类：①技术性需求：需求非常明确，针对性寻找某个技术领域、某个行业的技术解决方案。HOPE平台通过三种方式来找到方案线索：专利查询/技术路线图分析/行业专家提供线索；②功能性需求：客户仅提供一个功能需求，但实现的技术原理不清楚。针对此类需求HOPE平台会组建项目团队，由专业人员带领，利用专业的工具和方法对需求进行拆解、定义、评估分析、验证，找到可实现的技术方案或具体的技术应用。

（3）打造标准化服务。

①技术竞争情报。了解相关的产品及技术趋势，才能更有效地制定创新战略。提供竞品及技术专题的研究服务；

②技术专家咨询通过社群内汇聚的各领域的技术专家，可以快速地解答各类跨界技术问题，为创新课题明确方向；

③消费者洞察。对于消费类产品创新，精准有效的消费者研究决定着创新的成败，通过微洞察工具进行精准的用户洞察；

④需求拆解。解决问题的前提是明确问题是什么？并能够指标化地描述问题，这需要一套科学有效的方法支撑；

⑤技术寻源。基于 HOPE 覆盖全球的技术寻源网络，能够帮助客户快速，精准地匹配所需的技术资源，加速创新转化；

⑥技术对接会。为企业举办各类技术对接活动，包括技术创新论坛，技术路演及合作洽谈会等；

⑦需求众包服务。为客户地明确的需求项目寻找解决方案；

⑧创意产出服务。帮客户产出明确的有市场竞争力的产品概念；

⑨技术资讯类服务。提供客户关注的技术领域的最新情报；

⑩开放创新咨询。创新方法 TRIZ 培训。

（4）HOPE 的共赢分享机制。

①共建专利池。海尔已与 DOW、利兹大学等共建专利池，共同纳入的专利数量达到 100 件以上，联合运营获取专利授权收入。迄今海尔已经和合作伙伴共建了 7 个专利池，其中 2 个专利池上升为国家标准。

②模块商参与前端设计，超利分享。E 公司是一家专注于制冷解决方案的公司，凭借优秀的设计能力，和海尔一起开发出极受用户欢迎的产品，成功成为海尔供应商。这种模式比传统的模式提高整体产品研发效率的 30%，新产品开发时间缩短 70%。目前已有超过 50% 的模块商参与到前端研发过程中，未来海尔所有供应商将全部参与到产品前端研发过程，实现全流程的交互研发。

③投资孵化。美国某大学孵化出的 C 公司，拥有固态制冷技术模块顶尖技术，并且处于孵化融资阶段。海尔参与该公司前期孵化、融资及技术的产业化，成功孵化出全球首款真正静音的固态制冷酒柜。

④联合实验室，成果分享。海尔与 D 公司、L 公司等成立技术研发联合实验室，双方共同投入基本的运营费用，从各个领域实现技术的开放性，实现双方技术的交互与应用共享，技术研发的成果双方共同拥有，产品上市后价值共享。

⑤成为供应商伙伴获取收益。具备交互用户、模块化设计、模块化

检测、模块化供货四个能力的资源，可享有优先供货权，即优先保障享有70%~100%的供货配额。同时享有6—12个月的反超期。例如S公司参与天樽空调研发，参与前端模块研发，同时具备供货能力，在量产后直接享受80%的模块供货配额。

除了以上的分享模式，海尔还通过市场量对赌分享、共同孵化等多种合作模式，与创新合作伙伴共创共赢。

（5）HOPE运作举例。

①用户专属个性定制化——空气魔方。

2014年9月19日，全球首款可以模块化组合的智能空气产品——"空气魔方"发布，实现了加湿、除湿、净化、香薰等多个模块的自由组合，为每个家庭带来了可定制的专属"空气圈"。设计变现大量用户吐槽空气环境问题，急需要一个既能标准化生产又能满足个性化需求的产品创新设计方案。在HOPE平台发布需求后，来自8个国家的内外部设计师、工程师、专家和学者128人，进行专项设计，同步考量技术的可行性，研发团队同步与全球超过980万不同类型用户交互意见，最终筛出81万粉丝最关注的122个具体产品痛点，设计方案通过可行性分析和样品实测后，直接在京东进行互联网众筹研发，获得7563人支持，并筹资1100多万元。

②需求推动产品迭代——天樽空调。

天樽空调源起于673372名网友和海尔研发平台的交互，小微整合用户对传统空调的抱怨点，包括：空调病、风太冷、自然风、远程控制等痛点和需求，整合全球资源，研发出这款颠覆性空调产品，让空调具备了自主"思考"能力，不再是以往单纯根据使用者指令制冷制热的工具，成为能够根据外界环境变化自动调节运行状态的"智能空气管家"。2013年产品推出时，单日网上交易量突破1228套，创下空调线上销售史单价最高、销售最快、销量最大的多重纪录。在天樽空调上市后，用户提出可否实现摆风的功能。2014年年初，通过海尔开放创新交互平台对接到了Dyntech、ESI、中科院、航天所等多家国内外研发机构，克服了摆风的技术资源难题，并听取各家的技术建议。2014 年 9 月，天樽二代成功上市，并且继续和用户交互，不断地进行产品优化。

（三）海尔开放创新生态圈探索的效果验证

海尔建立了线上线下融合的开放式创新平台，形成自驱动的创新生态系统：依托在全球的 10 大研发中心，以及根据用户痛点随时并联的 N 个研发触点，海尔形成了"10＋N"开放式创新体系，真正实现"用户需求、创新资源在哪里，研发就在哪里"。在自主创新的同时，开放地链接全球资源，搭建开放式创新平台 HOPE，打通了用户与资源之间的壁垒，让用户、企业和资源都纳入同一个交互生态圈上来。而汇聚了 20000＋跨领域专家、创新者的创新合伙人社群，可以通过社群内不同角色人群的有效协作，零距离交互，持续产出跨界及颠覆性创新成果。目前 HOPE 平台可触及的全球一流资源节点达 380 万家，注册用户 40 多万，平均每年产生创意超过 6000 个，支撑着产品和技术的持续引领。

衡量研发创新能力四大核心指标为标准引领、专利布局、设计创新、科技创新，具体成果如下：

1. 创新能力核心四大指标验证

全球标准布局

截至 2018 年 12 月，已参与 60 项国际标准的制修订，在参与过程中累计提出了 97 项国际标准制修订提案，是中国提出国际标准制修订提案最多的家电企业；累计主导、参与国家/行业标准制修订 490 项，其中已发布 440 项，是国内主导国家行业标准最多的家电企业；共获得 12 项国家标准创新贡献奖。在国际组织占位方面，海尔是中国唯一进入国际电工委员会市场战略局（IEC/MSB）的家电企业；承担 IEC/SC59A 国际洗碗机分委会秘书处工作，是中国唯一承担国际标准分技术委员会的家电企业；牵头成立 IEC TC59/SC59M WG4 冰箱保鲜国际标准工作组，主导制定冰箱保鲜全新国际标准，实现家电领域的国际突破；在国际标准组织 IEC、ISO 中共拥有 66 个专家席位，在 UL 标准开发组织中拥有 28 个专家席位；并且是无线电力联盟厨房应用工作组 WPC/KWG 的联合主席，大中华区市场推广组 WPC/GCPWG 的主席。在国内组织占位方面，海尔参与了 63 个国家标准技术/分技术委员会和工作组工作，此外还承担全国家用电器标准化技术委员会家电可靠性分技术委员会、家电服务分技术委员会、智能家电分技术委员会和无线电能传输家电 4 个分委会秘书处工作及 1 个工作组秘书处工作，承担了国家家用电器技术标准创新基地（青岛）工作。

2018 年 4 月，响应国家"一带一路"倡议，海尔打造"一带一路"标准输出样板；6 月，海尔承担的中国首个领域类技术标准创新基地通过国家标准委验收；9 月，海尔主导制定的智慧家庭、衣联网国际标准项目通过 IEEE 立项正式启动；10 月，海尔主导制定全球首个 AI 标准白皮书发布，海尔主导制定的 3 项食联网国际标准通过 IEEE 立项审核。

全球专利布局

2018 年海尔全球发明专利申请 6225 项、PCT 申请 814 项，全球累计专利申请 4.3 万余项，在科技含量最高的发明专利方面，海尔占比超过 60%，证明海尔更注重专利质量；海尔的海外发明专利数量 1 万余项，覆盖 25 个国家，是中国在海外布局发明专利最多的家电企业。

2018 年 11 月第二十届中国专利奖，海尔荣获专利金奖 1 项，外观设计金奖 1 项，同时获 12 项专利优秀奖。历届中国专利奖，海尔累计获得 7 项金奖，金奖总数行业最高，并创造一次夺 3 项金奖的最高纪录。

2018 年海尔冰、空、洗产品专利获得首届"中国好专利"，并获得 3 项提名。

第二届山东省专利奖，海尔获得一、二、三等奖，是唯一获奖的大型家电企业。

国际设计大奖

累计荣获 iF 国际设计大奖 79 项（其中金奖 2 项），Red Dot 国际设计大奖 48 项（其中金奖 1 项），G－mark 国际设计大奖 6 项，IDEA 国际设计大奖 6 项，中国外观专利金奖 3 项，连续三届荣获工业和信息化部主办的国家级奖项——"中国优秀工业设计奖"金奖，且每届均为唯一获得该奖项的家电企业。从获奖情况来看，获奖数量在全球白色家电行业居第一位。

科技进步奖

国家科技进步奖是我国科技界的最高荣誉，截至目前，海尔累计获得国家科技进步奖 15 项，是获得国家科技进步奖最多的家电企业，获奖总量占整个行业的半数以上。

2013 年度获奖项目"低温冰箱系列化产品关键技术及产业化"突破了国外的技术封锁，率先实现了 －150℃ 超低温制冷，并且研制出航空冰箱，连续四次搭载神舟飞船进入太空，对我国航天事业的发展起到了重要的作用。

2015 年度获奖项目"空调器舒适性智能控制技术研究及产业化"首创人体舒适性模型，并且开展了空调的舒适性、节能、智能控制等关键技术的研究，实现了海尔在智能空调领域的占位与引领。

2017 年度，海尔参与完成的"DTMB 系统国际化和产业化的关键技术及应用"项目荣获国家科技进步一等奖，这是家电行业首次获得一等奖，也是该年度家电行业唯一的获奖项目，开创了我国强制性标准在海外应用的历史，为我国家电行业实现全球标准引领做出了重大贡献。"DTMB 系统国际化和产业化的关键技术及应用"发明了一种 LDPC 纠错编码专利技术，使系统接收门限显著优于同类国际标准系统，成为 DT-MB 标准的核心技术，为我国自主制定数字电视标准做出了重大贡献。该项目开创了数字电视领域我国强制性标准在海外应用的历史，推动了行业技术进步和学科的跨越式发展，对我国数字电视可持续发展具有重大意义。

2018 年度获奖项目"滚筒洗衣机分区洗护关键技术及产业化"针对用户需求首创了一机双筒智平衡分区洗技术，实现了一机双滚筒既可同时洗又可分开洗；建立了衣物洗护模型，创新了高档衣物摇篮洗模式；创新了双喷淋自清洁系统，实现了取衣口泡沫无附着。该项目为全球首创，开启了洗衣机行业新纪元，最大限度地满足了人民对美好生活的向往，推动我国家电业绿色设计与制造水平上了一个新台阶。

海尔是首获国家科技进步一等奖的家电企业，从行业关键零部件技术到整机核心技术，历年获奖项目涵盖超低温制冷、变频、节能、智能控制、芯片等产业关键技术领域，不断引领行业的技术进步。充分地展现了海尔的技术研发实力以及在所有家电技术领域的统治地位。

坚持原创科技是海尔的核心竞争力，通过原创科技实现全球引领，至今已被竞争对手模仿 151 次，被模仿次数在世界家电领域最高。

从产业上看，2017 年海尔推出的一系列原创科技产品，从全空间保鲜冰箱、F + 自由嵌入式冰箱，免清洗洗衣机、自清洁空调，到断电不化冻冷柜、防干烧燃气灶、无 CO 热水器等，都被竞争对手多次模仿过。而海尔通过与用户零距离的开放式创新体系快速迭代原创科技，目前最新的免清洗技术，已经升级到无外桶，彻底解决了困扰行业百年的"脏桶问题"。

此外，还有一部分原创科技是对手尚未模仿出来的，例如，无压缩机酒柜、分区洗洗衣机、空气洗洗衣机、双电机独立送风的空调、空净合一空调、瞬热洗热水器等产品，其关键技术至今无法被行业模仿。

通过开放式创新，加速创新成果产出数量和质量，提升创新能力。坚持原创科技，用实力和能力引领行业，快速迭代满足了全球用户的个性化需求。

2. 第三方评价验证

世界一流战略大师加里·哈默（Gary Hamel）认为"海尔建立开放创新平台，针对挑战性技术找到解决方案。经过这样一种持续、深入与客户对话，推出的产品必然满足用户需求。"

宾夕法尼亚大学沃顿商学院管理学荣誉教授马歇尔·梅耶（Marshall Meyer）直言"HOPE 平台是开放创新平台，可以让海尔通过发布挑战和解决方案的开源方式开发新技术，从而开始头脑风暴。"

《大爆炸式创新》作者拉里·唐斯（Larry Downes）认同"海尔开放合作伙伴生态系统是一个内部和外部伙伴都可以用的开放平台，我们可以通过这个平台来建立不同的合作伙伴关系，解决各种各样的问题。"

埃森哲卓越绩效研究院高级研究员邱静认为，"整体来说，中国企业的开放式创新起步相对较晚，但发展迅速。从合作伙伴选择来说，相对集中于传统合作伙伴，如大专院校目前依旧排在首位。作为全球和中国家电产业领先者，海尔引领创新并打造 HOPE 开放创新平台，是一个很好的示范。HOPE 平台最大的价值在于开放性，让所有的企业都有可能接入合作，从传统的一对一合作双赢变成开放创新的多方共赢。在中国企业开放创新的实践中，平台化运营和生态系统的建立是非常重要的。"

世界 500 强陶氏化学亚太区 CTO 姚维广坦言，"随着用户对新产品开发的要求越来越快，越来越个性化，未来我们希望建立一个创新联盟，由海尔牵头，吸引更多的、不同行业和领域公司和其他合作伙伴加入。"

西班牙 IESE 商学院管理教习教授桑切斯·卡洛斯（Sanchez Carlos）说道，"海尔的生态圈具有深远的社会意义，既符合时代发展的需求，又充分体现了对用户的敬畏，对员工的尊重。"

美国麻省理工学院斯隆管理学院杰出教授迈克尔·库斯玛诺（Michael Cusumano）惊叹，"海尔的平台战略，不仅将平台作为建立生态圈的基础，更将平台作为管理和组织的手段，推动战略与组织的变革。"

英国牛津大学网络学院教授维克多·舍恩伯格（Viktor Mayer – Schonberger）坦言，"通过开放与交互，海尔已经迈出了'大数据'创新探索的坚实一步，也实现了与各利益攸关方的共赢关系。"

网络观察者、预言者，《失控》作者凯文·凯利（Kevin Kelly）惊奇道，"对于海尔而言，发展智能家电是一个非常好的机遇，它是一种我所说的关系技术，这种技术能够跟用户培养、培育出互动的关系，如果一个产品，它能够更多地与用户交互的话，它的产品力量就更大。海尔的战略是很有前瞻性的。"

日本国立一桥大学教授、享誉世界的管理学大师，被称为"知识管理理论之父""知识管理拓荒者"的野中郁次郎（Ikujiro Nonaka）赞同"海尔是一个非常开放的、去中心化的组织，而很多日本企业非常集中、中心化，灵活度也不高。当我看到海尔这么多个自组织的小团队，每一个团队都是一个创新中心，我觉得，这是令人感到非常震撼的一件事情。"

二、互联工厂生态圈化

（一）互联工厂共创共赢生态圈建设背景

1. 适应互联网时代用户需求个性化、多样化和高品质发展的需要

传统经济下市场主动权在企业手里，企业生产什么，用户被动接受什么。移动互联网技术使得互联网从消费互联变为产业互联，用户消费习惯由"去购物"转变为"在购物"。随时下单、用户点击鼠标的速度已经超过了传统企业的响应速度，为传统制造业带来了冲击。互联网思维正逐渐深入影响传统制造业，互联网消除了距离，并使得企业网络化，传统制造业由生产商决定生产何种产品，互联网时代已转变为用户来决定制造何种产品。用户越来越重视产品带来的自我认同感，尤其对于年轻用户来说，自我认同和个性变得格外的重要。因此，为了满足用户不同的个性化需求，产品细分正在不断深化。与此同时，用户开始逐步追求高品质的高端产品、个性化的产品，更多的用户表示他们愿意购买高端产品因为其更可靠的质量和高品质。企业必须适应这种变化，要转变过去的"卖产品"理念，逐步由"卖产品"向"卖解决方案"转变，最终通过智能制造为客户提供个性化定制的最优的解决方案获取客户的信任，并黏住客户，获取企业发展机会。

2. 顺应全球家电行业发展趋势、应对激烈市场竞争的需要

当前我国制造业正在承受产业"双向转移"的压力。一方面，劳动密集型的以出口或代工为主的中小制造企业正在向越南、缅甸、印度和印尼等劳动力和资源等更低廉的新兴发展中国家转移；另一方面，部分高端制造业在美国和欧洲发达国家"再工业化"战略的引导下回流。中低端产品的竞争力也将被削弱，我国制造业"产业空心化"的风险将不断增加，全面重振"中国制造"已刻不容缓！此外，人工成本上升、招工难、用工难以及行业内的低成本价格战等问题，也对家电业带来了挑战，进一步削弱了传统家电行业的竞争力和创新能力。而新一代信息通信技术向制造业的深度渗透和融合为家电企业转型升级和提升竞争力提供了机遇。《国务院关于积极推进"互联网＋"行动的指导意见》提出发展"互联网＋"协同制造，以推动互联网与制造业融合，提升制造业数字化、网络化、智能化水平，加强产业链协作，发展基于互联网的协同制造新模式。以企业内部的生产过程为例，通过生产过程的数字化、网络化和智能化改造，将推动我国生产自动化水平和工业机器人的发展应用进程，缩短我国与日本和欧美发达国家在制造装备业的距离；通过智能企业的建设，改善工作流程，实现精益生产，将大大提高企业总体效率、降低制造成本。同时通过支持社会力量参与产品的设计、柔性加工、高端服务等交互式创新活动，将有力地推动自主创新能力的提升和向服务型制造转型，对企业走出低端制造的困境，落实国家提出的"大众创业、万众创新"战略，具有重要的现实意义。

3. 企业持续推进互联网化转型的需要

海尔集团是国内最早开展互联网转型实践的传统企业。2005 年以来，海尔集团一直致力于向互联网化转型，由原来以厂商为中心的、大规模生产、大规模促销和低成本竞争的 B2C 模式，转变为以消费者为中心的、个性化营销、柔性化生产和精准化服务的 C2B 模式，创造了人单合一双赢管理模式，改变传统的事业部为主要载体的企业组织结构，将其解构和裂变为两千多个密切围绕市场的自主经营体，把经营决策权、资源配置权和利益分配权下放到自主经营体，由他们根据市场变化和用户需求来自主经营，从而将海尔传统的金字塔式组织结构转变为以自主经营体为基本单元的倒三角网络型组织，使企业的所有环节和员工都面向用户，为创造和满足用户需求而创造性地工作，实现企业由做大做强向做活转变。2012 年，海尔集团提出了"三化"战略，即用户个性化、员工创客化和企业平台化，将"人单合一双赢"模式迭代升级为"人单合一 2.0——共创共赢生态圈模式"，在产业链业务节点都设立了基于互联网的平台，形成与客户全流程参与、全流程互动，与资源商合作共赢，共同参与产品的设计、研发、模块化供应链和售后服务支持各项活动，在互联网＋与传统制造业融合方面积累了丰富经验。但在全球范围家电企业内，海尔是第一个，没有成功的经验可以借鉴，同时企业规模大，内部环节多，困难和阻碍也非常多，如果转型不利则会出现问题，原先成功的模式，也可能成为劣势，所以需要通过持续创新，不断实践探索，从而实现突破引领。

（二）互联工厂共创共赢生态圈建设的内涵和主要做法

海尔为满足互联网时代用户个性化、多样化、高品质的最佳体验，对内改造建立互联工厂，将产品改造成为网器，从传统的大规模制造转变成大规模定制，实现人机互联，用户全流程参与，形成用户圈；对外通过海尔生态圈平台，吸引攸关各方共同创造用户价值，由提供单一硬件产品到提供整套智慧生活场景解决方案，实现从卖产品到智能服务转型，与利益相关方共创共赢，最终形成一个以用户最佳体验为核心的生态圈。主要做法如下：

1. 明确互联工厂建设的思路、目标和路径思路

海尔的智慧互联共创共赢生态圈建设是以全流程用户最佳体验为导向，以开放吸引全球资源的海尔文化为指导，以互联工厂建设为载体，以模块化、自动化、信息化为支撑，以标准化、精益、质量保证期为基础。努力打造两个圈：一是用户全程参与的个性化产品实现圈。通过互联网平台，吸引用户参与到产品设计、制造、配送和服务的全过程，形成工厂和用户的零距离，用户和工厂直连；二是并联资源生态圈。将企

业的"墙"打开，吸引全球一流的设计、研发、营销、物流、制造等资源到海尔平台上，形成并联的资源生态圈，能够快速满足用户的个性化需求，共同去打造用户的最佳体验。这是一个全方位、全体系的变革，支持整个产业链、上下游企业都在这个生态圈上协同创新，共创共赢。

目标

智慧互联共创共赢生态圈建设的目标是实现从产销分离到产销合一，满足用户无缝化、透明化、可视化的最佳体验。

（1）用户层面：形成大规模定制的解决方案，真正实现用户和企业的零距离；全球用户能够随时、随地，通过移动终端定制产品，互联工厂可以随时满足用户的需求。

（2）企业层面：打造以互联工厂为载体的智慧互联生态圈，成为标杆企业，输出行业标准，颠覆现有家电行业的制造体系，实现行业引领；通过互联工厂实现企业互联网转型，应对互联网技术对传统业务的冲击，提升企业的竞争力和创新能力。

（3）行业层面：提升行业创新能力，推动产业链升级。通过全球资源无障碍进平台，吸引全球一流资源，引入更多具有竞争力的技术、人才等资源，持续创新、迭代，满足用户个性化、碎片化的需求，从而形成共创共赢的家电生态圈，为行业提供借鉴经验，推动我国家电行业转型升级和竞争力提升。

路径

海尔从高精度和高效率两个维度推进以互联工厂建设、以构建用户个性化需求驱动的共创共赢生态圈，如图3.7所示。

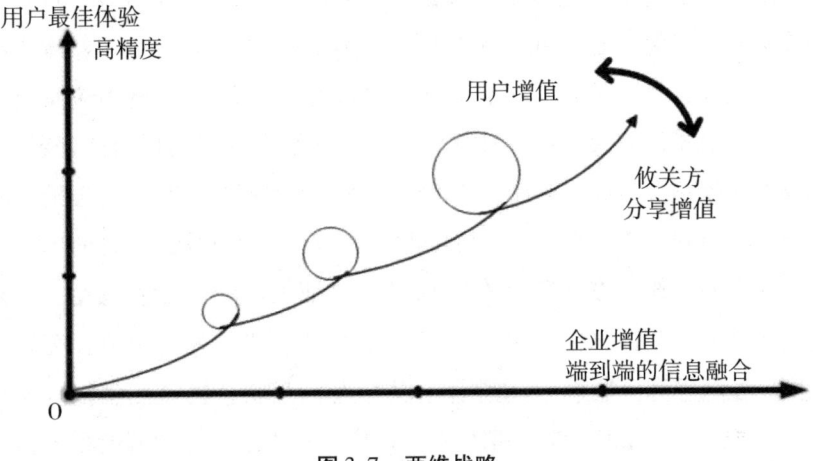

图 3.7 两维战略

纵轴是互联工厂的用户最佳体验，体现的是高精度。主要搭建两大平台：一是建立行业首个用户社群交互定制体验平台——众创汇平台。众创汇通过采用开放式社区模式，搭建用户、设计师、供应商直接面对面交流平台，将用户对产品需求、创意设想转化成产品方案；从需求端到制造端，海尔定制众创汇依托互联工厂实现全流程可视化定制体验，让前端用户与后端互联工厂互联互通。用户从单纯需求者转变成为产品创意发起者、设计参与者以及决策参与者等，参与产品定制全流程，通过与众不同的全新体验激发用户潜在的创造力。二是搭建 U＋智慧生活平台（"U"为 Ubiquitous，无处不在的简称，是海尔旗下智慧家庭领域全开放、全兼容、全交互的智慧生活平台），把传统的家电变成智能终端的网器，通过网器接入 U＋智慧生活平台，通过这个平台吸引全球一流资源，包括硬件资源、软件资源、投资方、人才资源等，从而形成能够提供用户最佳体验的若干生活场景生态圈。

横轴即互联工厂的企业价值创新，体现的是高效率。通过工业技术与数字化技术、物联网技术融合，建立持续引领的智能制造技术创新体系，支撑智慧互联共创共赢生态圈搭建。核心分为四个层次：一是模块化，是个性化定制的基础。产品通过模块化的设计，将零件变为模块，通过模块化的自由配置组合，满足用户多样化的需求。海尔从 2008 年开始探索模块化，通过制造的模块化倒逼全流程的模块化进而保障智能制造的达成，具体从以下三点展开：通过总装的 SKD 剥离倒逼模块设计，实现由零件到模块；通过模块的设计划分来实现用户个性化定制；通过大资源整合，吸引全球一流模块商事先参与模块设计，实现模块的竞争力和引领。二是自动化，海尔理解的是互联自动化，不是简单的机器换人，而是攸关方事先并联交互，实现用户驱动下的设备联动、柔性定制体验。三是数字化，通过以 iMES 为核心的五大系统集成，实现物联网、互联网和务联网三网融合，以及人机互联、机物互联、机机互联、人人互联，最终让整个工厂变成一个类似人脑一样的智能系统，自动响应用户的个性化订单。海尔数字化架构的核心就是智能制造执行 iMES，系统上通过 iMES 驱动 ERP、iWMS、PLM（包含 CAD/设计仿真、制造仿真）、Scada（设备监视、控制）五大系统集成；业务上通过数字化互联，实现制造、研发、物流等全流程紧密的互联互通。通过智能制造执行系统和现场智能化硬件的连接，构建了一个高度灵活的个性化和数字化制造模式，实现从管理、研发、生产、物流的数字化管理，提升企业的智能化水平。四是智能化，主要是产品智能化和工厂智能化。产品智能化方面，例如海尔天樽空调通过内置的智能 WiFi 模块实现产品运行数据的实时在线采集。通过对大数据分析，对问题会自动预警，预警信息通过内置智能 WiFi 模块，使用户家中的 WiFi 网络将信息传送至海尔云平台。海尔云平台接到预警信息后，会自动给用户推送提醒短信，同时给服务兵触发服务信息，服务兵抢单后提供上门服务。工厂智能化方面，例如胶州空调互联工厂初步布置了 12000 多个传感器，每天产生的制造大数据超过了 4000 万条。通过这些大数据的分析，对整个互联工厂的运行情况进行实时的监控、异常实时预警。

2. 搭建以智能产品为主线的 U + 智慧生活互联生态圈

U + 智慧生活平台探索"智能产品（网器）+ 社群"的运营模式，建立面向未来产业生态的基础。

加快推进传统产品向网器（智能家电）转变

智能家电是指加装了 WiFi 联网模块、能够通过互联网远程控制的智能家电设备，即带智能联网模块（如 WiFi 模块）和远程程序控制模块的家电产品。有时，也称为物联网家电。海尔通过物联网技术、网络通信技术、远程控制技术等高新技术的应用推广，加快改造传统家电产品为智能家电，由电器向网器（智能家电）转变。海尔网器具有以下四个方面的功能：一是故障诊断功能，能够实现对自身状态、环境的自感知；二是网络通信功能，提供标准和开放的数据接口，能够实现与制造商、用户之间的数据交互传送；三是自适应能力，能够根据感知的信息调整自身的运行模式，使智能产品（网器）处于最佳工作状态，降低网器机械损耗，提升节能环保能力；四是数据采集与应用分析能力，能够实时远程采集和上传用户使用过程中的数据信息，并通过企业信息平台实现大数据共享和分析，实现企业与用户的实时互动。2015 年以来，海尔加快产品网器化进程，包括冰箱、空调、洗衣机、酒柜、烤箱、热水器、厨房电器等类别产品。

探索建立 U＋智慧生活生态圈。

海尔坚持"开放、合作、共赢"理念，探索建设 U＋智慧生活生态圈，在全球 WiFi 联盟智能家居领域担任领导地位。海尔的 U＋智慧生活开放平台作为全球第一个统一的智慧生活交互平台，旨在改变过去智能家电无法相互连接产生互动和交流，产品信息过于零碎和分散化，家电之间互相独立工作，不能根据人们的需求自动联合共同工作等各种弊端，通过建立一个互联互通的标准，在不同的行业、不同的公司之间完全打通智能产品，通过基于互联平台、云平台和大数据分析平台的完全开放的 U＋平台，以智能家电（网器）为硬件载体，以 U＋智慧生活平台为软件载体，实现智慧硬件和软件平台之间的完美融合，让各个产品、各个品牌共享互动，为用户提供一站式的解决方案，帮助各个平台参与者找到自己的价值定位，共同建设一个有价值的智慧家庭生活体系，推进智能家电市场真正进入"以人为中心"的时代。

海尔在兼容苹果 Homekit、Allseen、Google Weave、华为 HiLink 等协议基础上，与京东、阿里、微软等平台实现互联互通，接入智能硬件品类超过 120 种；U＋云平台具备支撑亿级用户、千万级设备在线的能力，实现用户数据共享，设备数据共享；设备接入效率提升 30%，大数据处理能力倍增，日均处理用户和设备数据超 10 亿条，并以此为基础形成用户行为分析、设备行为监控及评估、平台大数据分析、人机自然语言交互、U＋智慧大脑等能力，全面提升用户体验。海尔不断升级完善生态圈模式落地，推进厨房美食、卫浴洗护、起居、娱乐、安防等智慧生态圈的协同发展，实现场景经济的落地。升级发布 U＋智慧生活 2.0 战略，率先推出智能家电的人工智能解决方案，引领智能家电未来，向"硬件＋软件＋服务"模式转型。如，基于厨房生态研发的馨厨智能冰箱上市以来累计销售 4 万台，粉丝 30 余万；围绕馨厨冰箱建设智能系统平台，融合内容资源、模块技术资源、媒体资源、营销渠道资源的智慧美食生态圈，尝试新的盈利模式，第三方生态收入萌芽，实现从 0 到 1。

目前 U＋平台接入的智能产品 12 大品类，支持模块类设备 8 天快速接入，新硬件接入 12 天。围绕 5 大生态圈，先后推出了以朗度冰箱、天樽空调、免清洗洗衣机、星语热水器等为代表的大网器智能家电产品和以空气盒子、智能净化器、冰箱卫士、醛知道、智慧眼等为代表的小网器智能家电，为用户提供了整套智慧家电解决方案和网器交互体验，智能产品（网器）的销量累计突破 900 万台。

案例 1：馨厨冰箱：不卖冰箱卖入口

馨厨是海尔集团孵化平台上 2015 年诞生的一个小微，他们的产品是一款互联网冰箱。这款冰箱颠覆了传统冰箱只能作为储存食物空间的功能性特点，而将冰箱转变为一个流量入口，吸引了众多资源方加入这一平台。在这一过程中，馨厨冰箱实现了从单纯销售硬件产品到提供用户流量入口的转变，颠覆了传统冰箱运作模式。①打造"通馨粉"部落群，实现全流程无缝对接。整合微信、APP、微博、QQ 群、社区等渠道，搭建馨厨"通馨粉"部落群，围绕美食健康兴趣社区、售后服务、用户调研、产品说明、线上线下同城活动、产品使用问题、迭代研发等内容与用户进行时时互动沟通，通过显现用户行为及习惯，实现与研发、品牌、服务、销售无缝对接。②打造区别于传统电商的高频场景化电商。馨厨推出电商平台"闪电购"，用户可以很方便地在馨厨屏幕上进行一些生活用品的购买，馨厨可自动提醒用户需购买何种产品，用户不需登录即直接购买，在生鲜、生活用品等产品上提供专业化的便捷体验，用户可实现一键购买，真正"闪电购"；诚信，建立相关标准，打造以诚信为竞争力的电商平台。③颠覆冰箱行业供应商合作模式。一是从供货关系到合作关系。由于产品能够直连互联网，可以与用户产生一系列购买和交互行为，颠覆了与供应商之间传统的一次性卖冰箱合作关系，而是变成多次、深度的合作共赢关系。二是跨界合作，大大拓展合作商范围。在馨厨的生态圈中，有非常多的合作伙伴并不属于传统冰箱的合作伙伴范畴，如中粮、欣和、金龙鱼、古井贡、雪花、统一、瞄上生鲜、加多宝等一线健康饮食企业占据重要地位，大大降低了中间渠道商的运营风险，实现了用户与消费企业的零距离交互，降低消费成本，及时满足用户差异化需求。三是开放平台，实现生态圈第三方收入。馨厨改变了传统冰箱硬件一次性消费模式，过渡为多频次内容消费，实现第三方付费社会化。搭载 TFT 屏幕后，用户可通过馨厨冰箱完成线上购物、娱乐消费、饮食定制、健康分析、社交分享等内容，吸引众多企业资源加入馨厨生态圈中，其中电商企业可实现按比例分成，非电商企业可按照品牌终端销量结算。

目前，馨厨生态圈吸引了 27 个资源方，中粮、欣和、金龙鱼、古井贡、雪花、统一、瞄上生鲜、加多宝、本来生活、也买酒、蒙牛、昆仑山、思必驰、蜻蜓 FM、中粮、爱奇艺、豆果美食、苏宁易购、星艺、初萃、可益康、五谷道场、金蒂、知峰堂、久久丫、田园会、赣南脐橙等均已进入或正在进入这一平台。馨厨单一电商下单率 0.7%，高于电商行业一流平台下单率；馨厨周活跃度为 70.6%，高于行业均值 7 倍，月活跃度为 94.4%，高于行业 4 倍。馨厨的软件系统从 2015 年 6 月研发之初一直到上市，迭代的次数超过 300 次，而最多的时候一天迭代次数达到了 3 次。对传统冰箱而言，这样的迭代速度是不可想象的，但对于馨厨这一类的互联网冰箱来说，这样的迭代速度再正常不过。

3. 开展以大规模定制为主线的互联工厂建设

建设用户交互定制生态圈 – 众创汇

互联工厂由大规模制造向大规模定制转型，完成协同设计与协同制造，需要打通全流程各节点系统进行横向集成，实现用户全流程参与。在技术上需要搭建以用户为中心的研发、制造和销售资源创新协同与集成平台，构建工业智能领域资源云端生态模式。2015 年 3 月众创汇诞生，并上线了用户交互定制平台 – 众创汇 V1.0。众创汇 DIY 平台打通从用户交互设计到协同制造，直到用户使用端的全流程活动，集成相关软件系统，包括用户交互、迭代研发、数字营销、智慧供应链、模块采购、智慧物流、智慧服务等 7 个应用软件系统，实现互联工厂资源和信息的横向整合，产业链上下游主动协同。2015 年 11 月众创汇平台 V2.0 版上线，并在 11 月中国国际工业博览会对外发布。2016 年 1 月，众创汇 V3.0 上线，更便捷易懂的操作模式，更清新的 UI 界面风格，更多的定制产品种类。2016 年 3 月，众创汇 APP 版和微信版 V1.0 正式上线，为用户提供多入口，让用户在手机端可随时浏览，在上海 AWE 得到参会人员的体验好评。同时，首批 Hello Kitty 洗衣机上海 AWE 惊艳亮相，成全场瞩目焦点。2016 年 6 月同曲美家居合作推出"童话家"儿童房的全屋定制，真实场景体验，让用户感受家电温度。2016 年 10 月 PC 端 3.6 上线，移动端 M 站上线，2.6APP1.6、微信 1.6 上线；基于 H5 的 Web Socket 消息推送机制搭建，深度融合 SNS 的交互定制平台。2016 年 9 月"定义明天 制同道合"海尔定制平台生态战略发布会在北京举行。房天下、曲美家居、红星美凯龙、时尚集团、厦门国际设计周红点在中国、宝宝树以及利鸥品牌 7 家合作资源共同启动海尔定制生态战略。未来：继续整合更多资源合作方，深入构建场景社群生态，探索未来更多可能。

在众创汇平台上，定制分三种场景：①模块定制：基本模块 + 可变模块配置；②众创定制（众筹、众包）：用户设计，在线自交互；③专属定制：完全个性化，整合设计师和研发资源共同设计，在互联工厂或第三方工厂生产。三种定制模式满足用户的多样化及个性化需求，用户以不同方式参与设计体验、观看制造过程、监测物流配送、享受送装一体的服务，整个产品从概念到使用全生命周期内均有用户参与和评价。众创定制模式是将用户的碎片化需求进行整合，从为库存生产转变为为用户生产，用户可以全流程参与设计、制造，从一个单纯的消费者变成"产消者"。协同设计与全流程交互平台整合攸关方资源和跨界合作伙伴，是智能化、物联网产品服务解决方案的重要组成部分。按照流程节点划分，平台横向集成 7 项业务过程：用户交互、研发、数字营销、模块采购、供应链、物流、服务。众创汇平台通过采用开放式社区模式，搭建用户、设计师、供应商直接面对面的交流平台，将用户对产品需求、创意设想转化成产品方案；从需求端到制造端，依托互联工厂体系实现全流程可视化定制体验，让处于前端用户与后端互联工厂互联互通。用户从单纯需求者转变成为产品创意发起者、设计参与者以及参与决策者等，参与产品定制全流程，激发用户潜在的创造力，实现用户价值驱动。

案例 2：Hello kitty 洗衣机众创定制

2016 年 1 月　灵感初现

在海尔推出迪斯尼系列冰箱后，网友"菜菜的歌"在海尔定制平台上留言，希望能拥有一整套 Hello Kitty 形象定制家电。这一诉求激起了许多 Hello Kitty 粉丝的共鸣，短时间内 500 多位点赞表示支持。

2016 年 1 月　合作意向萌芽

在网友们的大力推动下，海尔定制平台在微博上 @ Hello Kitty，引发 Hello Kitty 粉丝们的集体狂欢，引起 32 万的传播量，也使得双方都产生了进一步合作的意向。

2016 年 2 月　创意转化设计

来自意大利的设计师 Stefano Ollino 和 Dario Olivero 认领了这个创意，并同创意发起者进行在线沟通，开始着手进行设计工作，将 Hello Kitty 蝴蝶结和色彩等元素与电器元素相结合，使传统家电不再单调乏味。

2016 年 2 月　小范围投票

为了使作品让大家 100% 满意，结合粉丝们的建议，设计师曾经几易其稿，设计出多款 Hello Kitty 家电产品方案；并在设计稿完成后邀请用户及网友进行了小范围投票。最终，一整套洗衣机设计作品以高票胜出，进入样机制作阶段。

2016 年 2 月　正式签约

与此同时，海尔定制平台与 Hello Kitty 授权方三丽鸥集团洽谈跨界合作，正式签约，准备共同推出 Hello Kitty 形象系列定制电器。

2016 年 3 月　上海 AWE 惊艳亮相

首批 Hello Kitty 洗衣机样机制作完成后，3 月 9 日在家博会亮相，成为全场瞩目的焦点，现场访客驻足拍照留念，网友们也纷纷投票点赞。相关微博和话题浏览量累计超过 1500 万，各渠道收到 10000 条预约，在用户中实现了迅速引爆。

2016 年 4 月　产品开启预约、正式上市发售

2016.4.5—4.30 日 12 款 Hello Kitty 定制版产品进行预约，不到一周时间，预约人数就已达 7454 人。4 月 13 日洗衣机三款产品上市：Hello Kitty 定制版的迷你二代、青年机波轮、青年机滚筒，除了 hello kitty 形象外观定制外，加入使用功能和洗涤程序定制，用户可根据使用标签如家庭成员组成、衣物穿着等方面智能匹配洗涤程序；用户还能根据自身需求，自主下载运动洗、丝袜洗、毛绒玩具洗等多种洗涤程序。并吸引到了苏宁这样的大渠道进行同步首发。

2016 年 4 月　更多 Hello Kitty 定制家电陆续上市

应粉丝们的热情呼声，海尔定制平台在定制版洗衣机后，陆续推出

了其他品类的 Hello kitty 定制款。2016 年 5 月底 海尔 Hello Kitty 定制空调与京东共同宣布首发上市。这款定制空调是海尔众创汇定制平台与用户交互孵化出来的产品，为 Hello Kitty 全球粉丝的需求而设计，除了结合 Hello Kitty 粉萌甜美的外观，在功能上也结合粉丝需求重点突出自清洁。2016 年 5 月初 Hello Kitty 定制版冰箱上市。连主持人吴昕也被 Hello Kitty 系列产品撩动了少女心，在微博上表达对它们的喜爱。网友纷纷转发互动点赞，一度成为网络热点。2016 年 6 月中，Hello Kitty 定制版厨净宝 & 空气炸锅上市。2016 年 6 月末，Hello Kitty 定制版热水器上市。2016 年 7 月初，Hello Kitty 定制版嫩烤箱上市。消费者并非像传统烤箱生产商想象的那样，不注重产品的外观，相反，如果产品具有极强的个性和反差性，哪怕是颜色上的差异，都会让消费者的选择产生变化，并使用户幸福感倍增。2016 年 9 月，hello kitty 版定制扫地机器人的设计方案也在火热投票中。

建立用户多层次交互生态圈

用户交互生态圈旨在由原来的先有产品再找用户到现在的先有用户再有产品，让企业和利益攸关方与用户零距离交互，了解用户的真实需求。海尔为用户搭建了三个层次的交流互动平台：第一，海尔与渠道商共同建立的线上销售平台；第二，与模块商携手打造的资源与定制平台；第三，海尔汇聚全球灵感的创意互动平台。从最初的 Idea，到创意的产品化乃至最后的商品化，每一个环节，努力做到倾听用户的心声。

以海尔的天铂空调为例，实际上是用户参与交互设计出来的，网上有一位叫 DK 先生的用户，提出了一个创意，想要一台类似首都鸟巢体育场外形的空调，把这个创意发布在网上海尔设计平台上。海尔通过虚拟设计的手段，做成数字化的样机放在平台上，由更多的用户去交互，同时也吸引了许多一流资源一起来设计方案，最终形成了天铂一代，在网上预售以后吸引了很多用户下单，下单后全过程也可以实现透明的可视，到用户家里面，通过网器大数据又可以实现一个持续的迭代。海尔天樽空调的设计也是源起于 673372 名网友和海尔研发平台的交互。通过收集网友对传统空调抱怨的痛点，如风太冷、容易得空调病等问题研发出了能够根据外界环境变化自动调节运行状态的产品。海尔双桶免清洗洗衣机，也是一位新手妈妈设计师切身体会到用两台洗衣机清洗大人与宝宝衣物的麻烦与痛苦，设计出拥有两个内桶的洗衣机。无论从大人衣服、小孩衣服的分洗，还是内衣、外衣的分洗，不同颜色衣服的分洗，均可同时进行，从而让用户获得更便捷、更干净、更健康的洗衣体验。

建立多种产品研发模式

海尔面向研发技术需求交互、产品设计实现、与模块商协同开发交互的不同阶段需求而搭建了多种研发模式，包括：开放创新平台（HOPE）、迭代研发平台（HID）、协同开发平台（依托模块采购平台）。

（1）开放创新平台。

2013年9月开放创新平台（HOPE）测试版上线，2014年1月正式版上线，2015年5月资源圈建设启动，旨在打造创新生态系统和全流程创新交互社区，通过整合全球资源、智慧及优秀创意，与全球研发机构和个人合作，为平台用户提供前沿科技资讯以及创新解决方案。最终实现各相关方的利益最大化，并使平台上所有资源提供方及技术需求方互利共享。HOPE让用户、创客、风投、技术拥有者或是供应商、制造商的需求可以在第一时间发布，并通过大数据进行精准分析与匹配，最终实现多方需求的一站式解决。HOPE平台为企业等技术需求方提供解决方案，为用户提供痛点解决与参与产品研发的机会，为设计师提供接触全球领先技术信息的机会，让设计方案找到买家。各方基于不同的市场目标结成利益共同体，优化组合成创新团队，风险共担，超利共享。创新技术、产品面世后，平台还会持续与用户交流反馈，使创新团队得到最新的创新大数据支持，以实现产品的迅速升级。

（2）HID迭代研发平台。

2015年9月承接集团战略，从原来瀑布式研发颠覆为迭代式研发。

产品全生命周期管理由瀑布式变为为 HID 迭代式，降低项目风险，在项目研发的全过程与用户直接交互获取用户最新的反馈，持续测试与功能集成满足用户。通过开放创新、同期工程、流程优化以及虚拟仿真等新工具的应用，产品开发周期效率得到明显提升。2016 年开始 HID 迭代式研发系统流程落地研究。基于迭代式研发的理论基础，根据具体的项目开发管理要求和产品变现流程进行适当的配置，使其成为个性化的组织级项目协同管理平台，覆盖了组织的战略层、运营层和协作层三个层面。一方面，通过自上而下的业务战略规划，使项目目标与组织的业务目标保持一致；另一方面，通过自下而上的自动化数据收集，管理者能够基于实时客观的数据进行分析和决策。

（3）协同开发平台。

协同开发平台是基于用户需求与全球一流设计资源、一流模块商资源协同设计的信息化平台，该平台提供开放、高效的在线协同研发功能，输出行业引领的设计方案。该平台有内嵌式（Immersed）、同步式（Synchronized）及异步式（Asynchronous）三种协同设计方式，适用于模块、系统、整机等多个协同设计场景。2015 年 3 月开始协同开发需求调研，2015 年 9 月系统上线，协同开发平台通过开放创新平台（Hope）和模块商资源网（海达源 HDY）将设计资源及供应商资源与研发并联起来。通过协同平台，支持项目协同、设计协同、管理协同，实现基于价值链的协同设计研发生态圈。

案例 3：干湿分离技术的发明（干湿分储冰箱）

2013 年 6 月份，上班族赵娜娜（化名）在其微博上抱怨：现在市面上的冰箱在果蔬保鲜方面很难达到理想的效果，并且询问海尔超前家电中心的孙工程师是否有解决办法。海尔冰箱研发部门开始对怎样让果蔬保鲜的效果更好进行研究，并且经过技术评估后决定进行高湿保鲜模块的研发。2013 年 8 月，海尔冰箱研发部门在海尔开放创新平台上发布了可以"让菠菜保鲜 7 天"的技术需求。在收到需求后，海尔开放创新平台首先使用标签自动匹配和大数据技术，检测平台上有没有符合该技术需求的方案。平台快速匹配到了五家做相关技术研发的资源方，进行分析后选取了三家，将其反馈给冰箱研发部门。2013年9月，对于这三家资源方，海尔开放创新平台组织了一次洽谈会＆技术评估会，邀请了五位专家以及冰箱研发部门的同事们，通过技术评估确定接下来可以合作的资源方。技术评估是海尔开放创新平台线下服务的重要环节，针对每一个技术项目都会组织专家团队进行评估，以确保能够选取最适宜的方案。2013年11月份，A研究院、B集团、C公司等和冰箱研发部门达成了合作协议。其中A研究院进行高湿保鲜的技术研发，B集团作为核心模块的供应商，C公司负责成品的全面检测。2014年上半年，海尔开放创新平台安排线下服务团队跟进高湿保鲜技术的研发，并且进行中期的研发评估和审核。2014年10月，可以"让菠菜保鲜七天"的干湿分离技术成功发布。这项技术突破了目前行业食物保鲜的最高水平，并且申请了国家专利。这项技术除了对于果蔬的高湿保鲜外，还研发了干物储藏的技术，可以储藏冬虫夏草、茶叶等贵重干物。

建立数字营销模式

2014年，海尔开始数字化营销模式的探索。数字营销模式基于CRM会员管理以及用户社群资源，通过大数据研究，将已有用户数据和第三方归集的用户数据进行梳理研究。同时，应用聚类分析，形成用户画像和标签管理的千人千面的精准营销，从而实现交易数据、客户数据、商品数据、用户行为数据透明化，用户行为、用户标签轨迹可视化。数字化营销离不开数据，包括用户数据、交互、机器、渠道、地域、企业、攸关方和市场数据，基于这8类数据应用方式有4方面：①精确识别和洞察；②创新开发和改进；③高效推广和交付；④实时管理和提升。第一是做精准营销，第二做数据支持交易创新，第三和用户沟通，第四内部管理提效。在数据采集方面，核心是连接。海尔把每一个用户形成360度视角，具体来说有7个层级，包括地理位置、人口统计特征、兴趣爱好、使用偏好、品牌偏好度、购买和使用倾向等层级，143个维度，5236个节点，数据标签超过6亿个。数据挖掘的核心是预测。数据预测建立用户的数据细分，把海尔用户分成6大类，建立了两大类的应用模型：①用户活跃度模型，也就是用户在什么时间什么地点做了什么动作，根据不同的时间地点动作，判断他和海尔沟通的意愿有多强，用分数进行表示；②需求预测模型，首先以用户数据为核心，预测用户对某产品什么时候会重复购买。

用户无非分线下和线上场景，在线上进行上网浏览、电商购物、线上社交，线下有居家生活、门店购物、电话交流等。每个场景怎么精准抓到用户，并且根据他的需求进行沟通。线上精准营销，海尔SCRM平台对接DSP需求方平台，程序化精准采买，大规模精准营销。线下精准营销，基于SCRM1.2亿数据分析潜在用户进行精准营销。以上基于海尔营销宝APP来实现，第一个是社区热力图，用可视化的数据告诉每一个终端员工，你的目标区域在哪里，目标用户群在哪里。第二个是用户热力图，终端几万人，打开用户热力图，基于地理位置，把周边5千米范围之内可能要购买海尔家电的老用户数据显示出来。下一个就是小微播音台，分公司营销人员可以利用小微播音台，把所在区域老用户中，可能要购买海尔家电的人，一次性大规模地进行精准沟通。有了这些数据作为基础，用数据工具帮助营销人员工作，海尔的门店就可以进行数字化营销。海尔有7600多家县级专卖店，26000家乡镇专卖店，19万家村级联络站，本质上是海尔用户流量线下的顾客，是非常宝贵的用户。经过海尔营销宝这个入口，把线下的用户变成线上的流量，从而实现数字化精准营销。

2015年移动端微信版"顺逛"上线，其整合线下3万多家海尔专卖店的营销、服务、物流资源，旨在打造虚实融合的O2O战略布局，从而给用户带来最佳的全流程购物体验，为微店主搭建"0成本创业平台"，提供自主创业做CEO的良机。通过经营用户，沉淀粉丝社群，形成海尔品牌生态文化圈。2016年，电商圈迎来了史上规模最大的618狂欢节。顺逛在O2O领域横空胜出，6月16日—6月18日期间的用户转化率超过了10%。6月份销售额达到1.45亿。目前顺逛微店主已有

20多万人。与此同时，全国具备完善库存、服务能力的海尔专卖店旗舰店中，有多达1400家接入O2O微店，展现出了顺逛平台的强大吸引力和生态优势。

搭建模块采购生态圈

基于互联网+的模块商协同系统，针对模块商资源与用户零距离交互的需求，海尔从2014年开始搭建全球家电行业供应商资源服务平台和聚合平台——海达源。由原来企业与供应商只是采购关系转变为生态圈，供应商进入平台创造用户资源，创造订单。随后，供应商就可以设计、模块化供货，否则就没有订单。采购的改变主要包括：①由零件商转变为模块商，由按图纸提供零件转变为交互用户，提供模块化方案；②采购组织由隔热墙转变为开放平台，由封闭的零件采购转型为开放的模块商并联交互体验的平台，由内部评价转变为用户评价；③双方的关系由博弈转变为共赢，由单纯的买卖关系转变为共同面对用户共创共赢的生态圈。

海达源平台面向全球模块商资源开放，具有自注册、自抢单、自交互、自交易、自交付、自优化功能，实现资源线上线下的与用户交互的融合。在运营形式上，模块采购平台采用分布发布架构，用户需求面向全球模块商资源公开发布，系统自动精准匹配推送。同时，系统设立资源方案超市，模块商方案自主发布，定向推送，由用户直接选择最优最合理的解决方案。此外，模块采购平台还建立公平交易的机制，用户在线评价，结果公开透明，策略自动执行，动态优化资源。

案例4：滚筒洗衣机动力模块采购

斐雪派克在海达源上响应用户需求，提供的全球首创直流直驱电机方案满足了用户安静洗的舒适体验。同时参与海尔的智能制造，在青岛建成了一条高度自动化的新一代智能电机制造工厂，工厂使用了斐雪派克自主开发的Cosmo系统，自动接收用户信息，并将信息转到供应链系统，自动调整产线参数，实现100%检查产品，保证产品品质，系统与用户共享生产信息，保证全流程的可视化智能化。

案例 5：空调压缩机模块方案

三菱电机在海达源上参与海尔急速冷暖房空调抢单，其参与设计的新一代变频高效倍速压缩机，大大提升了用户的舒适度体验，实现压缩机能效提升 10%，成本及噪声大幅降低。凭借三菱与海尔联合建立的研发实验室，模块方案快速落地。

案例 6：BLDC 超静音送风模块方案

日本电产在海达源方案超市发布了空调送风系统新的解决方案，该方案实现了达到 18DB 的超低静音，采用的回路抗烧损技术使耐压水平提升 20%，提升了产品品质。该方案被用户直接选用为帝樽三代送风模块方案，享有独家供货资格。海尔由博弈关系转变为共创共赢的利益共同体，由采购零件转变为交互模块化引领方案，由内部评价转变为用户评价的开放平台序幕。海达源吸引众多一流的供应商资源，围绕用户需求大力创新的实践，在行业内起了很好的示范作用。

建立智慧供应链

海尔从 2016 年开始构建面向未来的系统平台，各个模块可进行扩展及动态优化，总体包括分布订单中心、库存共享平台、云仓网络等。各模块之间与企业其他模块是互联互通，并可以交互。同时构建大数据可视平台实现下单前台对用户的可视体验。供应链系统平台包含 3 个主要部分：①基于 DDVN 网络进行总体设计，需求管理、数据模型及系统构建等，并运用多级可视工具进行规划；②运用项目管理软件对各模块项目进行协同合作，包括细项的任务表、流程变革的进度表、项目预算表等；③协同平台进行模拟测试，动态优化。智慧供应链体系由以往聚焦企业内部的分散部门的效率提升转变为由用户驱动的跨多部门和跨多企业的互联互通协作平台；传统被动反应的"烟筒式"执行的响应模式转变为可视化和智能化的集成，从而支持价值网络生态中灵活权衡决策。

建立智慧物流生态圈

智慧物流生态圈以客户及用户需求为中心，融合营销网、物流网、服务网、信息网等建设智慧物流信息协同管理平台，打通与供应链上下游资源生态和货源生态资源连接关系，构建智能多级云仓方案、干线集配方案、区域可视化配送方案和最后一千米送装方案等用户需求解决方案，实现物流从订单下达到订单闭环的全程可视化、以用户评价驱动全流程自优化，提升产品"直发"给用户的能力。通过将传统的"送安分离和集中评价"模式颠覆为"用户可全程直接评价的送装同步"，推动资源生态和货源生态共赢增值。

智慧物流平台基础是海尔集团的营销网、物流网、服务网和信息网，其营销网包括3万多家专卖店，服务网包括6000多家服务网点，物流网包括100个地库。此外，平台上有9万辆车、2000多家品牌客户；整个仓储面积500万平方米，其中200多万平方米是自建；每年配送的B2C用户6600万单，日配送能力最高可达90万单，连续7天作业能力是50万单，平时常备是28万单。

从2015年7月开始，海尔日日顺物流以用户的全流程最佳体验为核心，用户付薪机制驱动，日日顺物流建立起开放的互联互通的物流资源生态圈，快速吸引物流地产商、仓储管理合作商、设备商、运输商、区域配送商、加盟车主、最后一千米服务商，保险公司等一流的物流资源自进入，实现平台与物流资源方的共创共赢。日日顺物流的智能园仓主要基于海尔订单的大数据以及与菜鸟合作的大数据，以少量的仓、合理的库存来实现全网的覆盖、按需送达，从而降低配送成本和库存成本。可以根据大数据来预测市场，然后把货放在离用户最近的地方，从而缩短配送周期。2015年"双十一"期间，日日顺物流通过数据预测，提前把货备好，解决了七八十万单的配送问题。日日顺物流园仓网络目前建设有10个前置仓、31个2DC、100个TC，覆盖全国2915个区县，整个仓储管理通过智能化仓库管理系统，完成管理、盘点、系统、智能入库和分拣。日日顺物流最大的优势在三、四级市场，以3万个海尔专卖店订单为基础，同时匹配同类型大件订单，这样既解决了集配时间长、送达慢的问题，又解决了大件行业的中转多次、中转混装导致的破损。

建立智慧服务生态圈

智慧服务生态圈创建了新的家电服务业态，解决用户对家电及时维修的需求，通过社会化外包、信息化取代等实现订单信息化、仓储智能化，对用户提供维修服务解决方案。以电子保修卡为载体颠覆传统的服务模式，搭建智能互联服务模式，电子保修卡于 2014 年 5 月上线，用户购买产品后通过该平台一键录入家电信息，建立专属家电档案并上传，完全替代传统纸质保修卡，信息永不丢失。

2015 年 3 月搭建智能互联服务生态圈。在云数据的支持下，平台还可实现与智能家电的实时连接，实现家电故障自诊断、自反馈海尔云，服务兵主动抢单，主动联系用户上门服务，整个服务流程可视，用户在线全流程自主评价，颠覆传统的用户报修服务流程、电话中心接听、督办和回访流程。2016 年 4 月"人人服务 人人创业"模式发布。2016 年 9 月 30 日，"人人服务 人人创业"海尔家电管家服务模式发布暨服务兵创业平台启动大会在青岛举行。用户可以借助海尔服务创业号对服务兵的服务质量进行在线评价，而这将直接决定海尔 10 万服务兵的收入和职业发展之路。发布会还对海尔服务兵创业平台进行了升级，进一步打破了仅上门服务的传统家电服务模式。服务兵在为用户提供包括以旧换新、室内空气改造等一对一的全流程家电金牌管家服务的同时，也能获得更多的兼职创收途径。此外，包括退伍军人、老技工等更广的人群也将得到相关的创业和技能培训机会。这同样是海尔服务继发布"人人服务、人人创业"服务模式后的又一次自我升级。

4. 研发具有自主知识产权的互联网架构软件生态圈 COSMO

为了支持海尔互联工厂模式持续深入探索，固化互联工厂模式，在技术、模式和创新方面实现全方位的突破，海尔集团成立中国家电行业第一家工业智能研究院。智研院汇集全球一流人才资源，在攻克智能制造关键共性技术的基础上，向外输出智能制造的核心标准和模式。智研院基于互联工厂探索实践，2016 年 3 月发布了核心产品：具备自主知识产权、支持大规模定制的首创互联网架构软件平台 COSMO。COSMO

平台解决了用户和互联工厂资源零距离交互、参与定制全流程的问题，平台对服务提供者、开发者实现价值回馈，从而构建共创共赢的生态架构。COSMO 平台是基于云架构部署的，比传统软件实施可大幅降低成本，可创造全流程价值，提升企业盈利能力。

5. 搭建创业孵化平台，有效推动共创共赢生态圈建设

海尔围绕"企业平台化、员工创客化、用户个性化"战略，对内打造投资驱动创业平台，对外构筑并联的开放生态圈体系，推动企业转型成为一个投资孵化平台。

深入推进组织与流程变革

在组织与流程层面，打造人单合一 2.0 版，将企业从原来的封闭型组织转变成开放的生态圈，研发、制造、销售等流程由"串联"变为"并联"，将自主经营体升级为平台主、小微主、创客等三类小微组织，鼓励员工组建小微公司进行创业。小微公司独立运营，自负盈亏，享有决策权、用人权、分配权，充分发挥自主性，打造"制造创客价值平台"。

探索建立创业加速平台

为了让创业者更好地创业并提高创业的成功概率，2014 年海尔探索开启了创业加速平台。这个平台包括：创客学院、创客工厂、创客服务、创客金融、创客基地五个子平台。其中创客学院是一个专业的创业辅导和培训平台，为创客提供高端的专业创业辅导，提升创客能力；创客工厂是一个产业链整合平台，该平台为创客提供供应链匹配和生产实验服务；创客服务平台采用海尔先进的管理制度和工作理念，专门为创客提供一条龙、专业化的服务。创客投融资平台能够解决创客投资融资难问题。五个平台一体化运营，为小微创新企业成长和个人创业提供低成本、便利化、全要素的开放式综合创业服务。

鼓励多种创业方式

海尔创业加速平台为海尔员工、个人、小微企业以及用户等提供了六种创业方式。一是企业员工在海尔平台创业。海尔员工自己提出创业

项目，海尔提供天使基金。创业后海尔占大股，如果发展好的话，和海尔事业方向吻合的话，海尔会回购。如果不是十分吻合，可以卖出去。

二是消费者在海尔平台创业。消费者可以自己定制海尔产品，如果创意很好，可以在海尔平台发布；用户选择量大的话，在销售过程中，该消费者可以参与分成。日日顺大盈家是基于海尔集团旗下日日顺商城的微店服务平台，它无边界，无门槛，可面向社会招募微店主，并且所有微店都可以获得日日顺的官方认证。

三是内部员工脱离企业在海尔平台创业。如果员工觉得海尔企业太大了，创业不够灵活，想脱离海尔，海尔会支持。2001 年海尔家居成立后，因为商业模式传统、行业无领导、问题投诉不断，导致业绩和人员反复变动。2014 年 7 月想要做互联网装修的 3 个 90 后员工脱离了海尔开始创业，以 200 万元注册了互联网装修公司有住网，打算用新的商业模式改变家居行业，用标准化把作坊式的家装变成流程式的工业生产，去掉中间层，不靠中间差价盈利，靠平台服务盈利。2015 年 6 月，该公司引进了 A 轮投资 1 亿元，估值达到 5 亿元，目前有住网在用户口碑、城市覆盖、销量、用户满意度等综合排名第一。他们的目标是2016 年启动上市，实现百亿平台，做互联网装修的引领者。

四是合作伙伴在海尔平台创业。上下游企业在海尔平台上创业，共享价值。海尔日日顺乐家快递柜一开始就是为了解决每个社区每天的大规模快递量给用户和快递员造成的问题，在每个小区放了一个"日日顺乐家快递柜"。快递员送来之后，用户凭发送到手机上的密码可以直接打开取走，这是在"最后一百米"与用户交互的平台。自 2015 年 2 月15 日上线以来，一年的时间，日日顺乐家在全国 91 个城市完成了 1 万多个社区智能柜和社区驿站的布局，覆盖用户 1800 万，日均活跃用户40 万。通过共赢增值模式，吸引广告商 100 多个，农产品供应商 1100多个，并和多个便民服务商和金融公司建立了合作关系。初步形成了社区便民服务、农产品直供与定制等增值服务业务。用海尔优质服务的基因改造现有社区服务的水平。通过"人 + 柜 + 服务"的差异化模式，建立一个以诚信为基础，以社区居民社群为基本单元，能够满足这些社区居民基本需求，同时让利益攸关方在这个平台上面自主创业，而且能够共创共赢的一个生态体系。例如农产品直供，从源产地到用户家，没有中间层，农户可以在平台上创业，用户可以用合理的价格买到高品质、源产地的农产品，从而实现共赢。一个农户"双十一"两天就售出了7吨苹果；五常大米一经推出就被抢购一空，但为了保证与用户的诚信，果断拒绝用其他大米补货。

五是社会资源在海尔平台创业。通过定制化产品组合打通它的上下游，匹配服务型平台，做整条产业链不同点、不同方式，撬动整个行业升级，抓增量需求。海尔产业金融致力于构建农业产业生态圈，提供的不是单一的资金，而是从整个产业生态角度提供金融工具。海尔是国内第一个提出产业金融概念的。食品农业小微2014年成立，5个创业者从管理咨询公司来到海尔的创业平台，创业者从帮助蛋鸡品牌商整合全产业链开始。通过产业金融支持，将供应端（种鸡农、饲料企业、设备商）、生产端（蛋农）、销售端（蛋品销售平台）、研发中心（蛋品研究中心）整合到一起，从培育健康的仔鸡开始，到安全养殖、稳定销售等，形成了一个完整的闭环，在强健产业链的同时，能够为消费者提供安全健康的鸡蛋。同时，产业链上的各方资源都找到了创业成长的平台。

六是全球资源在海尔平台创业。通过建立现代共享经济时代，搭建共享平台，海尔将社会资源的活力激发出来了。就像海尔的口号："世界是我们的研发部""世界是我们的人力资源库"。斐雪派克在海尔平台上与用户小微对赌共赢。用户小微承诺交互用户和订单量，斐雪派克承诺差异化迭代和成本，双方共同以用户为中心，推进互联工厂，通过虚拟设计、实体制造，实现用户定制无缝化、透明化和可视化。如洗衣机互联工厂智能生产线，满足用户价值（轻、稳、静音、节水、互联视窗），同时实现企业价值（用人从45减到0；效率增长30倍，节拍提高2倍，质量提高9倍，可以实现远程诊断），真正实现了用户与产品的互联，满足用户各种生活场景的最佳体验，整合用户的个性化需求，实现大规模制造到大规模定制。

（三）实现用户全流程体验的互联工厂共创共赢生态圈建设成效

1. 成功完成多个互联工厂建设和运营，竞争优势初步明显

海尔互联工厂建设取得了初步成效，目前已建成沈阳冰箱、郑州空调、佛山洗衣机、青岛热水器、胶州空调等七个智能互联工厂，累计完成了 5 大产业线 28 个工厂 800 多个工序的智能化改造。海尔通过搭建智能制造平台，并用网络手段使互联工厂"透明化"，让大规模制造向着个性化定制转型，将用户、创客、模块商等利益攸关方融合在一个平台上，实现用户参与产品的设计、生产，最终形成"产消合一"的消费链条，企业整体效率大幅提升，产品开发周期缩短 20% 以上，交货周期由 21 天缩短到 7～15 天，能源利用率提升 5%。海尔已连续 14 年蝉联"中国市场最有价值品牌"第一名，连续七年成为"全球大型家用电器第一品牌"，2015 年市场份额达到 9.8%，其中冰箱、洗衣机、冷柜、酒柜连续蝉联第一。2016 年 1 月 15 日，海尔全球化进程又开启了历史性的一页——海尔与美国通用电气签署战略合作备忘录，整合通用电气家电业务，不仅树立了中美大企业合作的新典范，而且形成大企业之间超越价格交易的新联盟模式。目前，海尔在全球布局六大品牌：海尔，卡萨帝，日日顺，AQUA，斐雪派克，统帅，从不同领域持续满足用户的最佳体验。

2. 引领了行业发展，得到社会各界高度肯定

2015 年 4 月，海尔集团首批通过国家两化融合管理体系的贯标；6 月，海尔互联工厂项目首批入选 2015 年工信部智能制造标准专项项目；7 月海尔互联工厂被确定为国家工信部 2015 年智能制造试点综合示范项目，是白色家电领域唯一。2016 年 7 月海尔互联工厂模式入选国家发改委"互联网 + 百佳案例"，2016 年海尔互联工厂入选工信部中德智能制造示范项目；2016 年 7 月海尔互联工厂模式作为行业唯一写入国

家制造强国战略咨询委员会内参《制造强国研究》报告。海尔互联工厂探索也得到了国外权威机构的认可，海尔作为中国唯一企业参加"IEC全球研讨会"发布互联工厂模式，并纳入IEC（国际电工委员会）《未来工厂白皮书》。海尔智能制造模式的探索和实践得到了全球知名制造研究机构和实践领域的高度评价。全球知名研究机构德国弗劳恩霍夫研究院对海尔智能制造模式创新方向表示认可，认为海尔智能制造的实践是工业4.0的有益探索，并具有领先水平。

三、三店合一生态圈化

（一）实施背景

1. 互联网时代下，顺应家电行业多渠道模式发展的需要

家电行业属于中国改革开放后发展最早的行业之一，也是最开放的行业之一，不管从产品的发展和渠道的发展都竞争非常激烈，而家电渠道是连接家电制造厂商和众多消费者之间的承接载体，中国的家电销售渠道是国内消费者市场每一轮渠道演变的冲锋者。家电企业的销售渠道体系建设，都跟随时代的发展不断地进行调整，不同规模的厂家、不同市场地位的品牌其渠道的长短、宽窄和紧密度都各有不同。

传统时代下的家电渠道类型分为以下四类：第一类是家电大连锁，如国美、苏宁、五星等，是指卖家电类产品所有品牌的大卖场渠道模式。第二类是百货商场，如成都百货大楼、青岛利群商场、北京西单商场等，综合性质的百货商场，家电属于其中卖场销售的一部分商品。第三类是超市渠道，如家乐福、大润发等超市性质，也有部分家电产品的销售。第四类是制造商自建渠道，制造商依赖自己的品牌优势和产品丰富多样性建立自己受控的渠道体系，如海尔的专卖店渠道等。

随着互联网的发展，网购已经成为消费者购物的另外一种渠道，而且以极快的速度扩展，网上购物渠道的蓬勃发展，以及网上购物平台的无地域性限制，打破了传统的线下渠道的地域受限的模式，家电厂商虽然从产品功能上等进行了区分，但仍然避免不了线上渠道对线下客户的价格冲击，如何利用以互联网为载体，让线下渠道、线上电商渠道以及微商渠道结合起来，更好地服务好用户，这是海尔研究的课题。

2. 海尔三店合一的模式，顺应了零售时代的发展趋势

过去的零售时代经过了 3 个阶段的演化：1.0 时代、2.0 时代、2.5 时代，分别对应了零售的三种购买方式：线下店、线上店、微店。

零售 1.0 时代：地产零售模式，以商店为中心，以一个点的覆盖半径，其价值是实现了一个商圈内人与商店的链接。搭建了商品与用户最初的交易平台，商品种类丰富，实现了人们便捷的一站式购物。对于供应商来说，与零售商的合作，拓宽了销售渠道，有了稳定的销售渠道，品牌可以直接接触和影响用户，为品牌的形成起到了助推的作用。

随着社会的发展，人们的购物需求发生了变化和升级，对用户来说，原有的零售业态，使购物受到了时间和空间的限制，同时购买的产品种类相对受限；对于供应商来说，零售商越来越强势，费用逐年不断上涨，导致供应商的成本越来越高，投资回报率逐年下降。另外，整个终端用户的数据都掌握在零售商手里，对于供应商的市场判断和用户洞察都带来了困难。

随着互联网时代的到来，这种模式呈下滑的状态，老客户持续流失，自然流量被网络流量分流。

零售 2.0 时代：搜索零售时代，随着互联网的发展，出现了电商，实现了人与产品的直接链接。突破了购物的时间、空间、种类的限制，缩短了渠道长度，让产品可以直接面对用户的概率极大提高，用户有了更多种类的选择，更低价格的选择。对供应商来说，多了一个分销渠道，为覆盖更广的市场提供了可能性，去掉了传统渠道的中间层级，降低了交易成本，提升了效率，为快速树立企业品牌提供了机会。

随着电商的发展，原来传统渠道的痛点开始在电商出现，并且出现了新的痛点。对于用户来说，网络上太多的商品，反而提高了用户购买的成本。同时，由于网络的快速发展，监管制度相对滞后，导致网络上

劣质商品泛滥，降低了用户对品牌与产品的信任度。同时，随着电商的发展，引流成本越来越高，导致厂家的销售成本逐节攀升。

因此，随着电商的发展，用户、厂商和市场环境对于电商提出了新的需求和挑战。

零售 2.5 时代：社群零售阶段，随着移动互联网的发展，出现了社群，带动了微商的发展，实现了人与人之间的链接。零售 3.0 时代，以社群为依托，突破了 2.0 时代用户对于信任的痛点。对于厂商来说，人即网络，人即渠道，全员营销，可以打造社群经济，经营粉丝，掌控用户数据。

这种模式下，对于厂商带来的痛点就是，如何平衡好与原本就存在的线下店与线上店之间的关系，如何做到对于用户无差别的体验，以及如何激活社群。因此海尔推出了零售 3.0 时代的三店合一模式，即解决了传统电商的信任问题，同时又将传统的线下店、线上店和微店融合在一起，以用户最佳体验为中心的平台模式。

3. 用户的消费需求变化，驱动海尔的营销体系不断适应用户的变化

用户是一切商业的核心，一切营销的核心，用户的变化会驱动营销体系随之发生变化，去抓住用户新的需求。

目前，随着社会的发展，用户的消费主体逐渐从 60 后、70 后、80 后向 85 后、90 后和 00 后转变。不同的群体所处社会和经济环境的不同，其产生的消费需求也不一样。比如 60 后—80 后的用户，他们是生活在物质匮乏的年代，物质需求是其最大的需求，习惯性存款，对价格非常敏感。而 85 后到 90 后的用户，这代人大多数都是独生子女，物质生活相对比较丰富，而精神需求是他们的最大需求，寻求接纳、信任与个人价值主张。因此不同时代的人，他们的需求不同，营销方式和产品也要发生相应的改变，才能够持续不断地满足用户的需求。

4. 海尔实体店电商微店资源是三店合一模式发展的基础

二十多年的沉淀积累了 3 万家实体店的资源

海尔集团从 1996 年开始，在全国建立了第一批 12 家专卖店的试点

工作，到 1999 年发展到 600 多家海尔的专卖店，并从 2000 年开始对全国的销售体系进行整合，对自建的专卖店体系也从建店发展为开始为专卖店提供卖场管理、直销员管理等服务。2006 年开始，对全国的专卖店进行了整合服务，从单一的卖场管理服务延伸到对县、镇、村的营销网、物流网和服务网整合的渠道综合服务体系，正是基于海尔在农村市场的渠道优势和物流、服务的优势，在家电下乡初期实现了高达 50% 的市场份额。随着互联网的发展，自 2013 年开始海尔搭建了对专卖店渠道的 B2B 服务平台——巨商汇，提高了对客户的服务效率，降低了渠道管理的成本，推进了与工厂供应链的订单对接体系，并建立了供应链金融的服务模式，对客户提供了融资服务等。

电商平台是用户最佳体验的资源平台

海尔商城成立于 2000 年 3 月，是一个专注于最佳用户体验的家电价值交互平台。海尔商城是海尔集团在实施电子商务探索，由传统企业向互联网企业转型的典型代表。海尔商城将海尔集团前端的产品研发、生产资源和后端的物流配送资源、服务资源结合到一起，为用户提供差异化的产品和服务。海尔商城的竞争力主要表现在：送装竞争力、产品竞争力、营销竞争力。送装竞争力——打造"24 小时按约送达，送装一体"最佳体验，虚实融合的物流网、服务网的网络能力覆盖全国 2558 个区县，同时在保持 1500 个区县实现 24 小时限时达能力基础上，持续升级，目前已实现全国 1900 区县并支持货到付款服务。产品竞争力——聚焦 C2B 差异化定制模式。打破传统商业模式，利用海尔研发企划资源、生产资源，通过与用户深度交互获取用户需求，与研发企划团队一起为用户开发定制产品。营销竞争力——专注个性化营销。改变营销策略，从聚焦外部广告获取流量转变为聚焦用户自身的体验，升级自身会员体系，借助移动社交媒体等新工具的创新利用，实现营销上的突破创新。

家电行业最大的顺逛微店社群平台资源

顺逛是海尔集团旗下官方微店平台，在目前家电以及相关服务领域已经发展成为中国最大的大家电微商平台，份额占比超过了70%。顺逛于2015年9月1号正式上线，在2016年的6月份顺逛已经聚集了20万的微店主，月交易额突破1亿元，用户社群超过1000个。2017年4月17日，顺逛自建的社区上线，目前拥有1206个社交大群，1.5万个社交小群，获得了1330万注册用户。

过去三类不同的渠道（线上店、线下店、微店）之间，并不是和谐存在的，时有为抢夺用户，造成内耗的情况发生。同时，三种零售业态给到用户的体验和服务是不一致的，对厂商来说，不利于与用户之间的持续交互。海尔在这方面一直不断探索，如何平衡好线上商城、微商、线下实体店之间的关系，如何做到用户无差别的体验、如何用更好的模式服务好用户，形成用户的信任和口碑，这是海尔一直探索解决的课题。

（二）三店合一的新零售体系建设的内涵和主要做法

1. 海尔三店合一体系的发展历程

海尔对营销体系的发展，分为三个阶段，每个阶段内对用户、对客户都有不同的模式，驱动了三店合一模式的形成。

第一阶段，传统的营销时代，和其他所有的家电企业一样，依赖自己的ERP系统管理自己的销售数据，没有和客户、用户的互动体系。对用户来说，依靠价格战、卖爆款特价机等来吸引用户的眼球。对客户，设计了不同的销售台阶，达到一定的台阶给予一定的奖励，这种模式也是一种压货的模式，客户只要提货就会拿到奖励。对于厂家来说，高商业库存、营销效率低，受制于价格战、爆款等，销售利润低。

第二阶段，互联网营销时代。海尔自2013年开始搭建互联网下服务客户的B2B平台，海尔巨商汇平台，颠覆了传统的分销模式，建立了扁平化的渠道体系，以平台的模式服务客户，和客户实时互动，从管理大数据到以平台模式管理到店，聚焦每个店的竞争力。在这个时代对用户来说，买海尔不是买特价机，而是买到满足未来十年生活需求的有品质的商品，保证了用户生活的品质，比如海尔推出了十公斤以上大容量的洗衣机、上下两个筒的双子滚筒洗衣机，同时满足大人、孩子衣服同时分开洗的需求。对客户来说，是盈利驱动，这个时代谁有盈利客户就主推谁，用户就选择谁，让客户在有利润保障的前提下更好地为用户提供服务，从而带动市场份额的提升。

在第二个阶段，初步建立了互联网时代的营销模式，市场效果已经初步显现，自 2016 年 7 月份以来连续呈 20% 以上的速度发展。那如何抓住移动互联网的机会，保持持续的竞争力，开拓行业服务客户服务用户的引领模式呢？正是这个目标，驱动海尔不断探索，进入社群模式的探索阶段。

第三个阶段社群模式，典型的特征就是以三店合一的模式共同做好对用户的服务，通过社群交互更好地服务用户。

2. 线下店、线上店、微店三店合一的模式

如图 3.8 所示，海尔基于实体店、电商和微店的三店合一体系，颠覆了传统的家电厂商要么依赖线下渠道、要么依赖线上渠道，两者融合起来很难的局面。海尔的三店合一体系，以用户的全流程最佳体验为核心，将顺逛微店、线上电商店以及线下的实体店融合在一起，实现随时随地消费的场景——用户在哪里，销售就在哪里。顺逛平台是社群交互的平台，搭建与经营一个个的社群，以产品的话题为传播点，在社群中交互、发酵、传播。线上店是流量的入口，社群的交互结果在线上店实现销售，并通过用户的评价驱动全流程的节点进行优化改善，提升用户的满意度和口碑。线下店是用户的体验中心，为用户提供产品的体验、设计的体验、营销现场的体验以及配送、安装等服务。基于线上店、线下店和顺逛平台的资源积累，海尔通过资源共享解决了传统电商与实体店互相抢用户资源、互相比价的矛盾点，建立了创新的 OSO 模式，O－offline，S－social network，O－online，即线上店、线下店和微店三店合一的社群平台模式。

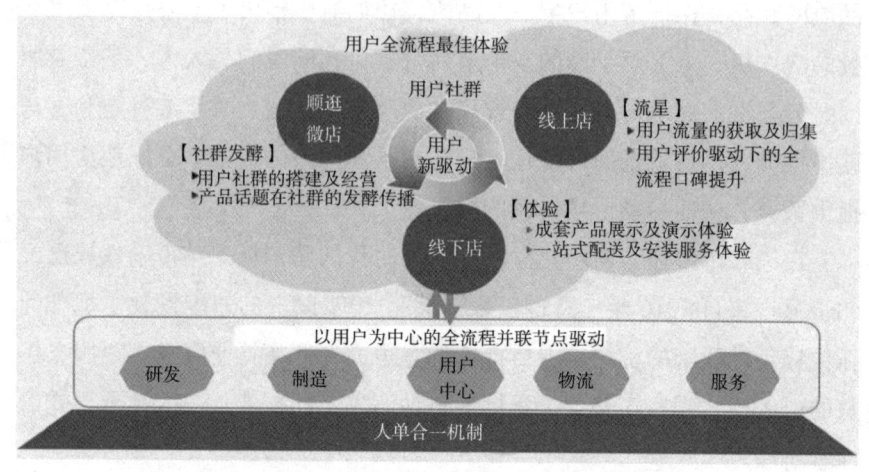

图 3.8 海尔以用户全流程最佳体验为核心的三点合一模式

3. 三店合一体系落地实施的主要做法

如图 3.9 所示，海尔三店合一模式的实施，是通过互联网用数字化体系对人、货、场进行了重构，实现了线上店与线下店的打通，实体空间与虚拟空间的融合。用数字化体系对人的交互、商品的数字化和场景的数字化进行了重构，实现了线上店、线下店、微店商品通（全网货架）、用户通（全场景用户数据获取）、服务通（服务的标准化）的体系。同时整合了海尔营销网、物流网、服务网和信息网四网融合的并联平台体系，后台逐渐通过打通用户端到互联工厂，建立起"前店后厂"的全生态供需闭环体系。

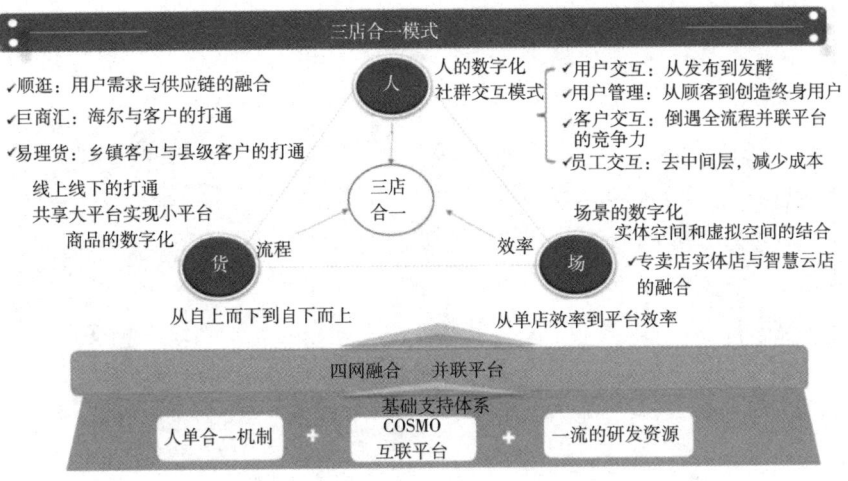

图 3.9 用数字化重构人、货、场

通过人的数字化重构，打通用户资源，实现全流程以用户为核心

数字化对人的重构体现在社群交互模式上，主要是三类人的交互，一是用户的交互，二是客户的交互，三是员工的交互。

（1）用户交互是数字化重构的核心。

如图 3.10，过去厂家往往不重视用户，用户管理是在经销商节点中，所以厂家做的是到客户的销售和批发，而缺乏用户的交互和管理。海尔一直坚持以用户为中心，用户说的永远是对的，所以对用户的交互、用户的管理和用户的服务方面也在不断地创新升级。尤其在移动互联网时代，持续不断地以顺逛为平台，做好用户的交互，用户交互的最终目的是获取用户的最终价值。在用户从消费前到消费后的角色转变过程中，驱动每个角色贡献不一样的价值。购物者：购买、动钱，贡献了销售和利润；消费者：交互、动脑，贡献了个人智慧；忠诚者：重复购买，动心，也许可以成为我们的微店主；传播者：朋友介绍，动口，提升品牌口碑。

用户的交互从用户参与话题交互开始，最终回归到为用户创造价值的全流程体系，如图 3.10 所示。

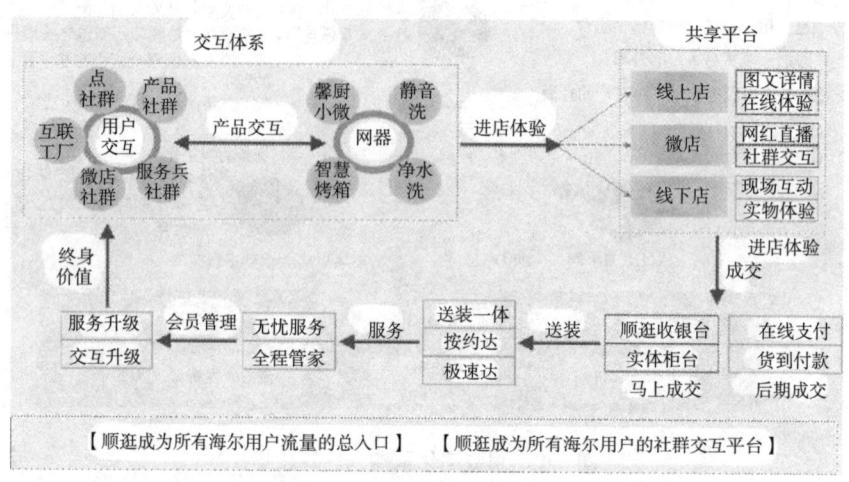

图 3.10　用户交互的全流程体系

①社群交互。

海尔围绕用户建立了很多社群，有专卖店社群，产品社群，服务兵社群，用户在社群之间交互，用户产生的关于产品的需求会传递到互联工厂，他们根据用户需求研发、生产产品，再将产品放到社群进行引爆，改变以往生产、研发的模式。

要想让这个社群持续活跃，让社群有价值，通过社群交互就一定有输出，让社群有沉淀，这样能够让社群更有黏性，顺逛社群的内容沉淀在自己的 APP 社区—微店主之家。通过与用户的深度交互，吸引用户参与创造产品，最终通过迭代打造出爆款产品。

②进店体验。

社群里的用户可以到三店合一的共享平台体验，线上店和微店是在线体验，主要是方式是图文、视频和直播；线下店是进店体验，主要方式是扫码、直销员接待。线下店是与用户交互的一个绝佳场景，与用户面对面的交流，是线下店独有的优势。

③成交。

用户下单成交分为两种情况，一种是马上成交，一种是后期成交。马上成交主要是收银台支付和在线支付两种方式，后期成交主要是货到付款。

④送装。

成交之后，服务中心会给用户一体化送装。送货从最初的送货无保障，到按约送达、限时送达，到超时免单，到主动超时免单。安装从送装分离，到送装一体。大部分的家电以及家电企业还都是送装分离，需要配送到货后，用户自己打电话预约安装，其间还有多次的电话沟通，对于用户来说，是一个不好的体验，于是海尔提出了送装一体，带来了用户绝佳的超值体验。

⑤服务。

用户安装产品之后，享受无忧售后服务。

⑥通过会员管理创造用户的终身价值。

海尔的三店合一平台，将线下线上和微店的用户打通，用户在任何一个入口都能够享受到同样的服务。

（2）客户交互的数字化，是实现线下店融入三店合一平台的必备条件。

客户的管理也是营销体系中的重要环节，传统时代层层分销的模式，之所以存在中间商，是因为能力不对称，资源不对称和信息不对称，导致最终端的零售商不能直接获取厂家的信息，同时也导致厂家往往被代理商的高库存、高差价补贴等所绑架。

在互联网时代，如何摒弃传统的层层分销模式，建立扁平化的渠道服务模式，并用更低的成本服务于客户，将客户的需求与厂家直接对接，这也一直是海尔研究的课题。因此自2013年开始搭建线上的平台，并建立在线与客户交互的团队，直接获取客户的需求，实现线上和线下双通道的客户服务模式，这样不仅客户的问题通过云交互平台直接倒逼并联平台节点，同时企业的信息可以同步直达终端客户。云交互平台上实施做法主要如下。

①产品信息展示。

在平台上直接展示海尔销售给经销商的产品，包括产品的图片，产品的具体规格参数、产品的卖点以及产品的详情说明页。

②交互的功能和市场信息收集。

通过在线即时交互工具，终端的零售商客户可以直接和海尔的业务人员直接沟通，通过交互，海尔可以直接获取到终端最新的市场动态以及终端零售商客户的需求。

③订单下单。

通过平台的模式，客户可以自己在系统上看到产品，根据自己的库存和用户的需求情况，直接在平台上下达订单。若工厂没有库存，也可以看到在途的订单、在产的订单，甚至可以下未来的订单，要求海尔排产，并在 1 个月内发货到位。目前通过平台服务模式，海尔有 49% 的订单都是来自客户下达的未来订单。

④建店申请。

过去客户要申请建立专卖店，首先是要找到海尔的业务员或者是分销商，通过业务员来给工贸公司和总部层层申请，若一个客户从申请建店到装修完成、正式开业，大概涉及的申请流程有 4 个系统，27 个节点，包括建户申请、建店门头装修申请、专柜申请、物流配送协议签订及备案等。现在通过平台的模式，客户可以便捷自主地申请建店，并且所有的流程节点在系统上可以直接查到。

⑤促销。

过去由分销商帮助重新包装促销活动的功能，由厂家直接提供营销活动方案、提供营销资源，反而由于减少了分销商这一中间环节，同时也节约了渠道成本，厂家将利润与终端零售商分享，拿出更多的资源来。通过平台服务的模式，促销的方案和新品的发布更即时、更快速。如 2016 年 6 月份海尔推出了一热水器产品，在 2 小时内，3 万台被客户抢空。

⑥在线培训。

过去依赖业务员对客户以及客户的直销员进行层层培训，知识层面大大衰减，现在通过平台可以直接实现在线视频培训、文档培训等，并且不受时间和地点的限制，随时随地学习。

⑦物流的及时性。

海尔在全国以市场为中心，布局了91个物流中心，承接全国到城市市场和县级市场的配送体系，以物流中心为半径，150千米半径范围内24小时配送到位，150千米半径以外48小时配送到位（新疆、西藏偏远地区除外）。

⑧融资。

为了能够充分为终端零售商提供服务，扩大资金需求，进而做大海尔的生意，自2014年4月份以来，海尔以平台为基线，为经销商、供应商打造线上融资平台。由银行基于客户在平台上的交易数据，为客户提供灵活快速、便捷的网络贷款服务，使得客户在家就可以获取贷款；同时贷款的利息计算按日结算，让客户需要多少就贷多少，需要几天就贷几天，解决了传统的必须固定期限贷款的问题。

⑨风险控制。

取消了由传统的通过分销商承担风险，而是利用互联网平台效率降低了渠道运营的成本和降低了渠道的风险。

（3）员工交互的数字化，是显示用户交互的成果，用系统驱动人工作。

员工交互平台，是海尔搭建的员工在线办公、在线即时沟通的平台，每个人都有自己的线上办公桌，将员工的行为线上化、信息获取碎片化，并能够随时随地地办公，提高了企业的工作效率，颠覆了传统的报表管理，单向、单点的命令管理模式，实现系统驱动下的员工自主管理模式。

目前员工交互平台具备两大能力，一是业绩显示的能力，这个是静态的数据报表显示的功能，包括销售收入、发货、零售、市场份额以及客户的经营数据等显示，每个员工随时都能够看到自己的业绩；二是工作的场景，这个是动态的工作使用场景，比如市场巡检遇到了问题，直接通过工作平台传递给相关的责任人处理，并有系统自动跟踪问题的解决进度。

（4）互联网下的用户管理体系的升级，是人的数字化的基础支持点。

在传统的模式中，企业很难得到用户信息，需要通过销售商、售后服务等环节获取，时间周期长，而且得到了用户信息也无法和用户进行交互和关怀。海尔整合了互联网的资源，对用户建立了全流程的即时交互体系，实现了消费者身份从进店的顾客到消费的用户，再到全流程交互的"终身用户"的升级。对于用户来说，每台产品有唯一的二维码，有问题，通过这个二维码都可以即时解决。比如即时查看电子说明书，在线报装保修、在线和客服沟通；同时通过这个二维码，可以一步关联产品获得积分，注册成为海尔的会员，就可以随时得到海尔的关怀，享受海尔的免费清洗、积分兑换礼品、会员特权等会员权益。而对企业来说，一次会员注册，用户大数据中心就会抓取用户信息，可以精准洞察用户需求，实现识别用户、识别家庭、识别产品3个识别，用户再次和海尔交互时，可以及时识别用户，从而盘活数据资产，激活用户资源，通过精准交互提升企业运营效率。对行业来说，海尔的用户管理体系颠覆了过去"顾客等于用户""体验等于产品""服务等于售后"的模式，建立起引领行业的互联网用户运营模式。

海尔互联网下的用户管理体系，是三店合一的基础支持体系，对实体店、线上店、顺逛微店三店实现了同一个底层的用户资源体系，共享海尔的用户资源，也是用户最佳体验实现的基础。

货的数字化重构，是线上线下打通的必要条件

对货的重构，表面上是商品的数字化，本质是以商品为载体，线上线下的打通，从自上而下发消息到自上而下反馈信息的流程，从以自己为中心，转型为以市场为中心，让每个客户和用户都能够在共享海尔三店合一的大平台中实现自身的小平台体系的发展，反过来又促进了大平台的发展，是对共享经济的践行。

（1）通过顺逛平台，实现单个用户需求与供应链的无缝对接融合。

过去用户的需求是很难获取上来的，厂家只能根据自己的调研，去企划产品，并开发出来推到市场上去，靠一层层的分销来验证。现在海尔通过顺逛的社群交互，知道每个用户的兴趣爱好，定制差异化的产品。海尔三店合一是要打造用户交互的社群平台，实现厂商与用户之间全流程参与的交互、全场景入口的交易、全方位服务的交付。围绕在用户身边的是各种社群，有店社群、产品社群、服务兵社群等，在社群中用户可以随时交互。可以将需求痛点反馈给研发、生产部门，可以共同参与体验活动，可以主动传播；各种线上、线下、网器平台都可以是交易入口，海尔开放合作可能性，而在支付、送装、售后做好全方位服务，这是海尔正在打造的社群平台。

（2）通过巨商汇平台，实现了海尔与客户线上线下的融合。

自 2013 年 3 月份开始，海尔对专卖店渠道的需求开始调研，开始搭建线上对客户渠道服务管理的平台。该平台的定位是对企业内的资源进行重新配置，通过商务电子化、智能化，把与经销商的沟通、商务行为从线下搬到了线上，并通过 EDI 的关系与企业的 ERP 对接，减少沟通的成本、缩短服务的流程，实现全流程电子化。目前平均每天有 1.7 万个客户通过巨商汇平台在线下单，每月的 PV 量达到了 2000 万次，提升了客户与海尔的交易频次，平均每个客户每月和海尔做生意的频次达到了 18 次。

（3）通过易理货平台，实现了县级客户与乡镇客户线上线下打通。

过去海尔对乡镇客户的管理往往是鞭长莫及，自身的人员不足、服务能力不足，难以管理到乡镇客户。现在通过易理货平台，为每个县级的客户建立了自己的小分销平台，帮助县级客户抓住移动互联网的机会，以移动互联网的方式更好地服务到乡镇客户，让每个乡镇客户很容易地获取到最新的商品信息、最新的市场价格、实时的县级客户库存，以便以更好的产品、更及时地满足当地化用户的需求，提高了效率，同时也解决了乡镇客户数量不稳定、质量不稳定的难题。

场景的数字化，是三店合一渗透到用户的重要体系

数字化体系对场的重构，本质上要解决建店成本高、营销不精准的问题，通过实体店与虚拟店的融合，以低成本建立获取用户需求的各个网络毛细血管，实现用户在哪里消费就在哪里的场景。海尔三店合一的体系，打破了传统的开店模式，通过实体店与智慧云店和顺逛的融合，实现无处不在的消费场景和精准化的营销，最终实现实体空间与虚拟空间的融合。

案例：

以深圳的社区专卖店为例，传统的模式下在深圳寸土寸金的地方，客户遇到的痛点有以下两个方面，一是市场环境恶劣。深圳家电市场竞争激烈，连锁门店密集，传统门店引流难，活动效果不佳，利润上不去也一直困扰着客户；二是产品结构不合理，高端的产品出样成本高，低端的产品利润低，导致客户一直在想办法如何提高零售的产品结构。直至海尔推出了线上的服务工具——智慧云店和社群交互平台顺逛，让客户找到了解决问题的好平台。建店模式从只建立实体店，到以低成本建立线上线下融合的店，其优势在于建店成本低、出样全。营销模式上从单一的推销产品到社群交互式精准营销，比如做用户的黏度，对用户社群式分类经营，对新小区做户型设计家电解决方案（云设计平台支持），该客户中44%的用户订单来自社群营销；做跨界结盟，结盟周边商户，每周云店话题交互，持续传播、引流；做成套实景销售：成套产品、成套设计、成套购买、成套服务，入店用户成交率100%。颠覆了客户传统的开店模式，通过这种线上线下融合的模式，以低成本高效率服务客户。

四网融合的并联平台，是海尔三店合一体系实现的坚实后盾

海尔的营销网、物流网、服务网和信息网四网融合的并联平台，是海尔三十多年来沉淀下来的资源积累。在互联网时代，通过三店合一的体系，海尔将四网融合的平台整合起来转化为支持三店合一体系落地的共享资源。

（1）3 万家营销网的资源，三店合一体系下共享平台效率。

海尔 1996 年开始建立海尔专卖店，到目前海尔在全国拥有 3 万家专卖店资源，这些海尔专卖店已经发展成为海尔在当地的营销中心，在城市能够深入到社区、商圈等，在农村深入到县级市场、乡镇市场和村级根据地。这些实体店资源与互联网下的顺逛平台、线上店的资源融合，通过线上交互、线上线下交易，各交互端相互引流，共享了海尔大平台下的用户资源，也提升了专卖店的效率，过去是单店效率，现在是共享平台效率。

案例：

高密润科专卖店成立于 2001 年，近 20 年跟随海尔的专卖店战略持续发展，不断以用户需求为核心，拓展自己的网络布局，县级市场做细，深入到社区、建材市场和装修公司等，将直销员、服务兵发展成创客，实现全员顺逛零售。同时从县级市场拓展到乡镇，从乡镇深入到村，建立村级根据地，发展村级联络人交互获取订单，通过顺逛直接下单实现成交。目前已经打通县镇村的网络连接，实现高密县级专卖店→镇级专卖店→村级联络人三级的三店合一模式，在当地发展 30 个村，138 个微店主作为其社群交互的体系。

目前高密润科海尔专卖店的规模已经发展到了 5000 多万。

（2）大家电第一的智慧物流体系，做好最后一千米的服务。

物流网方面，海尔在全国建立了辐射全国的分布式三级云仓网络，拥有 10 个前置揽货仓、100 个物流中心，2000 个中转 HUB 库，总仓储面积 500 万平方米以上，实现全国覆盖到村仓储网体系，以及拥有 3300 多条班车循环专线，9 万辆车小微，为客户和用户提供到村、入户送装服务，并在全国 2915 个区县已实现"按约送达，送装同步"。其开放的智慧物流平台，不仅可以实现对每一台产品，每一笔订单的全程可视，还可以实现人、车、库与用户需求信息即时交互，为用户的最后一千米做到最佳服务。

（3）遍布全国的智慧服务，提升用户超值体验。

在服务网方面，海尔一直致力于为用户提供真诚的服务，目前在全国拥有 17000 多个服务网络，10 万个服务兵，并建立了人人服务的生态圈。这种一站式家电全生命周期解决方案的服务平台和居家健康家电解决方案，为用户提供送货安装、维修、清洗、二手家电回收、置换及室内空气治理、厨房生活家电解决方案等一系列服务。同时这个新生态体系下，用户所掌握的服务主动权，不仅体现在"评价付薪"的机制上，还体现在日常生活中，对产品使用体验的反馈，生活场景的改造需求，都是海尔服务兵为用户提供的服务，急用户之所急，想用户之所想。

同时推出全流程智慧服务体系，在云数据的支持下，智能家电产品问题自诊断、自报修，后台进行分析后进行智能派单，不仅可以实时解决用户的购买咨询、使用指导、售后服务，还可以将用户需要上门解决的问题智能发布，服务兵在线抢单，极大提升了海尔用户的服务体验。

（4）内外勤结合的信息网体系，成为海尔客户的商业秘书。

为提高效率，海尔搭建了内外勤结合的信息网体系，不同于传统的企业依赖业务员单通道沟通的体系，建立了 In House Sales （IHS，内勤业务中心）。建立内外勤的双通道信息网体系，为客户创造价值，提升对客户的服务水平。对客户来说，IHS 就是海尔专卖店在海尔的专属秘书，为客户提供方便快捷的服务、公平透明的交易环境、客户信息实时提醒。

与研发资源和互联工厂对接，建立起"前店后厂"的全生态供需闭环体系

传统模式下，先有生产出来的商品，然后通过营销的手段再推介给用户实现销售。海尔的三店合一体系，颠覆了传统的订单模式，是在先有用户的需求，并有用户参与产品的设计，将用户的需求与企业内的研发资源和互联工厂无缝对接，快速迭代产品升级，并快速满足用户的需求。

如海尔最近推出的云熙洗衣机，就是由乡镇的微店主结合当地化的社群交互结果的产品，海尔洗衣机的企划团队参与了用户的交互，并将产品的迭代升级时间从 4 个月缩短为了 45 天，开发出了满足用户的产品。用户事先在社群平台上预购抢单，6 月 23 日上市当天，获得了 15.6 万的订单，直接传递给互联工厂按单生产，提高了企业的生产效率，每台订单都是有用户的。

4. 三店合一的竞争力体系

基于数字化体系对三店合一的人、货、场的重构，也重塑了三店合一的竞争力体系，主要表现在以下四个方面：

营销效率的竞争力，驱动营销体系从发布式到发酵式营销升级

通过三店合一的体系推进，驱动营销体系从过去的发布式到现在的发酵式营销体系，发酵比发布更有持久力，传播的范围也更广、时间也更长，用户的参与度也更大。

以可以立硬币的洗衣机发酵为例，2016 年 1 月开始，海尔在各实体店推出了立硬币挑战更静音的洗衣机活动，结果有 3 万家门店参与了该活动，线上有 120 万场 PK 赛，交互人数 895 万人。同时接着推出了创意搭建直播引爆交互数 1534 万人，挑战吉尼斯直播交互数 3506 万，多社群交互达到了 5240 万人的参与。

通过用户参与话题交互出新需求，驱动产品的迭代升级

通过社群式的话题交互，交互出用户需要的产品，驱动产品的订单更准、更能满足用户的需求。

如 2016 年年初海尔要推出舒适风的空调，顺逛微店主推出了三个话题的交互：

舒适风功能，解决了空调病、风太冷太硬的痛点，通过交互，用户想到了外婆手下的大蒲扇的感觉，柔柔的风，有的用户交互了最怀念故乡柳树下的风，引起了用户的无限畅想和交互。

自清洁的功能，解决了空调过滤网脏、细菌多的问题，通过"家里最脏的东西是什么"的话题交互，让用户一步步探究，看到了自清洁空调的优势。

这些交互的话题，会以图文形式、视频形式、直播形式等与微店主和用户分享，让用户感受到这款空调就是针对自己的痛点设计的。

OSO 的多渠道融合模式，驱动客户从单店的效率共享了平台的效率

三店合一推出的这种线上线下店融合的模式，让每一个线下店都能够从单店的效率享受到平台的效率，实现其在互联网时代独特的差异化竞争力。

过去，线下实体店依赖自己的店员、在自己的店内等客上门，实现销售；现在顺逛的每个微店主都是他的销售人员，有了订单就会引流到当地的实体店，实体店的老板和微店主对价值链进行分享。对于实体店老板来说，这些移动的销售团队不用自己花钱雇佣就能给他带来订单，这就是共享了平台的效率，才得以提升了自己单店的效率。

互联网下的用户管理体系，驱动用户从顾客转化为终身用户

海尔建立了互联网下的用户管理体系，底层是用户大数据中心。海尔以产品为入口，建立了互联互通的用户大数据平台，通过无断点的大数据与用户持续交互，实现"识别用户、识别产品、识别家庭"三大识别，为每一个用户打上数据标签，获得 360 度用户画像，精准洞察用户需求。

海尔互联网用户管理体系的上层是海尔生态会员制。海尔产业生态圈为基础，建立起用户的会员权益体系、积分体系、交互体系等，与用户全流程即时交互。用户通过不断的升级，获取个性化的服务和精准的交互，最终实现由顾客到用户再到"终身用户"的升级。

5. 建立三店合一推进的全流程团队，才能保障目标的实现

三店合一体系，是海尔集团内全流程的团队协同推进的体系，只有全流程的无边界团队协同起来，才能够实现目标。

海尔的用户小微团队负责话题的交互，顺逛团队负责微店主和社群体系的搭建，线下店团队负责整合线下客户资源抢入三店合一平台，线上海尔商城平台负责用户流量的入口，同时还有供应链、物流、服务、

安装等环节全流程的服务团队，才能够实现用户的最佳体验。

（三）三店合一生态圈化的效果

海尔通过三店合一，最终实现的价值是数据可视化，信息平台化，资源共享化，其成果主要体现在以下几个方面：

1. 社群交互的成果

如图3.11所示，通过社群交互带来的交易额突破5亿元，在线微店主46万，建立在线大社群1206个，小社群1万多个，日均UV6万个，平均订单转化率8%。

· 顺逛上线
· 顺逛微店主
"0成本创业"

1亿 2亿 5亿

2015年   2016年6月 2016年12月 2017年6月
9月起步

图 3.11　顺逛的发展

2. 客户交互的成果

巨商汇实现了海尔与客户的线上线下打通，提升了海尔与客户交互和交易的效率：

一是交易的时间缩短：过去海尔的客户下单需要自己到当地的分公司下单付款提货，需要花费一天的时间，现在只需一两分钟就可以自己下单、在线付款、在店收货。

二是订单的效率提升：现在49%的订单都是预售订单，产品一下线就是有客户的订单，减少了企业的库存，目前库存周转天数只有7天。

三是倒逼产品的竞争力提升。

四是客户的需求无缝对接，仅2017年上半年客户需求倒逼15894

条，问题闭环率达到了 95% 以上。

五是渠道的深度做精进，目前服务的乡镇客户已经达到了 1.8 万家，乡镇客户的需求可以直接与海尔对接。

3. 用户交互的成果

对海尔的用户建立互联网下的用户管理模式，对用户的全生命周期关怀服务。目前已经通过实现海尔新产品一机一码，每台有唯一的二维码，每个产品都有自己的电子说明书和电子保修卡等，并对用户推出了 4 项基本权益和 4 个极致服务，让用户真正享受到成为海尔会员是有服务的、有关怀的。目前海尔用户管理平台能够精准识别 1.27 亿用户，定位用户 61 亿条标签。

4. 经济效益上的体现

目前海尔三店合一的销售占比超过了 65%，发展成为海尔最大的渠道，也远远超过海尔在国美、苏宁、京东、天猫等平台的销售总和。

由于三店合一体系的发展，带动海尔整体的业绩持续不断增长，自 2016 年 7 月份以来一直高速增长，月复合增幅高达 11%。

5. 生态圈效益上的体现

海尔三店合一的平台，不仅仅是为企业创造了效益，同时还是一个人人创业的平台，在平台上的每个微店主都是零摩擦进入，零成本创业，这种创业的微店主就有 47 万多；同时还有 9 万个车小微主在平台上获得订单，为用户做好最后一公里的服务；3 万个专卖店，平均每个专卖店有 10 名员工利用平台为用户创造价值。

6. 创新模式获得社会各界认可

海尔的三店合一创新模式得到了社会各界的认可。以三店合一中的顺逛为例，2018 年，顺逛获得中国互联网协会授予的金网奖——2018 年度最佳营销工具；并被互联网周刊授予了 2018 年度社群经济平台 APP 第一名、最佳商业模式创新奖等；被亿邦动力网授予电商新物种榜单 100 强。顺逛获得了世界移动互联网大会颁发的移动互联网行业优秀企业奖。在 2017ECI Awards（艾奇奖）国际数字商业创新峰会上，获得了商业模式创新大奖；在 2017 中国财经峰会上获得了 2017 行业（社群经济）影响力品牌等。

四、智慧物流生态圈化

（一）智慧物流的行业趋势与实施背景

1. 行业发展趋势

物流智慧化发展：近几年来，物联网、云计算、大数据、区块链等在物流领域得到逐步应用，给行业发展带来巨大变革。新兴的互联网平台企业得到快速发展，技术改造和装备升级不断推进，特别是智能仓库、仓储机器人、无人驾驶、无人机配送，无人分拣等技术已在物流业进行探索和应用。未来，要充分利用现代信息技术和智能技术装备，推动物流信息化、自动化、无人化，推进物流行业智能升级。随着我国产业迈向全球价值链中高端，现代供应链正在成为新的增长点和发展新动能。

网络优化降本增效倡导：铁路、公路、水运、航空是物流业发展的重要基础设施。近年来，国家大力扶持物流业发展，基础设施建设水平也得到大幅提升。但距离便捷、高效的物流基础设施网络，多种运输方式顺畅衔接和高效中转还有巨大的差距。十九大报告专门指出，要加强水利、铁路、公路、水运、航空、管道、电网、信息、物流等基础设施网络建设。这将为未来物流业大发展提供更加完善的基础保障，利于打造布局合理、衔接一体、功能齐全、绿色高效的物流基础设施网络体系。

绿色物流发展趋势：物流行业是能耗大户，特别是近几年"雾霾"深重，对物流业绿色低碳发展的要求十分迫切。而随着电商、外卖行业的大发展，快递、外卖包装引发的环境污染问题更为严峻。努力减轻物流运作的资源和环境负担，兼顾自身发展与生态文明的要求成为企业寻求可持续发展的必选项。绿色、生态在十九大报告中多有提及，也充分说明，企业要发展，必须顺应生态文明这一新要求和新趋势。

2. 实施背景

在新的时代背景下，日日顺物流始终从客户和用户的痛点出发，不断颠覆传统模式，其所关注的传统物流问题主要体现在以下几个方面。

第一是物流上下游衔接不足，用户体验差。

家电、家具、跑步机、电动车等居家大件商品在物流上与普通小件相比难度更大，同时由于上下游衔接不足，物流存在配送成本高、配送和服务不同步、破损严重、配送服务用户体验差等诸多问题，严重影响了用户体验。

在传统物流模式中，上下游企业资源分散、中转环节多、产品库存高。上下游企业的货物资源相对分散，没有统一的系统管理货源，造成部分货源有货却找不到货的现象，同时物流资源不能共享，部分干线车辆行驶中有空车，造成物流资源浪费，在三、四级市场尤为严重；中间环节一方面是指多级经销商层层分拨，一件产品从工厂到用户要多次的装卸作业，配送时间长，货物安全也难以保障，另一方面是送装不同步，多次上门用户等待时间长；产品库存高是指经销商为了满足不同用户的需求，只有提前储备较高的库存，但往往会出现淡季高库存影响商家资金周转。这种服务模式也造成企业的物流成本居高不下。

第二是服务对象多元化，定制化解决方案市场需求增大。

货物方面，家电、家居、健康器材、电动车等货物本身大小存在差异，搬运难度大，包装容易受到距离的影响，货值高、易破损、需要专业的搬运技能，不仅要送货，还有安装、维修以及逆向物流等特点，一般的物流公司很难满足所有需要，全流程定制化服务市场巨大。从用户方面，随着电商发展城市与农村用户对大件货物的需求不断增加，尤其是农村市场增长更加迅速，导致客户对县乡一级的网络覆盖程度提出了新的要求，急需提供城乡一体化配送解决方案。

第三是大件物流服务没有标准化，缺少温度。

在如今的互联网时代，传统的销售模式已被颠覆，线上的销售模式对物流的要求是从工厂直达用户。目前占据国内物流市场90%份额的是中小型物流企业，小、散、乱的行业特征很难满足高速发展的电商行业对物流配送服务大规模、专业化的要求。尤其是在家电、家具等大件物品上，相比于小件商品，家电、家具等产品因具有易损、不可拆分、体积大等特点，给运输带来更多不便。无独有偶，家电售后的专业性和复杂性也让物流从业人员无从着手，于是家电网购中的送货不上楼、送到不安装、送货区域有限、售后无服务等问题愈发严重。很多货物只是送到用户，后续的服务没有到位，用户体验较差，随着互联网与传统企业不断的融合，未来大件物流业的趋势一定不是送到即结束，而是根据用户需求提供各种有温度的服务。

（二）智慧物流的创新内涵和创新实践

1. 创新内涵

日日顺物流以用户体验为核心，以诚信为本，按照开放平台、共创共赢的理念，吸引物流行业的创业者到平台上来优势互补、协同发展、共创共享，按照客户的需求提供定制解决方案，为客户创造价值，创全流程的最佳用户体验。具体可以总结为三化：企业平台化、方案定制化、服务场景化。

企业平台化：日日顺物流近20年来积累的品牌、网络、团队系统、资本等资源，既可以与以上区域中小微物流企业的资源共享协同，也可以与规模大的物流企业优势互补、协同创造价值，包括业务合作、资本合作，共创共赢。通过资源开放、资本开放搭建开放的创业平台，优势互补、协同效应、共创共享。

方案定制化：日日顺针对不同客户需求，定制多样化的物流方案，包括客户的布货策略、打通库存共享等，为客户提供的是全流程的供应链一体化解决方案。比如以销售数据预测将合理的库存放在距离用户最近的地方，缩短配送周期、提升用户体验；通过全流程一体化的解决方案，降低客户的全链路运营成本。

服务场景化：传统的物流服务是按订单配送，而场景商务时代的物流服务则需要按场景配送，用户需要的是有温度的物流服务。日日顺的车小微除了提供物流送货＋售后服务的安装维修一体，实现用户直接评价到车等服务以外，现在从最后一千米向领先一千米转型升级，由最后一千米的送到服务升级到领先一千米的社群交互，获取用户的需求，按用户需求提供有温度的服务，而不仅仅是传统的物流服务。

2. 创新实践

企业共享平台建设：日日顺以用户的全流程最佳体验为核心，用户付薪机制驱动，一端互联着一流的客户资源，一端互通着一流的物流资源，快速吸引物流地产商、仓储管理合作商、设备商、运输商、区域配送商、加盟车主、最后一千米服务商，保险公司等一流的物流资源自进入，建立起开放的互联互通的物流资源生态圈，实现平台与物流资源方的共创共赢。

日日顺通过资源开放、资本开放搭建开放的创业平台，优势互补、协同效应、共创共享。既有在大家电物流行业的开放资本、开放仓配及最后一千米的送装网络资源，如阿里战略投资日日顺、与菜鸟网络的共创共赢，也有在大家居物流行业的战略投资并购贝业新兄弟，共享贝业为宜家、科勒等家居客户服务的最后一千米家居物流网络，吸引菜鸟、宜华战略投资日日顺家居物流；还有在快消物流行业，与向日葵物流资源共享、战略合资、共同创业，聚焦线上电商平台大仓入仓，线下商超门店、社区零售店配送服务（目前 13 个分公司已覆盖全国 22 个城市 400 多个大仓），同时凭借差异化的竞争力及市场口碑开放吸引战略投资方助力加速发展，目前已有 4 家战略投资方在跟进，预计 7 月底前完成 A 轮融资；此外，还在零担物流行业战略投资盛丰物流、在冷链物流行业战略投资广德物流。现在已初步形成以大家电家居为核心、六大产业的多元化综合物流平台的战略布局。

日日顺要建立的是一个开放的物流创业者的创业平台，也是一个共创共赢共享的平台。这个共享平台的核心是以诚信为基础的全流程最佳用户体验、为客户创造价值，一端互联着客户资源，品牌商（家电、家居卫浴、健康器材、电动车及快消、日化等行业），包括前面讲的资本入股的品牌商，渠道商（线上的几大渠道、线下渠道），包括战略投资入股的，以及到平台上创业的区域中小微物流企业带来的订单资源；一端互通着共创的物流资源，包括引领大件物流行业标准的"天龙八步"：仓、干、配、装、修、揽、鉴、访都是由到这个开放的创业平台上的攸关方共创的，如在仓节点开放吸引易代储创始人到平台上创业的仓小微，将日日顺物流的仓储网络、仓内运营资源、智能仓储管理系统等优势资源与易代储的互联网仓储资源优势互补，协同发展，在天使轮吸引 58 集团投资入股，Pre－A 有两家资本方跟投，上半年完成 A 轮融资；在公路干线运输节点开放吸引了运联中国，铁路干线运输节点与中铁快运、吉泰物流战略合作，将它们的干线优势与日日顺物流的仓配网络、最后一千米的送装网络优势互补、协同效应，共同为客户创造价值；在前端揽货节点，浙江定邦将其在订单营销的资源、与当地政府建立小家电产业公共配送中心与售后服务中心的需求、与日日顺物流的仓配网络、运营资源、金融资源链接起来共同发展；利用社会资本的力量快速发展；这其中也包括与优联资本等战略资本方的合作。通过开放的入口，与攸关方并联融合，到日日顺物流平台上创业的合作伙伴不仅与日日顺物流的资源优势互补、协同发展，而且合作伙伴之间也产生换边效应、互相协同产生协同价值，带给客户的价值就是综合成本更优、响应效率更快、用户体验更好，以实现共享经济中攸关各方的利益最大化。

城乡高效配送解决方案

（1）城乡高效配送模式介绍。

日日顺在城乡高效配送上采用城乡社群生态模式，在城市建立日日顺送装服务网点和以社区为单元布点的社区店，同时布局快递柜满足社区居民快递收发、家电家政服务和健康食品等需求，社区店和快递柜作为城市的配送网点，可以进一步优化城市配送网络；在农村设立健康水站作为乡镇配送网点，在村镇物流、健康饮水、"三农"服务和农民创业等领域为农民定制化服务。提供最后一千米到家服务的日日顺车小微衔接了城市与农村的配送网络，在城市，司机的智慧抢派单及微仓模式有效连接社区驿站和网点；在农村，日日顺县运营中心成为镇合伙人、村水站触点的纽带，村镇通班车联通城市和乡村，实现农资下行和农特产品上行，提供创新、有效的农村物流解决方案。截至 2017 年年底，日日顺已累计拓展建设物流服务专业网点 6000 多个，城市社区触点 4.2 万个，农村社群触点 2 万多个，目前平台汇聚了 10 万车小微，20 万服务兵，为 3200 余家品牌商提供"按约送达、送装一体"的全流程物流服务。

（2）智慧物流交互平台建设。

日日顺智慧物流交互平台主要包括 TMS、WMS、OMS、BMS 以及司机手机端（Android、IOS）、用户手机端（Android、IOS）、微信端、400 用户服务呼叫系统等。

TMS（日日顺快线 CDK 系统）

日日顺快线运输管理系统，基于最后一千米服务效率最高、司机/用户体验最佳为理念，实现系统自动按区域、路线、司机技能、司机等级、车辆负载、用户预约时间等不同权重实现智能派单 + 抢单的运营。车辆实时位置及负载可视化监控，自动根据订单实现对司机的调度以及订单的全流程监控和追溯。

WMS（日日顺快线 HLES 2.0）

日日顺快线 HLES 2.0 的功能主要涵盖货物信息主数据维护、扫描入库、扫描出库、盘点、智能防误等，是行业领先的仓储管理系统。利用物联网技术驱动，日日顺快线最后一千米物流服务平台推出的云仓管理方案，支持通过信息化系统整合管理全国日日顺快线最后一千米服务网点/HUB 仓资源，实现云仓库存共享和库位销售模式。高效的数据接口同步打通了与日日顺快线 TMS 的对接，逐步形成了从库存管理到运输管理的有机结合。

OMS（日日顺快线 PC 端）

互联网模式下的订单管理系统更为开放，除了服务京东、阿里等大型平台型电商客户，还可直接面向小 B、C 端客户。日日顺快线 PC 端通过系统级的对接，后台对接天猫、京东、E – Haier 的订单系统，前台实时接收客户的订单预约，接口串联 WMS，直接进行仓库的调度并通过 TMS 对订单进行全流程可视化监控。

BMS

日日顺快线财务管理系统包括资源及销售数据的管理及外围金税平台等系统的打通。为平台的客户/供应商提供的合同管理、记账管理、发票管理、对账管理、结算管理以及异常处理等功能。通过信息化的手段，日日顺快线 BMS 可根据不同的配置，实现自动的实现与客户和供应商的自动对账、自动开票、自动结算、异常报警等功能。

司机手机端（Android 端 + IOS 端）

司机手机端 APP 定位于行业领先的众包司机作业工具，面向社会全体货车司机，只需下载、注册通过审核便可到平台创业抢单。系统已经实现自主注册、在线抢单、用户预约、订单排程、增值安装、签收等订单全流程在线化管理。

用户手机端（Android 端 + IOS 端）

日日顺快线用户端 APP，可为企业用户及个人用户提供高效的配送/安装订单下单入口，并可对订单进行管理和全程状态追踪。系统开发了积分、优惠券及小费等各类营销工具，支持客户各类营销活动，为给客户/用户提供更佳的下单体验。根据客户订单分类，快线用户端 APP 支持整车、零担、配送安装等多种业务类型。

微信端及微商城

基于快线业务的快速发展，支持平台客户从电商平台→同城 O2O 店商→个人微商的发展。日日顺快线基于微信公众平台开发了日日顺快线微信端入口及微信微商城。功能包括我要下单、个人中心、我的钱包、积分商城、在线客服等功能。

400 用户服务呼叫系统

为提供平台提样，日日顺快线最后一千米智慧物流平台搭建了以 400 电话为前端，以快线后台呼叫系统为后端的完善的客服体系。系统功能实现客户服务、工单管理、工单统计、客服代下单等功能。

大数据云图管理系统

日日顺快线最后一千米智慧物流平台在 TMS/WMS/OMS/BMS 以及三端一号系统的基础上搭建了云图系统。大数据汇集了车、库、订单、线路、网点等所有资源信息，开放权限提供给平台客户/供应商，为平台资源各方提供大数据以支持销售方案决策。

（3）城乡高效配送业务亮点。

日日顺的产品和服务主要聚焦物流基础运营服务平台，可为客户、用户提供全流程一体化、定制化的物流解决方案，其业务支撑体系由城市共配、云仓云配、城村通模式构成。目前已构建 1 个总部、7 个大区、42 个分中心模式的架构体系，总部下设网络、市场、营销、运营、IT 研发和资源部。核心管理人员全部拥有多年市场营销、物流管理、IT 研发等专业领域经验。

①城市共配。

日日顺通过全网覆盖 0 盲区、送装一体 24H 限时达和按约送达超时免单的用户口碑承诺的三个差异化措施，整合仓储、干线、区配、网点和服务兵全流程，打造一体化的 SCM 解决方案提升平台竞争力，同时通过大力投资建设开放的智慧物流信息化系统（日日顺快线），建立行业引领的最后 1km 物流服务标准。

日日顺搭建了开放的送装网络司机平台，通过用户评价到车和抢单配送的方式（对送货货车的时效、服务进行打分评价，好评高的司机将会抢到更多的货源订单，而服务差的司机订单将越来越少），实现配送效果的最优化。

平台通过搭建由物流中心（TC）、中转 HUB、服务网点构成的三级仓储网络布局建立了广、深、密的仓储网络，实现全国无盲区覆盖。拓展建设区域间对流运输网络及高效末端配送网络，建立干线运输、区域配送、最后一千米配送的三级配送网络结构。在干线运输上已建立 TC 与 TC 间的对流网络及区域主 TC 向次级 TC 分拨的 TC 间对流网络，并对 TC 覆盖区域实施网格化管理，目前全国已经建设 3300 多条循环班车专线。

②云仓云配。

云仓储是一种全新的仓储体系模式。其实质就是实体分仓，即基于"云"的思路，整合整个社会资源，在全国各区域中心建立分仓，由公司总部建立一体化的信息系统将全国各分拣中心联网，分仓为云，信息系统为服务器，形成公共仓储平台。可以实现就近安排仓储，就近配送，实现物流网络的快速反应。

日日顺物流实现了首个全网共享的三级分布式云仓网络（全国 10 个前置仓，100 个 TC 三级运营，600 万平方米仓库面积，6000 个大件送装网点），150～200 千米的仓库辐射半径，是中国首个实现全网覆盖的大件物流企业。日日顺物流正在以云仓的体系为核心，来搭建全国整个仓储的网络。同时日日顺物流采用分布式三级云仓运营模式，为客户提供多种定制化解决方案。服务商仓库，以少量全仓覆盖，传统就是叫一库达，或者叫一仓达，主要目的是降低商家的库存成本；基地仓和区域仓，使货物离消费者越来越近。日日顺物流在全国一共是 100 个过站仓（TC）的体系，最后以 31 个始发仓（RDC）为支点作为消费者的库存体系，来提高全国 2915 个区县最后一公里交付能力，为配送提速。

车小微通过构建"云仓云配"体系，实现线上/线下用户无差别服务体验：

一是实现了"三通""三达"。"三通"是指海尔的 103 个"仓－仓""店－仓""店－店"的库存共享；所有用户不分线上线下用户，按照用户的地址理解分析精准的就近派单，用户体验一致、服务一致。"三达"是指供应链全流程，订单、轨迹、评价回到平台；用户需求、用户体验、用户注册回到平台，把用户需求拉到平台。

二是场景的构建。传统物流按单配送在追求成本、时效的同时注重用户体验、口碑。在特别大件与送装一体大件场景中，企业利用各个触点整合 3000 万用户家庭，通过移动端工具、网格化、大数据驱动的地址解析实现本地化服务。

③城村通。

日日顺"城村通"平台定位是：快递最后 100 米的统一服务平台，为城市工业品下行、农村农产品上行提供由县到村的一体化入户配送服务；同时也是农村物流落地配服务平台，主要搭建农村末端快递共配平台，包括小顺管家进村上行揽件并集货到县的 HUB 共配中心和由县级配送中心下行进村入户配送。

"城村通"体系主要包括：县级 HUB 共配中心、镇级服务站、村级服务站和班车线路组成。

HUB 共配站：一个网格 1 家。主要功能职责：

订单处理：对终端销售订单进行预约，当日送达的安排出库，改约的进行暂存；增强核心服务商大促期间的服务能力，提升订单峰值处理效率。

归集、暂存：区域网格的订单进行归集，对于改约或者退货订单进行暂存。

分拣、调拨：将归集的订单分散发至网点（一般网点在市区，多为小车发货）。

系统监控：建立完成的仓库监控系统，对已离开 TC 仓的货物进行系统监控。

镇级云服务站：每个行政乡/镇 1 家。日日顺城村通"乡镇合伙人"是农村创业小微，具备村级服务站加盟、小顺管家招募、并具备拥有小店资源的农村创业小微——快递揽收、家电送装、增值服务等功能的日日顺授权服务合作商。

村级服务站：200 户以上的行政村村企划至少 1 家。主要负责日日顺快线的快递揽收/派送入户，乐家诚品社群交互/交易/交付。可以由小顺管家升级为村级云服务站并挂牌，按企划数量拓展达标。

班车线路：覆盖所有乡镇，根据当地情况制定路线及班车运行情况。对流班车模式：

上行：农村→城市社群

农村→小顺管家→镇级服务站→共配服务站→城市社群

下行：城市→农村社群

城市→共配服务站→镇级服务站→小顺管家→农村社群

该项目已经在多地形成样板，并进行了全面拓展。其中青岛区域内平度市的三级网络已经初步建立，在平度市区建设了 800 平方米 HUB 共配服务站，拓展了 11 个乡镇服务站，已开通一条凤台街道—万家镇—兰底镇—南村镇—郭庄镇—古岘镇—麻兰镇的班车线路，目前已经将线路途经区域的快递到达时间由 3 天缩短为 1 天。

④搭建物流 + 服务的体系。

日日顺致力于打造城市美好生活服务平台，围绕用户最佳体验的目标，以"社区小管家 + 社群交互 + 贴心定制"的模式，来满足用户在"家电服务、家政服务、快递服务、健康食品及育儿养老"等个性化需求。对全国用户和客户，提供不限品牌、不限品类、不限区域的安装、维修、清洗、移机和回收等全流程解决方案。服务业务已经从家电服务，延伸到充电桩、光伏太阳能、智慧电子电器产品等新领域，坚守五项承诺"安全健康、产地直供、全程溯源、专业认证、违诺必赔"，搭建城乡互联互通平台，从田间到餐桌，实现城市消费者与乡村农户的直接对接和交互迭代，以用户评价驱动乡村农户改变种植养殖的迭代升级，实现共同增值。

3. 创新组织

针对这些创新模式组织保障是关键，日日顺物流在海尔集团的引领下正在探索平台型组织。日日顺物流在推进人单合一双赢模式过程中，把组织扁平化了，变成动态的网状组织，形成平台型的组织。平台型组织体现为资源的按单聚散。按单聚散以后，员工分为在册员工和在线员工。过去员工听上级领导的指令，是接受指令者，现在变成资源接口人。也就是说，有很多人不是公司的在册员工，而是在线可以整合的员工，将来的发展方向是创建小微公司，可以独立创业。

4. 支撑保障

日日顺物流创新得益于"自以为非"的海尔文化，得益于海尔创业创新的"两创精神"，得益于海尔人单合一双赢模式以及用户付薪的机制，得益于海尔与用户零距离、创全流程最佳用户体验的服务理念。

用户付薪机制——以用户体验为核心。所谓用户付薪就是始终以用户需求为中心，以用户评价作为唯一的考核标准。例如，建立与用户零距离的点赞和差评体系，用户签收后对车辆进行评价，按照用户评价对司机实时进行分类分级，并与司机的挣酬和抢单权限挂定，实现车辆资源的动态优化。

人人创客机制——对赌跟投驱动。聚焦内部平台转型，通过创业小微对赌跟投驱动机制，让员工成为小微的利益攸关方，小微公司借力平台资源承接目标。员工抢入小微后会有更多提升个人能力的机会，有了平台的资源支持，创业比外面容易；平台为小微提供创业指导及帮助小微快速建立运营风控体系，并对分享小微收益。小微成立后，以创最佳用户体验为核心，打造物流一站式/集配/全流程可视服务平台，市场化结算，实现自挣自花、股权激励。

开放资源生态圈——创客孵化。日日顺车小微平台拥有全流程创客孵化平台（基础服务培训、岗位技能培训、标准礼仪培训）和司机关怀平台（司机俱乐部与司机之家），司机创客0门槛、0费用可带车加盟，自进入、自抢单、自交互、自优化的四自机制驱动，平台为创客提供统一的信息化系统平台（统一的用户圈、系统、支付、运营模式）＋直营和网络推广、订单运营、平台推广。平台上的每一个司机每一辆车都是一个独立核算的小微公司，实现平台、客户、用户多方共赢，实现配送收入、安装服务及增值收入。

针对社会上闲散的货车司机的小、散、乱痛点，建立标准化运力培训体系，做货车司机的创业平台，通过标准化运力的升级，搭建司机带车加盟的自进入体系和育成体系。截至目前已有 10 万名标准车小微在平台创业。

建立家电、家具安装培训体系，平台输出标准化家电、家具安装培训体系，现有平台所有车小微均可报名参加，通过培训、考试合格后颁发认证上岗证，进而可通过 APP 抢对应技能的订单，为所有车小微提供了提升自身能力及增加收入的便捷途径。

建立仓储管理体系，通过制定三级云仓标准化，仓库管理系统上线、库位管理、出入库管理、扫描盘点管理、货损货差管理等管理体系输出，帮助物流企业提升物流仓储效率，降低物流仓储成本。

通过加盟城市站体系，改变现有最后一千米物流市场小、散、乱的现状，整合 2000 多个区县的标准化物流服务市场，加盟城市站模式带动 3 万多个乡镇物流服务点加入平台，打通农村到城市的物流通道，带动农民创业，促进农村网购、农资下行及农特产的上行，促进农村电商发展。

日日顺物流创客训练营是一个聚焦大学生成长实践的公益平台，由中国物流学会和日日顺物流共同主办，自 2016 年首届以来已成功举办三届，今年是第四届。经过几年的沉淀，目前已覆盖全国高校 500 余所、达成校企合作 20 余所、输出 78 项研究课题、5 项国家专利申请，实现真正的"产学研用 共创共赢"。

日日顺物流创客训练营搭建了"四大平台"："物流创客大赛"用以输出双创型的物流人才；"创业导师培训"可以输出前瞻性的一些物流技术；"创业实践基地"可以孵化出一些明星型的创业公司；"创业项目孵化"则可以输出实践型的一些创业的案例。日日顺物流创客训练营的创业项目成果和创客人才将用于解决行业难题，在智能化、可视化、自动化、集成化等方面为物流用户创造最佳体验，为企业和物流行业注入活力，积极有效地促进中国物流产业的更大发展。

（三）智慧物流的实施效果验证

1. 经济效益

目前，日日顺已搭建起以 TMS/WMS/OMS/BMS 信息化系统为基础，以司机手机端、用户手机端、微信端、400 客服电话为辅助的承载订单量达 2 亿单/年的全体系最后一千米智慧物流信息化平台。2017 年已承接各渠道来源的电商物流订单单量超过 2000 万单，妥投率 100%，24 小时限时达率 >98%，用户满意度 >99%。出色的平台能力和服务效果吸引汇聚了大量的配送车和企业/个人客户资源。服务客户包括天猫、京东、海尔商城等国内大型电商平台，小米、小牛等新兴互联网品牌企业。平台车辆峰值在线 7 万辆，日均运营 2.5 万辆。服务品类逐步从家电延伸到家居、健身器材及出行产品。

2. 社会效益

社会价值方面，日日顺物流差异化的服务模式，打破大件物流最后一千米瓶颈，解决了用户网购大件的痛点，突破了用户网购大件的地理限制，解决最后一千米配送服务难题，让用户能够在第一时间就享受到网购的乐趣。丰富的货源和高效的运营体系吸引了全国 10 万辆车小微加盟到平台创业，带动创业人数超过 20 万。在农村，解决农村快递网络少、单量少、集中度低等问题，方便农民收发快递。

3. 生态效益

日日顺与福田汽车战略合作定制物联网车，通过物联网定制车可实时监控到终端车辆的运行情况、时速情况、里程情况、车辆出勤率。配合车辆轨迹监控系统，可以减少车辆为上门送货的行驶次数，匹配最优行驶路线，也提高了车辆的装载率和配送效率，提高资源利用率，大大降低了碳排放，减少环境污染。

五、智慧服务生态圈化

（一）智慧服务生态圈实施背景

商业变革的最大生命力在于，它对传统问题的有效破解，从而打通发展的上升通道。随着物联网时代的到来，从家电产品到家电消费乃至整个家电产业生态，都在智慧物联技术的无边界渗透中发生着裂变，同时也深刻影响着消费心理和用户体验。

技术的变革、传统的颠覆让家电消费需求不断升级，这对家电企业的服务转型提出了严峻挑战，家电行业传统服务中存在的服务效率与服务质量问题愈发突显，成为用户体验不可承受之重。

1. 行业现状与用户的服务需求严重脱节

物联网时代，用户对服务的需求发生了显著的变化，更加追求服务的高效化、个性化和定制化；传统的服务模式已经不足以满足用户的一站式服务需求，如何满足用户的差异化需求成了各个行业竞争的聚焦点和突破点，越来越多的企业参与到服务的竞争中来，像小米、爱回收等都在通过服务争夺新的消费者入口，实现再次转型和持续突破，服务成了行业转型的关键点。现在，企业围绕生态和场景进行产品规划，依托市场保有量的优势，通过服务创造更多的增值收入，服务被赋予了更多的意义，被提升到了更高的层次，被拓展了更多的内容。

物联网时代，智能化的趋势越来越明显，智能化的应用越来越多地具象到了用户的生活，此时依托物联网的共享技术完全可以实现利用大数据、人工智能、虚拟现实来实现服务的彻底改变，把物联网新技术应用到服务中成了一种趋势，成了一种可能，也成了一种必要的改变。

家电服务中至关重要的一环是服务兵与用户的交互，交互的方式、频次、内容、效果都成了用户体验的重要组成部分，没有高素质的服务兵就不可能产生好的用户体验，但是从现在的行业现状看，整个行业没有吸引和留住高素质人员的有效体系，整个行业顽症越发地凸显。

服务兵收入低，高素质人才不愿进入。现在服务兵的收入现状与社会其他行业比较无明显竞争力，甚至处于偏低水平，与整个作业难度和专业度不匹配，比如现在的快递员、外卖员不需要较高的专业化技能就可从事，但是收入却与家电售后服务人员相当，这就导致高素质人才不愿意加入到家电售后服务的行业中来，人员的更迭出现了问题。家电产品的不断更新换代对服务兵的素质提出了更高的要求，依靠以前的经验无法满足智能家电的操作、诊断和处理，整体服务兵的技能与产品的设计、性能等产生了脱节，高素质人才不进入，现有人员很难提升技能，实现与发展要求的匹配。整个行业绝大部分服务兵都是在各地的安装维修中心打工，还是打工者的属性，不珍惜现在的工作，甚至因用户的不满意与用户发生冲突，而不是去落实用户的真实需求并予以合理的满足。服务兵的收入现状、工作环境、工作强度、工作性质等导致服务兵对所从事的品牌没有归属感，甚至诋毁品牌，非但没有起到本应该提升品牌形象的作用，有时反而是负向的。

服务商与企业博弈。现在企业与服务商的合作模式为企业将服务的相关费用结算给服务商，这就使得服务商和服务兵成了一种雇佣的关系，服务商的收益与服务兵的收入就很微妙地变成了一种对立的关系，服务商作为中间商再将具体业务分包给产品的主管，最终到服务兵手里的收入少之又少。随着家电行业的不断发展，服务的广泛与全面覆盖成了各个企业对服务的基本要求，在这种网络拓展快速发展的阶段，对服务商的引入上整体规划性差，对合作服务商的基本要求较低，这就造成了网点多、实力差、成本高、收益低的行业通病。在这种情况下，服务商一方面对服务兵越发的苛刻，另一方面盗取企业的费用，用以补充对盈利预期未实现的部分，而不是与企业同心同德地去服务好每一个用户。

行业服务外包。委托第三方承接企业的服务，第三方只能满足或部分满足企业对服务的要求和需求，企业的服务效果预期无法满足，甚至被大打折扣。第三方考虑到成本的问题，所招聘的人员大都素质不高，也不愿意支出额外的费用对服务兵进行培训，终端人员的成长就成了一个问题，导致给用户提供服务的人员素质得不到提升；第三方对问题的管控也不专业，对人员的管理基本上是以罚款为主，缺少正向的引导和培养，用户对服务的体验越来越差。

2. 海尔服务转型的必要性和迫切性

海尔有着广阔的服务网络基础，海尔服务转型有着独特的优势，海尔顺应时代发展的需要已经到了可以换道转型的条件。

海尔服务转型与海尔集团的整体发展战略是一致的，物联网时代海尔提出了构建智慧家庭定制的社群共创平台，建立共创共赢的生态圈，如何在智能家电成套解决方案中，以智慧服务的全新模式、全新生态带来用户服务体验的升级成了一个全新的探索，服务作为海尔发展的重要一环必须去满足用户的需求，为集团的智慧家庭定制发展提供必要的服务支撑，形成全方位无缺陷的终身用户圈，并能通过用户的需求变化不断驱动和优化。

物联网时代赋予了每一个个体不一样的色彩，每个个体的需求都在物联网技术的推动下发生着潜移默化的变化，而怎样恰如其分地去满足，如何实现用户评价用户付薪是用户的要求也是集团人单合一发展模式的要求。让每个人都以用户的需求满足来体现自己的价值，实现自己的价值，主动突破自我实现更高的价值。

物联网时代是一个竞相争夺用户资源的时代，无论是互联网企业还是传统企业都在以各自的方式和形式来开放用户入口，通过对用户的需求变化来调整自己的策略，真正地实现从用户被动接受产品到以用户需求切入迭代产品。这样的变化要求服务不再只能单单实现其原有的功能，服务作为用户交互最直接、最有深度的环节在实现用户生态方面有着得天独厚的优势。物联网时代的服务构建必须是建立能与用户交互，最终形成信任关系，能持续满足用户需求的生态体系。

搭建服务兵、服务商、海尔及其他攸关方共赢的，能给用户带来最佳服务体验的，各个环节相互关联并能实现自优化、自升级的新服务模式成为海尔服务最新的前进方向。对原有模式的突破迫在眉睫，海尔服务已经开启了全新的探索征程，在创新的道路上继续前行。

（二）智慧服务生态圈的内涵及落地实践

1. "全程管家、真诚社群"的智慧服务内涵

物联网时代，更精准、更高效、更科学、更全面地满足用户差异化服务需求是海尔服务前行和探索的方向。30多年来，海尔服务一直是

"好服务"的代名词，从规范服务到星级服务，从增值服务到成套服务，每一次都准确把握时代脉搏，不断进步。现在，海尔再次创新服务模式、换道转型，开启智慧服务新时代。

全程管家、真诚社群的智慧服务能实现从顾客到用户，再到终身用户的转化，超越行业"坏了就修"的传统服务模式，体现"真诚到永远"的"大服务"理念，给用户提供全流程的最佳服务体验。海尔创新的流动服务站模式以站为载体，搭建服务兵创业平台，重新定义海尔服务，流动服务站是搭载了全套服务系统、服务设备和服务备件，是服务兵自己的流动网点；实现有广度、有深度、有温度的用户积累一个非常关键的要素就是交互，海尔服务微站①搭建连接服务兵与用户、用户与用户的实时交互平台，通过交互实现对用户的主动关怀、主动服务，给用户带来全新的管家式服务体验，实现智慧服务再升级。

对内，把用户评价的信息通过 CEI 系统②，零距离实时到人，通过用户评价驱动全流程迭代优化。同时，通过 MFOP 海尔智慧云自诊断、自预测系统从保修期到保证期，利用大数据建立了两个产品不坏的实现路径：一类是网器根据故障诊断数据模型，刚出现不良就自动报修，自动服务。另一类是引进美国 PHM 智能诊断预测模型，产品参数一变化，还没坏，就能诊测出潜在的问题，在线处理，实现全程可视，生态共享，全流程保证用户最佳体验。海尔通过不断升级智慧服务，变"应对需求"为"创造需求"，实现"随叫随到、一次就好、全程管家、真诚社群"，在满足全部用户基础需求的基础上，满足个体用户的个性化需求。

2. 智慧服务生态圈的创新实践

智慧服务创新实践，全面提升用户的各项体验。MFOP 质量模式从

---

① 服务微站：海尔集团售后部门为用户搭建的，可提供安装/维修/清洗等家电服务的在线服务平台；同时也是售后服务人员与用户在线交互，为用户提供净衣、净水，净空气生活解决方案的生活服务平台。

② CEI 系统：用户体验即时并联系统（Customer Experience Immediate Synchronization System）。

保修期到保证期，提升用户的产品质量体验；流动服务站模式领先行业，为用户提供更快、更近、更智能的服务体验；服务微站作为链接用户的无边界社群平台，为用户提供主动关怀，实现从用户到终身用户的转变；以 HCC 新系统为代表的服务全流程体系的再造，在为用户提供终身价值的同时，实现服务兵的终身价值。智慧服务为家电服务行业带来三大改变：一是模式上，服务兵创业平台解决服务人员收入低、行业服务外包等顽疾；二是流程上，通过升级服务微站交互平台，让服务兵成为用户的全程管家；三是服务体系上，聚焦服务流程再造，让各利益方共同参与，共同服务好用户。

创新 MFOP 模式：推动物联网时代质量升级。海尔追求的保证期体现的是一种真正为用户负责的态度。在国际市场上，过去把产品坏了免费修、延长保修期当成卖点的做法根本就行不通。在美国，一次上门的人工成本就高达 85 美元，如此高昂的人力成本已经不允许存在缺陷；美、日企业一般出厂前有自身保证要求，欧洲通过第三方服务商代理咬合，事先约定质量承诺，如果超出会加倍收费甚至拒绝服务，用事后维修替代事前保证根本不具备在国际市场竞争的资格。

如图 3.12 所示，2018 年 7 月 6 日，海尔正式发布了面向物联网时代的质量创新成果——MFOP 质量模式，开创家电自反馈、自诊断、自预测系统，为用户提供"故障自预警，事前干预防范"的全新解决方案，提升用户的使用满意度，实现物联网时代质量升级的全新体验。MFOP（无维修工作期，Maintenance Free Operating Period）是一种可靠性评价指标，是指产品能够完成所有规定任务的使用周期，在该周期内无须任何的维修活动，也没有因系统故障或性能降级导致对用户的使用限制。由于 MFOP 不可能百分之百实现，因此使用无维修工作期生存率或置信度来度量，是指在规定的工作环境下，在 MFOP 时间内无须进行任何非计划维修的概率。

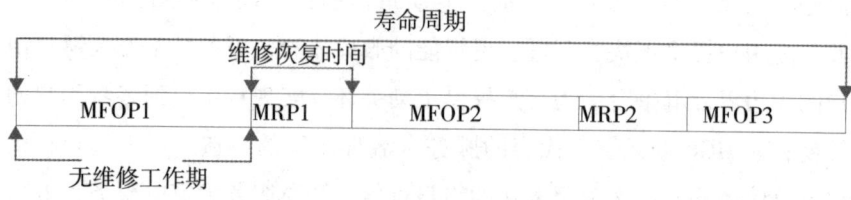

图 3.12 海尔 MFOP 质量模式

　　MFOP 的主要优势有两点：第一，大幅降低维修保障费用。通过 HIHM 核心技术预先诊断产品部件或系统的功能状态以及使用寿命，并结合用户使用需求，事前为用户提供产品保养、远程维护、纠正偏差等服务，将可能存在的故障扼杀在"摇篮"里，确保产品不会因故障而"死机"。第二，产品端通过大数据综合分析用户习惯、挖掘需求痛点，为产品、服务的进一步升级提供精准导向，持续迭代以满足用户最佳体验。

　　为了保证上述目标的实现需要从两方面着手，一方面以家电产品 MFOP 为设计目标，在研发阶段即通过一系列设计验证手段，实现家电产品在寿命期内发生故障的概率极低，可以大大减少甚至免去售后维修等一系列售后服务活动，显著节省成本，同时保证交付到用户手中的是一个高可靠、低风险的产品，明显提升用户的使用体验。另一方面加强产品在用户使用阶段的故障监控及预测，有效预防故障的发生。一旦数据与常规值出现偏差，系统能精准识别故障，在用户还没有意识到的情况下进行主动维护与排查，免去了用户可能出现的抱怨。从"坏了再修"到自反馈、自预测，海尔的质量模式再次提前洞悉用户需求，领先行业。

　　如图 3.13 所示，根据海尔家电产品的研制和使用特点，充分借鉴航空产品系统工程设计的先进经验，构建基于 MFOP 的家电产品可靠性研发保证体系，形成从指标确定、可靠性设计分析到指标验证等贯穿产品设计全周期的工作体系，明确各阶段工作项目，对关键工作项目开展技术研究，形成方法规范，从而提升海尔产品的可靠性设计水平。

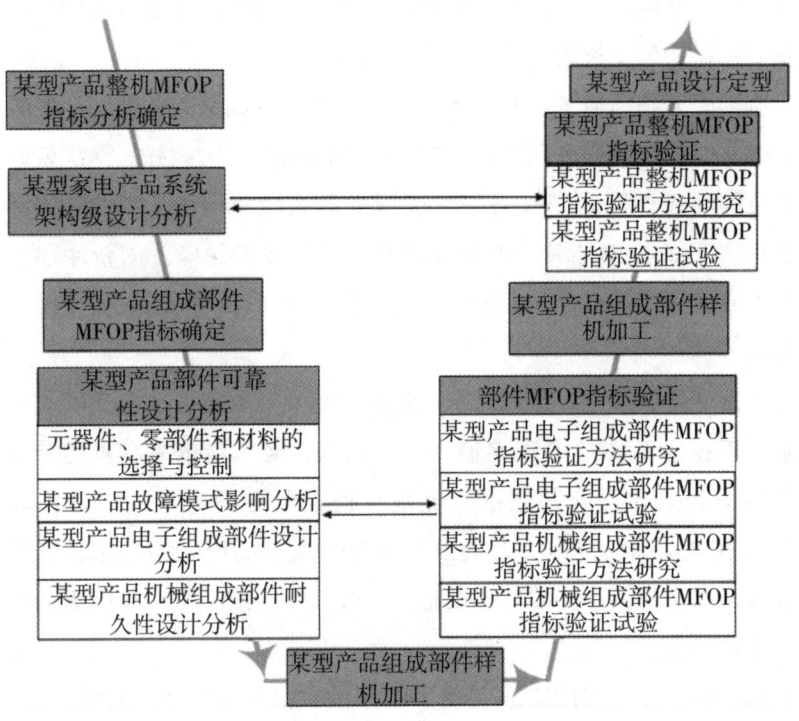

图 3.13 某型号产品 MFOP 保障方案

物联网时代，海尔将全球研发中心设计数据、全球工厂制程数据、全球实验室数据、模块商制程数据以及全球用户数据等进行了互联互通，形成海尔大数据库，为 MFOP 质量模式的创新奠定了基础。而随着海尔质量学院的启用，海尔将进一步发挥其在质量技术与模式的重要作用，以"产学互促"的方式向海尔全球范围输出质量专业人才，并通过质量标准化带动整个行业实现质量创新。

武汉大学质量发展战略研究院院长程虹教授认为，MFOP 质量创新模式为整个中国制造业实现了三大创新：第一，真正实现了与用户同步的质量创新；第二，真正实现了大数据平台的创新；第三，真正实现了集合互联网技术和物联网技术的质量生态创新。

智慧服务新模式：流动服务站，增进用户服务体验。海尔智慧服务战略将直面家电服务三大行业难题，实现服务的全面升级，其中一项非常重要的举措就是推动流动服务站模式落地。

流动服务站搭载了全套服务系统、服务设备和服务备件，是服务兵自己的实时流动的服务网点，以实现随叫随到、一次就好。一次就好服务通过移动备件库的工具升级、爱服务系统（iService）的技能升级、海服务 APP 的抢单升级、服务微站的交互升级来保障。创新流动服务站包含 6 个服务模块，极速响应用户的需求，保障用户全流程最佳体验。

在这一新模式下，用户需求与管家零距离，服务管家极速响应用户需求。现在，海尔有 10 万名服务兵，未来，海尔将依靠自身的专业性和影响力，倡导行业建立准入制度，提升服务的专业性。海尔计划 2018 年在全国陆续推出 1 万辆由特种车辆改装的流动服务站，直接进驻社区，在全国一、二线城市及部分三线城市组成一个对社区无缝覆盖的"零距离服务圈"。

流动服务站模式的实践实现了服务兵、服务商的快速转型。第一，服务兵的转变——给服务兵创业做老板的机会，更多的分佣；流动在社区，产生管家关系，用户更多信任；全流程对赌，用户体验好，增值结果分享。服务兵抢入流动服务站后变化显著：①服务效率提升、工单量增加：服务兵服务工单由 10 个/天增长到 18 个/天，整体平均工单量增加 >50%；②分成模式：原来 50% 给服务商→现在支付 20% ~ 30% 的平台服务费；③服务兵收入大幅增长，收入从月入 5000 元左右到月入 10000 元。④用户好评提升 30%：南昌作为该模式推进的先行者，整体业绩从后 10% 变成前 10%。第二，服务商的转变——服务商由中间商转型抢入平台商。通过竞单抢入平台商，由服务兵来评价，不合格的服务商直接淘汰掉。合格服务商从中间商转变为流动服务站的资源支持平台，如江西鑫海顺服务商，转型后，服务范围由一个产品变为多个产品，团队规模从 9 人增加到 60 人，盈利提升了 60%。

　　全流程的并联体系是实现攸关方转型的关键支撑。第一，物联网时代全程可视的服务流程再造：全程可视、在线抢单、在线评价、移动支付、付薪到兵的实现。第二，互联互通信息并联，实现用户零距离，专业线、闭环线、专家线三线联动。第三，用户驱动的全流程最佳体验：维修信息到人，用户体验信息到人，建立以用户体验为中心的上市前的评价体系。第四，自助在线的服务培训体系：爱服务在线并联 APP 实现服务兵在线学习，全流程知识库自升级，机器人辅助故障诊断；42 个高级技师学院基地建设打通了高素质高技能人才自进入流程。第五，开放驱动的金融创业方案（创客贷）为服务兵提供资源，加快复制；通过资本驱动，支撑服务兵创业。

　　流动服务站的创新模式为行业服务难题提供解决方案。第一，将上门响应时间从行业长期奉行的用户报修后 24 小时缩短至 2 小时，彻底改变"上门慢"的服务难题。第二，通过流动服务站打造移动配件库，实现"一次就好"，克服备受用户抱怨的"一次报修、反复上门"的行业通病。第三，服务兵收入与用户评价直接挂钩，驱动服务兵主动提升技能创业增收，改善影响用户体验的"服务质量参差不齐"的问题。在服务模式上，依托流动服务站这一平台，与用户资源链接，实现了"用户付薪、服务兵主动创业"服务模式的创新。在服务流程上，流动服务站进驻社区后，服务兵通过海尔服务 APP 和公众号组成的"海尔服务微站"与用户绑定，进而实现了从一次服务到 N 次交互的转变。而在服务体系上，不再是传统的安装和维修，而是为用户提供全流程最佳体验的管家式服务体系。

　　智慧服务新平台：管家微站，零距离实时交互管家。微站是物联网时代链接用户服务需求的无边界社群平台，以用户家电服务需求为切入点，除安装、维修、清洗等基础服务外，进一步为用户提供多种家生活解决方案，服务范围从家电深入到用户家生活。

　　管家微站以用户需求为起点，以管家为触点，以解决方案为差异点，建立起以"用户付薪"机制为基础的社群生态，打通了交互、交易、交付的全流程最佳用户体验。其核心优势有以下几个方面：①在线交互、1V1管家：服务兵与用户1对1绑定，成为用户管家，并可24小时交互，随时随地解决用户问题。②一键服务、统一入口：微站在网器、网站、移动端等所有物联网触点实现统一入口，用户在任一入口均可一键报单。③全程可视、三大可视：用户在微站可随时查看自己的服务工单进度，服务兵的上门路线可实时定位查询。④在线支付、现场评价：用户可通过微站在线支付维修费用，并且通过手机现场对服务进行评价。⑤家电日历、主动关怀：通过微站为用户的家电建立档案，根据档案大数据推送家电日历，定期提醒用户进行相关维护，在家电出现问题前，为用户提供主动关怀。

海尔服务微站与用户绑定1V1的管家关系。在此过程中，服务兵可以根据在线交互，挖掘用户对家电或家生活的需求，提供相应的解决方案。用户需要入户服务时，可直接通过微站提交需求，并且实时查询工单进度，用户可以现场查询收费标准，并在线付款，无须现金交易，同时现场对服务兵进行评价。服务完成后，为用户建立家电档案，根据后端的用户家电大数据分析，为用户推送家电日历，定期提醒用户进行家电清洗、保养等后续维护，实现终身用户价值。整个服务过程都能做到全流程可视，用户能直观便捷地获取服务资源、费用信息等，让用户真正掌握服务的主动权。

海尔率先面向物联网时代建立起"用户画像""用户监督"的零距离交互平台，通过"从经营顾客向经营用户"的转变获取用户终身价值，改变了以往用户只能接受企业被动服务的传统服务体系，开启了由用户决定企业口碑的后服务时代。

智慧服务全流程新体系

（1）以服务兵创业为切入的HCC新系统的架构体系。

原有服务IT平台痛点颇多，服务器老化严重且无法升级，技术架构老旧，使用体验差。散：19套系统，不同开发商，不同技术平台，不同数据存放；乱：各个功能重叠，维护主体各不相同；旧：很多系统过期服役，功能和性能都无法支持业务发展；弱：支撑现有业务已力不从心，更不用说满足集团物联网转型要求。基于此，服务流程再造刻不容缓。

新服务定位于为用户提供终身价值的同时，实现服务兵的终身价值。HCC 项目是整个海尔服务体系的再造，此项目自 2017 年 4 月份启动，由 160 余人的项目团队组成，并联了全流程，整合了内外专家资源。HCC 新系统①作为智慧云服务落地的支撑系统，具体有 3 个模式创新：新平台关注服务兵效率，新管家关注服务兵技能，新社群关注服务兵收入：

通过优化服务流程，缩短服务响应时间提升用户满意度；通过用户评价、用户付薪驱动服务兵提升服务口碑，赢取用户满意，并建立与用户"亲情式"的关系；用户对服务兵的评价高，该服务兵就能够抢入承接更大的用户资源，从而提升收入。HCC 新系统的上线，开启智慧服务转型的新篇章。

HCC 系统各版块优化主要从三方面着手：流程优化、功能点创新及体验优化（操作便利），优化创新点在 106 项以上。工单版块主要优化了派单准确定位、工单录入便利、在线评价等方面，提升了 PC 端工单处理效率；结算版块实现了在线支付、付薪到兵、对账单等功能，提升服务商满意，提高了工单结算效率；备件版块围绕备件分账号账户管理、订单即时匹配、订单节点可视等方面优化，方便服务商备件管理与操作；市场支持版块对鉴定、退换工单分工单处理、周转机网点核销等方面进行市场支持；网络版块围绕后备库建设、服务商引入、授权添加、区域块调整等线上操作，各流程节点公开、可视；技术版块优化服务兵自进入，服务兵身份证打卡升级为电子打卡、人脸识别实现线上高效管理等功能点；公共组版块优化系统权限到人、位置可视、菜单模糊搜寻等功能点提升终端系统体验；BI 报表版块优化了可视化报表、多

---

① HCC 新系统：海尔用户体验系统。

种筛选条件组合等方面，使数据展示更直观，数据分析更高效；海服务 APP 主要创新点从在线抢单、排程日历、在线导航、自动签到、机编扫码、图片断点上传、电子报价、在线支付、自接录入等方面提升服务兵端体验。HCC 新系统基于对服务场景的深入洞察，完成了系统化的流程体系升级，实现对现行系统的创新性突破。

在服务体系上，服务不仅是安装和维修，而是为用户提供全流程的最佳体验。用户评价不仅是对服务兵，而是通过信息化的系统零距离并联到企业内部全流程，让所有利益方及时了解用户需求，共同为用户提供最佳解决方案，用户最佳体验成为驱动企业全流程自优化自演进的源泉和动力。

（2）搭建三位一体的培训体系。

如图 3.14 所示，多样化的培训方式，让服务兵更好更快地学习专业技能，提升服务兵的整体素质水平。基地培训原厂化，让新加入的服务兵直接到基地进行培训，了解整个机器的制造过程，现场实践，更直观地掌握专业技术；院校培训联合化，一方面与大学合作，现在服务兵可以到大学去接受培训，可以充分利用大学资源；另一方面，大学毕业生可以抢入流动服务站，实现创业，同时整个服务兵队伍的素质不断提升；爱服务 APP① （iService） 培训实时化，通过 APP 将培训资料上传云端，服务兵可以随时学习，遇到问题可以实时查阅，快速解决用户的问题。

培训的目标是要搭建服务全流程涉及的人员技能提升的技术培训体系，实现技术标准化、培训体系化、管理信息化的不断提升。目标是实现一次就好，服务兵技能提升，咨询解答到位率提高。

---

① 爱服务 APP：爱服务 APP（iService）基于海尔云端技术，打造全方面数字化、移动化、个性化、社交化移动互联网在线协同 & 培训平台，让平台上的每一个服务兵通过自主学习，主动分享，提升服务技能，在给用户（客户）创造价值的同时，实现服务兵的创业梦想，最终成为海尔创业合伙人。

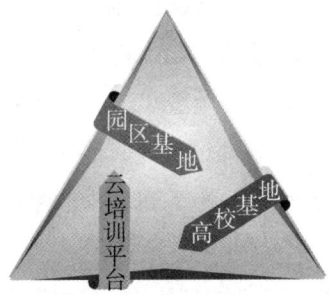

园区基地
过程军事化
资源最大化
场景真实化
生涯职业化
培训交互化

高校基地
人才实用化
流程系统化
讲师专业化
工学一体化
教育前置化

云培训平台（iService）
教材多样化、管理自动化、模式差异化、学习自主化

图 3.14　海尔三位一体的培训体系

第一，通过园区基地培训，提升专业技能，保障服务的原厂化。面向新生，采取通用类＋专业＋实训相结合的培训方式。过程军事化：军事化早操、学习、晚自习；资源最大化：研发、质量、制造资源共享；场景真实化：实机操作，线体历练；生涯职业化：服务工程师选、用、育、留，抢入流动服务站自主创业；培训交互化：理论培训，现场交互。

第二，通过高校基地培训，提升服务兵整体技能，实现高素质人才自进入与输出。面向服务工程师、关键岗位、核心岗位，采取专业＋实训的培训方式。人才实用化：根据产业需求，建订单班为产业定向培养。培养满足企业需求的复合型应用人才，将传统的知识掌握拓展到知识应用，从单一的专业深度拓展到综合能力培养相结合的复合型应用人才培养模式。让学生在掌握专业知识的基础上，拓展知识应用和适应社会能力，满足企业对人才的需求。打造虚实结合的实训新模式，在搭建实训基地的同时，充分利用移动互联网技术，将有限和有形的实训基地搬到虚拟空间，突破传统的物理空间限制，为学生提供更方便、更自由、更丰富的实训选择，资源高效利用。校企合作平台，将传统理论培训转变为理论实践相结合，通过在学校搭建内部实训基地，为学生提供便捷的实训空间；企业为学生提供更广阔的外部实训基地，多线体历练，获取更多产品知识。流程系统化：搭建服务工程师全生命周期的培训体系：新生、升级、年审、失效警示、成套智能；讲师专业化：内部讲师讲实践，资源互换高校讲师讲理论，引入资源第三方讲师讲提升；工学一体化：旺季到工贸实习，淡季到学校上课；教育前置化：岗前培训进课堂。

第三，通过"爱服务"云培训平台移动培训、实时培训，及时进行新品培训，实现管理信息化。面向服务触角所及的六类人，采取多样化的培训形式：VCR 视频课件、VR 实景课件、3D 课件、直播课堂等多样化培训；自动化的管理：实现多维度培训管理及培训报表，日清显差；差异化的培训模式：针对每类人的差异化培训；自主化的学习方式：服务兵利用碎片化时间学习，实现学习自主化、移动化、个性化。移动培训的愿景是实现移动化、个性化、社交化，及时获取终端需求，并实现培训内容的精准推送。

（3）备件支持体系：信息化预测，全程可视。

为保障用户需求，确保备件一要就有，有了就快。通过有效的服务备件管理，提供更多的价值增值，提高客户满意度并最终提高股东利益。备件计划预测与备件可视化解决方案是一种寻求服务水平与备件库存间的优化平衡点而不是单纯两者取一的做法。

海尔备件支持体系对标行业内先进母本，参考三星在韩国本地的做法，从备件全流程信息化计划预测及备件全流程可视化进行突破与落地。海尔备件支持体系整合全流程资源，引入 SVG 及中标院的博士专家、山东大学留美加州理工大学博士后等团队资源，建立实现全流程备件信息化计划预测体系：①针对前端的备件供应商体系，通过信息化系统实现供应商实时查看海尔备件需求计划，使供应商能更好地平衡产能，保障海尔备件供货；②通过系统对订单的滚动预测，自动输出备件采购计划，实现自动下单，结束供应链靠经验下单的模式；③通过系统输出淡旺季备件需求趋势，由淡旺季相错的产品实现人员互补；④针对终端网点常用备件储备，设定安全库存，系统根据常用备件的储存上限和下限自动进行储备；

通过对备件全流程的梳理，建立从用户订单发起，到订单采购，到实物的仓储、配送，到最终完成服务使用，对订单全生命周期的监控管理。从战略层到具体执行层，全流程多层多权限可视化管理，通过过程可控实现结果可控。

流程节点 100% 可视化。通过信息化手段，整合集团及第三方资源，在 HCC 系统中实现各节点可视化：①用户订单需求可视：用户、服务兵、服务商等均可通过 APP 及备件系统随时查询备件订单从下达到采购到接收的全过程。②实物的仓储、配送可视：备件仓储的每个操作动作，以及与第三方的物流配送对接，实现实物仓储与物流全流程可控。通过在前端备件计划的预测，终端仓储与备件操作可视，实现需求、采购、配送、接收等全程可视可控，满足用户需求，提升用户对备件服务的体验。

（4）海服务 APP：服务兵的移动终端。

海服务 APP① 是服务兵工作、学习、创业平台，目的在于给服务兵提供便利，服务兵借助这一学习工具进行在线学习，自升级。服务兵定期人脸识别激活能力，通过可视排程管理用户安排服务行程等，保证信息的真实性，保证用户体验，解决人单不符的情况。

服务兵服务用户，排程日历、在线抢单，在线导航，至用户家自动签到，服务，采集照片等功能提升服务兵工作效率；在线报价、全程可视、在线评价提升用户体验；服务兵代表用户采集质量信息，信息到人、价值到人倒逼质量改进；海服务 APP 链接用户需求，通过抢单为用户提供管家服务，粉丝多、收入多。

其核心优势有以下几个方面：自动签到：在用户地址一定范围内

---

① 海服务 APP：海尔服务工程师现场服务及其日常工作、学习等方面应用的一款应用 APP，包含功能：用户信息抢派单、信息的接收、查看、处理、信息反馈、定位、导航等功能。

（如1000米内）打开工单自动签到定位；照片、视频上传反馈直连工厂：可采集产品、故障件等照片或视频，支持缓存功能，照片带水印（拍摄时间、地点、拍摄人信息）；在线抢单：支持在线抢单，手工抢＋系统抢两种抢单模式可选择，支持语音提醒；在线导航：点击用户住址一键导航；在线支付：电子报价清单，报价后可以在线支付，支持微信、支付宝等支付方式；人脸识别：人脸识别激活服务能力；可视排程：根据预约情况，可视化排定时间段占用情况，方便日程安排及管理；成套群组：成套服务的信息，小组成员能看到其他服务成员及联系方式；在线评价：当场信息处理结单后，触发用户在微站直接评价；个人绩效查看：个人业绩、收入等可以直接查询。

（三）智慧服务生态圈实施效果验证

1. 服务质量大幅提升

通过工贸对流动服务站创业模式的宣传贯彻及培训，形成了"老板抢商、工人抢站"的良性态势，抢入的成套金牌服务商以"大容量、大储备"状态服务升级、转型。通过服务模式的转型，调整分成比例，提供创业平台。服务兵从没有服务积极性到争先抢入流动服务站，抢先创业做老板。

以北京工贸为例，作为运营流动服务站的优秀样板，给予抢入流动服务站的工人以资金支持（提供定金）、信息量支持（优先派工流动站）及政策支持（55分成转为73分成），切实支持服务兵创业；北京工贸的推进目标是运营流动服务站的信息"非常满意"达到信息量的50%。用户评价、用户付薪，非常满意激励实时兑现到人，激励服务兵提高服务水平，用更好的服务态度服务用户；通过合格工人每天工单业绩排序评比，营造争先氛围，并对抢入流动站工人进行日清工作，逐条分析，日清日高，不断提高服务质量；保证用户满意度及流动服务站业绩，提供给用户更优质的服务。

以深度清洗的样板兵厨电金牌工程师王工为例，通过抢入流动服务站，他每天能获得清洗服务的优先派单，信息量很充足，并通过专业厨电清洗服务衍生成套家电的清洗。通过沟通用户成套清洗，一次入户最少能达到 3 件以上电器的清洗量，省时省力，增加收入。清洗服务面对的用户群体多为老用户，多数机器型号老旧，使用年限临近或已经达到产品使用寿命周期，推进以旧换新机会非常多。如果用户选择换新，通过顺逛平台，用户可以直观地线上挑选型号。同时流动站上也会储备几台档次价位、功能不同的机器。现场就可以拆旧换新安装，达成销售订单。提高服务兵收入是提高他们工作积极性的基础，服务兵积极性的提升，服务质量得到大幅提升，切实提高用户的服务体验，用户口碑提升。

2. 服务成本显著下降

物联网时代利用大数据分析，海尔智慧服务 CEI 系统独创"故障逻辑树"，利用信息化系统，让用户评价信息零距离实时到人，驱动全流程全员改善，实现产品质量的不断改进。现在国内信息 100% 到人，信息到人准确率为 96%。用户付薪实现价值到人跟踪，现场工位单人酬实时显示，价值到人率 86%。质量在市场上的结果能够反馈到人，追溯到人。CEI 系统不断优化创新，多媒体信息并联方案解决售后虚假、信息失真等问题；新服务 HCC 系统将故障逻辑树简化 2/3，实现责任一对多及逻辑递进策略防错；推进人岗信息化开发，人员岗位实现信息化取数；根据模块与子件 BOM，采购提供逆向追溯逻辑，实现子件可追溯至模块供应商。

用户评价信息同步传到工厂各流程后，全流程人员行动起来改善。如冰箱玻璃门体闪缝问题反馈到供应商后，模块商主动参与设计，自己花 60 万上了一套自动化设备，并申请了专利，贴胶带压合改进为自动化打胶工艺，杜绝了门体闪缝，且效率提升 75%；原来，热水器内胆漏水居于用户抱怨第一位，内胆焊接有三条缝，需要人工浸水检漏，损失高达 2400 万/年。内胆漏水问题到人后，由三条焊缝变为一条缝，漏水概率降低 67%，损失降低至 800 万/年，实现行业第一个只有一条焊缝的生产商；同时整合中航工业自动化氮氢检漏，保证产品零不良。

开放资源仿真设计，由原来的事后追责变事前保障。例如，原来无法模拟海运实验，现在通过开放资源仿真设计海运零不良，设计效率提高 40%；模块商丹佛斯主动参与设计，提供压机可靠性方案，显著降低成本；原来，沿海高温高湿高盐度，压缩机易出现故障，现在丹佛斯投资研发并免费提供专用防护罩壳，将防护罩壳提升了 2 个防护等级，实现故障归零；在滚筒洗衣机油封改善案例中，通过用户差评淘汰开世，引入国际化模块商日本 NOK 对油封结构及参数重新设计，减小噪声，降低成本；原来，产品的检测主要依赖人工，需要人工操作 10 次、观察 4 次，现在实现荣杰创新智能检测，自检测、自诊断，出厂产品零泄露，效率提升 50%；再比如，储液器焊接问题；原来弧面焊需要 4 次焊接，用户抱怨储液器焊漏，员工反映弧面焊接难度大，经过并联设计进行技术改进，变弧面焊 4 次焊接为平面焊 2 次焊接，实现储液器焊接零不良，焊接效率提升 70%，成本降低 240 元/台。

"全程管家、真诚社群"的智慧服务使整体口碑（云图）评价高于行业、与竞品持平；电商天猫 DSR 高于行业、高于竞品、环比改善；中国区的保内损失率 0.66%，同比改善 5%/1687 万；年内不良率为 0.74%，同比改善 25%，各产业均改善；海外区海外损失 8838 万，同比改善 11%/982 万；不良率为 1.49%，同比改善 4%。

3. 服务生态体系不断完善

海尔率先推出流动服务站，不仅为家电服务提供了线下端的快速反应平台，也让传统家电服务在"服务模式、服务流程、服务体系"三大层面上发生了很大的变化，实现与用户资源的无缝链接，促使传统网点向小微创客服务平台转型，从而打通智慧家庭的"最后一公里"。如果说海尔智慧服务升级战略对于行业三大难题的破解尚属于改善与提升层面的话，那么，其对传统家电服务从模式到流程再到体系的影响，则更具再造意义，带来整个家电服务生态的进化。在这一进化过程中，长期生态收益替代了一次服务收益，家电售后人员变身家生活全程管家，传统服务平台蜕变为社区生态平台，正重新构建起包括了用户、厂商、服务兵等利益相关方在内的共创共赢的智慧服务生态品牌。

传统经济是产品品牌，移动互联网时代是电商平台品牌，而物联网时代是生态品牌。时代已经进入到社群经济时代，是企业站在用户角度来主动满足用户，而不是用户到电商平台在琳琅满目的产品中自己挑。最后是企业和用户在平台上面都能够得利，是共赢，而不是企业单赢。现在海尔智慧服务平台正在探索的就是后电商平台社群经济的模式，做和用户有交互有诚信的触点网络，建社群建物联网时代的生态品牌。

打造生态品牌就是做触点网络，与用户做连接，把用户、服务兵、所有攸关方连接起来，互联互通，零距离交互，构成一个"服务生态"。服务生态，这个词似乎圈定了生态的领域，但是，人和社会都离不开服务。我们要做的，就是用"服务"做连接，构筑一个一个的社区。

海尔智慧服务平台通过服务创新，建立起以"用户付薪"机制为基础的社群生态，在此过程中，服务兵可以根据在线交互，挖掘用户对家电或家生活的需求，提供相应的解决方案。入户后，为用户的家电建档，根据后端的用户家电大数据分析，为用户推送家电日历，定期提醒用户进行家电清洗、保养等后续维护，若用户有以旧换新等需求，可现场拆旧换新安装，达成销售订单，实现终身用户价值。

打通交互、交易、交付的全流程最佳用户体验，实现服务兵创客转型，2018年累计实现以旧换新26.67万台，收入4.02亿元，家电清洗量430716单。

在业内专家看来，在物联网时代家电行业转型发展的进程中，无论是在理论高度还是实践层面，海尔智慧服务将是行业变革的重要方向。此番流动服务站的推出，是家电行业智慧服务一次具有里程碑意义的变革，将直接引发智慧服务生态的进化和重构，加速物联网时代整个家电行业转型发展的脚步，给正处于转型时期的家电行业提供有益的探索和启发。

第五节　生态圈化企业转型研究发现

一、企业转型以管理模式创新为基础

纵观海尔的生态圈化转型过程，针对生态圈化过程的举措进行编码，形成构念，进一步范畴化，可以得出生态圈经历了生态圈模式和方向明确、机制驱动新成立的生态圈坐实落地、回到生态圈体系的迭代演进的过程。即，生态圈化是由"模式明确"为起点和基础的。再追溯"生态圈模式"之前的管理模式基础便是海尔独有的"人单合一模式"。实践上，后者的创新（于 2005 年提出）远早于前者（于 2011 年提出），也正是"人单合一"管理模式的成熟，使得后来的"生态圈化"认知在短时间（2011—2013 年）内得以统一和明确。除了"模式"创新是企业转型的起点外，在后续的"驱动机制"和"迭代演进"阶段，"人单合一模式"的成熟理念、机制和工具也是"生态圈化"顺利进行的基础保障。因此，通过个案的特殊行为的归纳，可以一般化为：企业转型以"模式创新"为基础。

二、"55N"生态圈化模型是企业转型的新路径

通过上述企业转型的案例剖析，可以得出生态圈化的可行路径包括：横向利益攸关方共享体验和纵向产品服务价值创造的生态圈化，而非单独一个产品、部门、职能的局部生态圈化，是一个开放、持续的综合架构。其中横向生态圈化包括面向政府城市升级诉求的"产城创"生态圈、满足中小企业转型升级诉求的"工业互联网"生态圈、关注企业员工认知成长的"企业大学"生态圈、旨在与用户零距离交互以促进产品迭代的"品牌社群"生态圈、赋能有创新创业者的"双创"生态圈化。其要义在于传统职能的"共享化"，以更大限度的开放和引

力，更有效率地获取和配置一流资源，快速转化为一流的用户体验；纵向生态圈化包括面向产品服务企划的"开放创新"生态圈、制造的"互联工厂"生态圈、营销的"三店合一"生态圈、送达的"智慧物流"生态圈、售后服务的"智慧服务"生态圈化。其要义在于单个产品或服务的"价值创造"，以保证实现最佳的高质量"爆款"。

将个案的生态圈化路径进一步范畴化，可以一般化为"55N"生态圈化路径矩阵模型，如图 3.15 所示，横向聚焦于"5 个"利益攸关方的"共享体验"（GESCI），纵向聚焦于"5 个"产品服务的"价值创造"（OMIDA），通过纵横生态圈的有效匹配，实现用户的"N 个"最佳体验。其中，横向利益相关者包括政府（Government）、企业（Enterprise）、员工（Staff）、用户（Consumer）、双创者（Innovator & Entrepreneur），纵向产品服务价值创造包括创意（Originality）、制造（Manufacture）、交互（Interaction）、交付（Delivery）、售后（After – sale service）。

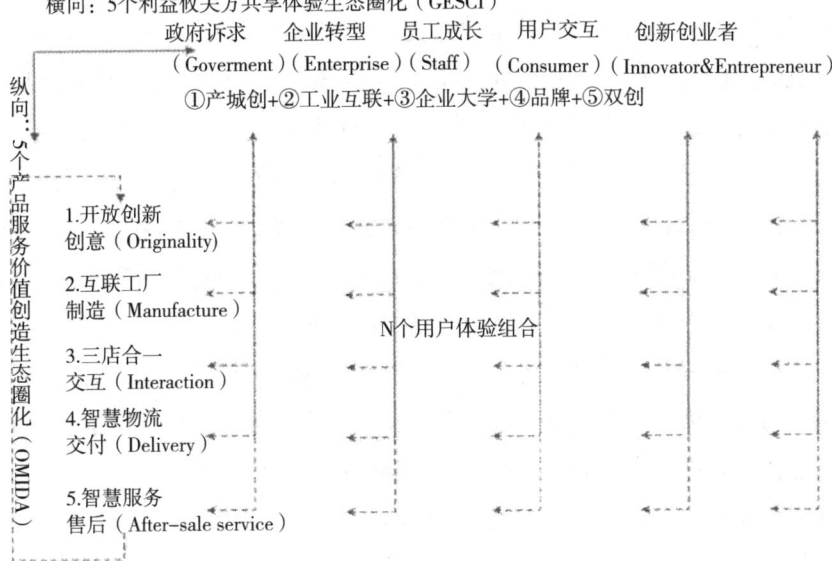

图 3.15　55N 生态圈化路径矩阵

三、生态圈化的"共生、自洽、演进"

将海尔生态圈化路径经过一次范畴化后，如表3.5，对照已有文献理论体现进行匹配，发现面向政府诉求的生态圈内的个体间存在汲取共享生态养分的现象，例如个别企业、个人会将注意力转移至如何利用政府公共政策"搭便车"以实现自利，从理论上共享生态圈无法避免这种"寄生"现象；面向企业转型诉求的生态圈内则实现了一方收益的同时其他方无损的"共栖"现象，例如在类似"工业互联"的基础平台上，可以凭借互联网等技术和平台效应，可以实现"零边际成本"的接入需要赋能的企业；面向用户交互的生态圈内的个体也出现了相互依存、不离不弃的良好现象，例如，在类似"品牌社群"的生态圈内的个体以共同的价值取向和体验为标准识别"品牌"，并且相互分享和互助以提高最佳体验，不仅是相互依赖，进而出现"一言不合被踢出群"的排他性；面向创新创业者的生态圈内最易于产生新事物，例如流程创新、创意产品化等均可通过"圈内人"整合或提供协助得以更快更好地实现；面向创意的生态圈通过开放创新和相关"达人"实现价值链的前向和后向一体化；面向交互的生态圈内，用户的"意见交互"不仅是促进改进产品服务的有效途径，而且可以通过"圈内人"或其"熟人"完成交易；面向交付的生态圈也体现了依据国家要求、行业惯例、技术保障和用户个性化需求而不断完善升级其自身的运营模式；面向售后的生态圈则体现了效能扩散的外部性，例如通过售后发现新的需求，通过竞争提高整个产业链以及社会服务进步。

进一步范畴化，可以得出横向共享体验生态圈化是实现生态圈共生能力的有效路径，纵向价值创造则是实现生态圈化自洽和演进能力的有效途径，其中创意、制造、交互生态圈化体现自洽能力，交付、售后生态圈化体现演进能力。生态圈化的能力构建如表3.5所示。

表3.5　生态圈化的能力构建

海尔生态圈化		范畴化1	理论体现	构念	范畴化2
横向	产城创	政府	利益相关者间存在汲取组织养分的现象	寄生	共生
	工业互联	企业	利益相关者间存在一方受益、另一方没有影响的现象	共栖	
	企业大学	员工	利益相关者间存在暂时合作，彼此受益的现象	共惠	
	品牌社群	用户	利益相关者间存在相互依存、彼此受益、不可分离的现象	共利	
	双创	双创者	利益相关者间存在产生新物质的现象	衍生	
纵向	开放创新	创意	向产业链上游和下游延伸产品和服务，实现前向一体化和后向一体化发展	垂直一体化	自治
	互联工厂	制造	增加产品和服务种类，实现多元化发展	横向一体化	
	三店合一	交互	在生态圈内部可以完成相当部分产品和服务交易	闭环	
	智慧物流	交付	生态圈一直不断自我完善	进化	演进
	智慧服务	售后	效益能扩散到生态圈外部，具有外衍性	溢出	

　　综上所述，案例研究发现：企业转型是以"模式创新"为基础；"55N"生态圈化矩阵模型是企业转型的新路径；生态圈化实现了共生、自治、演进能力，但能否改善企业转型绩效尚需进一步实证研究。

第四章　生态圈化企业转型的实证研究

第一节　企业转型的实践效果检验

一、国际专家肯定

全球著名商学院和管理学者如美国战略管理大师加里·哈默、瑞士洛桑国际管理发展学院（IMD）创新管理学教授比尔·费舍尔等都认为海尔的"人单合一"模式不仅是管理模式，而且是社会模式，具有跨文化、跨国界的特性，这是具有中国知识产权的颠覆性的创新模式。Thinkers 50 思想实验室（中国）将海尔作为在中国的首个研究基地。Thinkers 50 联合创始人、《管理百年》作者斯图尔特·克雷纳提出海尔模式让德鲁克思想在中国得到验证；加拿大西安大略大学毅伟商学院《毅伟商业评论》编辑托马斯·沃森认为，海尔模式是比硅谷模式更好的模式；哈佛大学调研人单合一在 GEA 的落地，提出海尔模式终结了继承人制度。每年有几千家国内外大中小企业来海尔学习交流人单合一模式，目前人单合一模式已在农业、医疗界进行了试水和改造。

二、跨文化复制

人单合一模式走出国门，复制到海尔并购的日本三洋电器、新西兰的斐雪派克、GE 家电等，都产生了很好的效果。海尔将通过"沙拉式"的多元文化融合体系持续推进人单合一模式的国际化。

比如日本三洋年功序列制——员工对企业忠诚，向心力强，但和用户之间有防火墙，制约了年轻人岗位提升空间，通过海尔人单合一模式，让员工听命于市场，人人创客，与用户零距离，激活了员工创业动力，给他们提供了自主空间。三洋在被并购 8 个月后实现止亏。

再如 GE 是线性管理和传统管理的典范，是海尔学习的样本。海尔2016 年收购 GE 美国，并将人单合一注入 GEA，目前已取得阶段成果：此前 2007—2016 年 GEA 的收入增长是 −20%，现在，2017 年 1—10 月它的增长是 8%，收购前六年（2010—2016 年）GEA 的利润增长率是4.6%，但是 2017 年 1—10 月增长率是 35%。针对海尔在 GEA 实行的三人委员会（首席执行官、首席运营官、首席商务官），哈佛大学教授说：你们打破美国的接班人传统……并着手再次将海尔作为教学案例。

三、跨界验证

海尔的人单合一模式已经不仅在家电领域崭露头角，而且打破了行业屏障，成功在医疗、农业、服务、媒体等多个行业落地：如上海盈康护理院将人单合一应用于医护领域形成了"医患合一"模式。盈康将原来的三座病房楼拆成了以楼层为单位的 15 个小微，由主任、医生、护士、护工组成的小微团队，为患者提供全流程的服务。由病区小微主对小微整体的运营情况全权负责，各个小微实行独立核算。转型半年多，医院没有出现一例医患纠纷。盈康的单床收入套圈行业平均水平，成员收入平均提升 33%；相较于传统的护理院通过药品的价差来实现盈利的方式，盈康护理院盈利能力的提升主要源于新业务的开展，总收入的药占比降低 5%（由 25% 降到 20%）。目前盈康积极探索线上线下结合的"网养平台"，不再根据医院水平来找用户，而是根据市场需求来提升经营能力，线下对外赋能，进行护理院托管和上门服务，线上通过"医患合一"APP 搭建护患沟通平台。

四、促进新旧动能转换效果

中央领导对海尔人单合一模式探索成果给予肯定，指出海尔走出了一条中国特色的全球引领之路，批示让中央媒体进行宣传推广，并且由工信部主导组成团队对海尔管理经验进行研究并将在全球进行复制推广。

"产城创生态圈"模式是人单合一模式在全国落地的平台。"产、城、创"是物联网范式的集大成。"产"，即智能制造平台。凭借海尔具有自主知识产权、用户全流程参与的 COSMOPlat，打造全球先进的产业平台，做强中国制造业，引领、引爆物联网时代新范式。"城"，即智慧生活平台。智慧生活将提升居民的生活幸福指数，将促使传统的评价指标，由 GDP（国内生产总值）转型为 GDH（国内幸福总值）。"创"，即双创平台。互联网时代让世界"零距离"，以新技术推进双创平台发展。"产城创"将智能制造平台、智慧生活平台、双创平台三者不断更新换代、相互促进、融合发展。通过产业促进创业，通过创业拉动就业，智慧生活社区来做配套，形成产业、创业、生活为一体，开放、共创、共赢的平台式生态圈，为城市发展提供新动能和新样板，推动城市产业转型升级。

产城创，它已不再是一个普通的工业园，而是一个产业、创业、生活为一体，开放、共创、共赢的物联网经济原点。产城创模式颠覆了传统工业园模式，已从 1.0 工业园模式发展到 2.0 平台模式，并将逐渐演进到 3.0 生态圈模式。带动中小企业转型升级的同时，带动城市区域转型发展，成为国家产业转型升级的名片。目前，产城创已在天津、上海、广州、济南等城市落户。

五、经济效益和社会效益

经济收入方面，2018 年，海尔集团全球营业额达到 2661 亿元，同比增长 10%，全球利税 331 亿元，同比增长 10%。2018 年海尔集团实现全年生态收入 151 亿元，同比增长 75%。2018 年社群交互产生的交易额首次突破 1 万亿元，同比增长 273%。在海外市场，得益于人单合一模式的推广和复制，坚持创品牌战略，2018 年海尔海外市场收入占全球总营业额 48% 以上，全球各个市场强劲增长。目前，海尔在全球拥有 10 大研发中心、24 个工业园、108 个制造工厂、66 个营销中心。

科技创新方面，海尔累计获得国家科技进步奖 14 项，获奖总数占中国家电行业的 60% 以上。2018 年 1 月 8 日，2018 年度国家科学技术奖励大会在人民大会堂举行，海尔凭借"滚筒洗衣机分区洗护关键技术及产业化"项目获国家科技进步奖二等奖。全球专利布局最强、质量最高，通过自主研发和开放式创新，累计申请发明专利 2 万余件，覆盖近 30 个国家和地区，海外发明专利数量 9000 +，是中国在海外布局发明专利最多的家电企业；同时，累计获得国际设计大奖 119 项，近五年获奖总数占中国白电企业的三分之二，占全球白电企业的三分之一。全球标准布局上，国内引领、国际领先，中国家电领域 80% 的国际标准提案以及 80% 的国际标准专家均来自海尔。

制造模式转型方面，COSMOPlat 是全球唯一一个用户全流程参与的交互的工业互联网平台，它是高于美国先进制造业和德国工业 4.0 的世界第三级，国际四大标准组织之一，美国电器与电子工程师协会通过了一项由中国海尔主导的大规模定制国际通用要求标准的建议书，这是全球首个由中国企业主导制定的智能制造标准，海尔 COSMOPlat 代表着中国模式开始走向世界舞台中央。2018 年 1 月 1 日参考消息刊登了一篇题为《海尔在全球舞台"首秀"中国模式》的文章，海尔以用户为中心的智能制造模式走向世界甚至引领世界。它是助力中国中小企业转型升级的平台，平台上聚集 3 亿多终端用户和 380 多万家企业，交易额超过 3000 亿。

品牌影响力方面，2019 年 1 月 10 日，世界权威市场调查机构欧睿国际数据显示：2018 年海尔全球大型家用电器品牌零售量第一，这是海尔第 10 次蝉联全球大型家用电器品牌零售量 NO.1。为此，欧睿国际又特别给海尔颁发了"连续 10 年大型家用电器（2009—2018 年）全球第一品牌"证书，这也是欧睿国际颁发出的第一张"10 连冠"证书。此外，海尔制冷、海尔洗衣机也继续蝉联全球 NO.1。2018 年 12 月 18 日世界品牌实验室官网发布 2018 年度《世界品牌 500 强》排行榜，海尔作为全球首个物联网生态品牌入榜，排名世界品牌第41位，较上年上升9位。

第二节　测量和研究假设

一、生态圈化的测量

依据 Moore（1996）、周凌云等（2013）、徐晋（2014）、孙金云等（2016）关于生态圈共生的研究，以及 Moore（1996）、徐晋（2014）、孙金云等（2016）、龚新蜀等（2017）关于生态圈自治的研究，还有 Hannan et al.（1977）、刘岩等（2012）、孙金云等（2016）关于生态圈演进的研究，设计并优化为共生5个题项、自治3个题项、演进2个题项，如表4.1 所示。

表4.1　生态圈化测量题项

一级变量	二级变量	生态圈测量题项
生态圈化（ST）	共生	GS1 寄生。利益相关者间存在寄生（汲取组织养分）的现象
		GS2.1 偏利共生。利益相关者间存在共栖（一方受益、另一方没有影响）的现象
		GS2.2 原始协作共生。利益相关者间存在共惠（暂时合作，彼此受益）的现象
		GS2.3 互利共生。利益相关者间存在专性共生（相互依存、彼此受益、不可分离）的现象
		GS3 衍生。利益相关者间存在衍生（产生新物质）的现象
	自治	ZQ1 纵向一体化。利益相关者向产业链上游和下游延伸产品和服务，实现垂直一体化（前向一体化和后向一体化）发展
		ZQ2 横向一体化。利益相关者增加产品和服务种类，实现多元化发展
		ZQ3 闭环。在生态圈内部可以完成相当部分产品和服务交易
	演进	YJ1 进化。生态圈一直不断自我完善
		YJ2 溢出效应。生态圈效益能扩散到生态圈外部，具有外部性

二、企业绩效的测量

经营绩效衡量企业一段时间的经营状况，包括财务指标及市场指标，经营绩效量表主要在 Vorhies 和 Morgan（2005）、Homburg、Hoyer 和 Fassnacht（2002）所用量表基础上设计完成，从市场份额、销售收入、投资回报率、盈利额几方面进行测量。社会绩效是指企业实施服务衍生后带来的社会性影响，主要有社会声誉、环境生态等方面，参考 Desrochers（2002）、苏敬勤（2009）、王秀峰（2015）、刘常勇（2010）等人研究确定相应指标，并结合服务衍生特征进行适当调整。本文企业绩效从经营绩效、社会绩效两方面，共 8 个指标进行测量，如表 4.2 所示。

表 4.2 企业绩效测量题项

一级变量	二级变量	企业绩效测量题项
企业绩效（QJ）	经营绩效（JY）	JY1 企业转型后使贵公司市场份额不断增加
		JY2 企业转型后使贵公司销售收入不断增加
		JY3 企业转型后使贵公司投资回报率不断增加
		JY4 企业转型后使贵公司盈利额不断增加
	社会绩效（SH）	SH1 企业转型后增加员工的责任意识、公司归属感
		SH2 企业转型后能够提高贵公司的社会声誉
		SH3 企业转型后能增进贵公司的社会责任
		SH4 企业转型后能提高贵公司社会资源效率

三、研究假设

共生。徐晋（2014）认为生态圈的共生是指各组成要素和参与主体相互依存的状态，包括寄生、共栖、共惠、专性共生和衍生。组织生态视角下，各组成要素和微观主体实现共生是生态圈演进的前提和基础。Kauffman（1993）认为在复杂的组织生态系统中，只有各要素间的

"联结"和"联结驱动力"同时存在，才能在系统中形成"实时有秩序地创造"。依据 Moore（1996），生态圈作为一种有机经济组织，周凌云等（2013）认为各微观主体要想融入整个生态系统，实现健康发展，就必须不停交互、适应和融合，将自身资源、技术和能力与生态圈进行匹配，达到资源、技术和能力等方面的互补，并占据特定的生态位空间，形成高层次的、协同进化和共生共存的"命运共同体"。孙金云等（2016）认为生态圈各要素的共生显著影响其进化和效益溢出。结合物流生态圈共生的性质，重点考虑寄生、共生（偏利共生、原始协作共生、互利共生）和衍生。因此提出以下假设，H1a 生态圈共生对企业经营绩效有显著正向相关关系；H1b 生态圈共生对企业社会绩效有显著正向相关关系。

自治是指各组成要素和参与主体能够构成一个完整的生态闭环。徐晋（2014）认为生态圈自治的基础是生态圈内部纵向产业链条的一体化和横向业务发展的多元化。孙金云等（2016）认为生态圈各要素的自治显著影响其进化和效益溢出。龚新蜀等（2017）认为物流产业形成集聚后，达到内部的自治性有利于经济溢出效应的产生。结合物流生态圈自治的性质，重点考虑纵向一体化、横向一体化、闭环等，并提出如下假设：H2a 生态圈自治对企业经营绩效有显著正向相关关系；H2b 生态圈自治对企业社会绩效有显著正向相关关系。

演进探讨的是利益相关者与周边环境资源的互动关系，即组织、个体和环境资源的相互影响，生态圈演进表现出明显的动态性、进化性和溢出效应。Hannan et al.（1977）认为生态圈演进是利益相关者与环境资源的互动状态，刘岩等（2012）认为该状态下形成更具适应性和竞争力的高效组织生态系统，并不断向前演进，表现出高度的内部共生性、自治性、整体动态性、进化性和溢出效应。孙金云等（2016）基于共演理论和组织生态理论汇总提炼创业生态圈具有共生性、自治性、进化性和溢出效应的特征，并由文化环境、制度环境和市场环境等基础要素、人力资本、金融资本和科技研发等结构要素构成。因此提出以下假设，H3a 生态圈演进对企业经营绩效有显著正向相关关系；H3b 生态圈演进对企业社会绩效有显著正向相关关系。

第三节 统计分析

一、数据收集

本研究采取问卷调查方法进行数据收集。调查问卷采用 5 分制评分等级，调查问卷的设计经过了预测试、修改而后确定的过程，受访对象限定于海尔的生态圈主及其高管人员或中层管理人员。样本范围涉及冰箱、洗衣机、空调、房地产、机器人、文化、装修、房车、陶瓷等行业领域，主要分布于山东、江苏、广东、浙江等省份。本次研究共发调查问卷 300 份，实际回收 210 份，回收率为 70% 。有效问卷为 200 份，总体上，本研究的样本虽非随机抽样所得，但样本企业具有较广泛的行业代表性，样本的其他特征也与本研究的要求相符，样本数量也达到研究要求。而且企业内部的生态圈主、高管人员大都熟悉并且在长期工作中建立了较好的信任和理解度，因此可以认为样本具有较好的代表性。

二、信度与效度分析

依据样本数据，本研究采用 α 信度系数法分析大样本生态圈化和企业绩效。对问卷进行了信度检验，结果如表 4.3 所示，从各子维度的项目间相关系数看，生态圈化和企业绩效量表中 Cronbach 系数 α 均超过了 0.7 的这一可接受水平，各构面的组成信度都在 0.7 以上。平均变异抽取量也在 0.5 以上，说明问卷具有较高内部一致性程度和信度水平。此外，由于本研究所使用的指标体系多是借鉴以往较为成熟的文献，很多学者都曾使用这些指标测量相关变量，而且本研究在计算战略转型能力和企业绩效相关构面的相关系数，均得出该相关系数值的 95% 置信区间不包含 1，说明问卷具有较好的区分效度（Anderson ，1987）。

表4.3 变量信度分析结果

各变量及维度	题项（数量）	Cronbach 系数 α	组合信度	平均变异抽取量
共生	GS1 ~ GS3（5）	0.782	0.902	0.687
自治	ZQ1 ~ ZQ3（3）	0.833	0.932	0.741
演进	YJ1 ~ YJ3（3）	0.914	0.941	0.809
经营绩效	JY1 ~ JY4（4）	0.891	0.940	0.812
社会绩效	SH1 ~ SH4（4）	0.876	0.912	0.723

三、结构模型构建与验证

依 Kwan et al.（2011）所提出的建议，测量高层级的构念之时可应用直接一致模型（Direct Consensus Model，DCM）或是参照转移模型（Referent Shift Model，RSM）。应用"直接估计构念整体"展开分析，根据理论模型及假设，构建结构模型。

本文利用 LISREL 8.52 软件对战略转型能力各构成要素与企业绩效关系进行了检验，得到图 4.1 所示的结构方程模型（SEM）实证数据图。

根据对构建的结构方程中所拟合后得到的各个指标进行整体模型适配度分析。本研究整体模型的绝对拟合优度测量指 $x^2/df = 2.25$；GFI = 0.880；与理想值 1 非常接近；RMSEA = 0.063，因而该模型绝对拟合优度较好，可以利用它的结果对研究假设进行验证。研究假设的验证情况如表 4.4 所示。

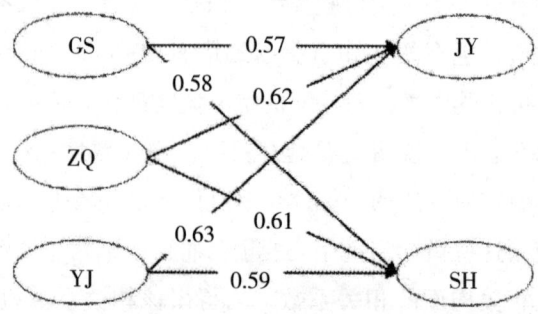

图 4.1 生态圈化与企业绩效结构方程模型

表 4.4　研究假设验证

变量间的关系	标准化系数	标准误差	t 值
共生（GS）→经营绩效（JY）	0.57	0.065	2.56
自洽（ZQ）→经营绩效（JY）	0.62	0.067	3.56
演进（YJ）→经营绩效（JY）	0.63	0.069	3.98
共生（GS）→社会绩效（SH）	0.58	0.071	2.51
自洽（ZQ）→社会绩效（SH）	0.61	0.064	3.87
演进（YJ）→社会绩效（SH）	0.59	0.077	2.63

注：所有 t 值在 p = 0.000 显著。

由标准化系数（U）可以看出，共生、自洽、演进分别对经营绩效和社会绩效的所有 t 值大于 2，即都是影响企业绩效的因素。

四、结果讨论

通过实证，验证结果如表 4.5 所示。

表 4.5　验证结果

假设	内容	验证结果
H1a	生态圈共生对企业经营绩效有显著正向相关关系	支持
H1b	生态圈共生对企业社会绩效有显著正向相关关系	支持
H2a	生态圈自洽对企业经营绩效有显著正向相关关系	支持
H2b	生态圈自洽对企业社会绩效有显著正向相关关系	支持
H3a	生态圈演进对企业经营绩效有显著正向相关关系	支持
H3b	生态圈演进对企业社会绩效有显著正向相关关系	支持

也就是说，生态圈化企业转型的各要素（共生、自洽、演进）与企业经营绩效、社会绩效均存在显著正相关。其中共生对企业经营绩效和社会绩效的影响小于自洽和演进；自洽和演进各自对企业经营绩效的影响大于对企业社会绩效的影响，而共生刚好相反；演进对企业经营绩

效影响最大。

联系企业生态圈化的实践，可以得到相同的验证。如共生是指生态圈内各组成要素和参与主体相互依存的状态，包括寄生、共栖、共惠、专性共生和衍生，由于其提供的是"共享产品服务"，结构上无法避免"搭便车"，因而影响实际提供资源的经营绩效，但对整个生态圈的建设必不可少，正如社会系统必须提供"关爱弱势"和"基础设施"一样，聚焦于"共享体验"的横向生态圈化是保证整个生态系统稳定和繁荣的基础。

自治是指各组成要素和参与主体能够构成一个完整的生态闭环。

演进探讨的是利益相关者与周边环境资源的互动关系，即组织、个体和环境资源的相互影响，物流生态圈演进表现出明显的动态性、进化性和溢出效应。自治和演进生态圈化聚焦面向产品和服务的价值创造能力的提升，要义在于突破传统"价值链"的"封闭"，在创意、制造、交互、交付、售后等阶段充分开放，吸引用户和攸关方的"智力资本"和"在线资源"，持续将产品服务迭代升级，实现用户最佳体验，进而从单个或单类产品服务升级到全场景、全要素、全生命周期体验，最终实现生态品牌。因此，自治、演进是面向纵向价值创造持续迭代的生态圈化，重在提升用户的"价值创造"体验，而非横向生态圈化的"共享体验"。因此，两者实际上是企业经营绩效的直接提供者和显著影响要素。

生态圈演进是利益相关者与环境资源的互动状态，生态圈演进表现出明显的动态性、进化性和溢出效应。动态性保障了企业生态圈化不被僵化，能够动态适应快速变化的环境和用户个性化需求。进化性保障了企业生态圈化不被超越，能够始终满足用户不断增长的美好生活体验的需求，而不被竞争对手模仿和超越。溢出性保障了企业生态圈化的共演特性，任何生态圈都是开放的，必须与政府、企业、员工、用户、创业者等攸关方互动、共同演进，必然有外部性溢出效应，这也是演进对企业经营绩效贡献最大的因素之一。

第五章 结论与展望

第一节 研究结论

经过纵向研究生态圈化企业转型过程的案例发现：一是，企业转型是以"模式创新"为基础和切入点，就是说在企业转型开启之前要首先创新变革传统的"管理模式"，以最大限度、最短时间、最少成本地实现转型认知的统一和明确，并以此指导后续转型的执行；二是，"55N"生态圈化矩阵模型是企业转型的新路径，其中，横向聚焦 5 类利益攸关方（政府、企业、员工、用户、双创者，即 GESCI）共享体验，纵向聚焦 5 个产品服务（创意、制造、交互、交付、售后，即 OMIDA）价值创新，两个方向交汇实现 N 个最佳用户体验，纵横两个方向的生态圈化同时进行，缺一不可；三是，生态圈化实现了共生、自治、演进能力，其中横向利益攸关方共享体验生态圈化是实现共生能力的有效途径，纵向产品服务价值创造生态圈化是实现自治和演进能力的有效途径。

经过实证发现，一是，共生、自治、演进生态圈化要素分别与企业经营绩效、社会绩效存在显著正相关；二是，共生对企业经营绩效和社会绩效的影响小于自治和演进。即，横向利益攸关方共享体验生态圈化对企业绩效的贡献小于自治和演进，但因其是保证整个生态系统稳定和繁荣的基础，因而不可或缺；三是，自治和演进各自对企业经营绩效的影响大于对企业社会绩效的影响。即，纵向产品服务价值创造的生态圈化重在提升用户的"价值创造"体验，因此实际上是企业经营绩效的直接提供者和显著影响要素，因而对企业经营绩效的影响大于其对企业社会绩效的影响；四是，演进对企业经营绩效影响最大。演进因具有明显的动态性、进化性和溢出效应，因而成为对企业经营绩效贡献最大的因素之一。

第二节　研究局限与展望

一是，样本数据集主要来源于海尔企业生态圈，尽管该生态圈内非海尔企业占多数，但仍属于海尔攸关方，仍属于特定行业、特定发展阶段，不能全面反映我国传统大企业生态圈化转型的实际情况，无法得出普适性的结论。另一方面由于样本容量较小，结构方程模型稳定性不强。同时各维度假设验证时使用整体样本数据，这可能会造成一些歧义。

二是，案例研究中，生态圈化"55N"模型仅仅是简化的方向性路径，缺乏详细、一般化的"如何"横向、纵向生态圈的步骤和工具研究。

三是，实证研究中，仅仅验证了共生、自洽、演进要素与企业经营绩效和社会绩效正相关，尚缺少各要素对绩效的内部影响机理，以及中间变量的实证研究。

四是，本研究结论来源于特定中国大企业（海尔）的生态圈化企业转型案例，缺少跨案例、跨领域对比研究，难以避免"路径个别性"实际局限。

主要参考文献

［1］ 姜勇，修国义．企业战略转型的本质及其影响因素分析［J］．科技与管理，2007（2）：51－53.

［2］ 曹仰锋．海尔转型：人人都是 CEO［M］．北京：中信出版社，2014.

［3］ 张瑞敏．VUCA 下的零距离和从零开始——《轻足迹管理》的三点启示［J］．商学院，2014（12）：46－48.

［4］ 张瑞敏．企业要做生态圈［J］．现代企业文化（上旬），2017（1）：74－76.

［5］ 郑子辉，等．社群经济模式［J］．企业管理，2017，432（8）：13－17.

［6］ 肖红军．共享价值、商业生态圈与企业竞争范式转变［J］．改革，2015（7）：129－141.

［7］ 陈录城．海尔工业互联网创新实践：COSMOPlat——助力企业换道超车［J］．互联网天地，2017（3）：17－19.

［8］ 郑子辉，等．以双创平台建设促进传统大企业转型升级——以海尔为例［J］．中国经贸导刊，2017 年 11 月，第 32 期．

［9］ 徐雨森，陈蕴琦．企业大学的功能体系及其演进过程研究 ——海尔大学和华为大学的纵向案例分析［J］．科学学与科学技术管理，2018（2）：95－103.

［10］ 任俊宇，胡晓亮，于璐璐．创新驱动的"产城创"融合发展模式探索［J］．规划师，2018，34（9）：96－101.

［11］ 郑子辉，周小虎，赵建华．海尔：打造品牌社群传播新模式［J］．

企业管理，2017，431（7）：52 - 55.

[12] 沈晓彤. 互联网+与品牌革新——基于海尔集团的案例研究 [J] . 现代营销（经营版），2018（3）.

[13] 朱晓红，焦玉志. 企业平台生态圈上的创业型企业品牌建设策略 ——基于海尔集团"创客公地"两家小微企业的比较案例研究 [J] . 齐鲁工业大学学报，2018，32（1）：77 - 80.

[14] 陈丽娟，马旭. 基于微博平台的品牌传播策略转型研究——以海尔官微为例 [J] . 新媒体研究，2018，4（21）：154 - 156.

[15] 胡泳，郝亚洲. 知识论导言：张瑞敏的实践智慧 [M] . 北京：机械工业出版社，2016.

[16] 林志贤. 新海尔模式：制造业互联网再革命 [M] . 北京：企业管理出版社，2017.

[17] 张卓，魏杰. 开放式创新：基于战略过程的分析框架与研究展望 [J] . 管理现代化，2018，38（1）：51 - 54.

[18] 李瑞友，姬传涛，宋好杰. 互联工厂、人人创客——知识型员工转型 [J] . 中国人力资源开发，2015（10）：35 - 40.

[19] 张维杰. 海尔互联工厂——基于用户需求的大规模定制模式研究 [C] // 2016 年中国家用电器技术大会论文集. 2016.

[20] 洪仕斌. 智慧家庭：从用户场景构建海尔找到钥匙 [J] . 家用电器，2017（4）：36 - 37.

[21] 陈莉. 161 个智慧生活场景开卖 海尔发布世界首套全互联互通智慧家电 [J] . 电器，2017（4）：30.

[22] 李冰漪. 万物互联，创建智慧物流品牌 [J] . 中国储运，2018，214（7）：65 - 66.

[23] 彭贺，李天健，黄斯琴. 张瑞敏：自以为非 [M] . 上海：新世界出版社，2016.

[24] 彭剑锋，云鹏. 海尔能否重生：人与组织关系的颠覆与重构 [M] . 杭州：浙江大学出版社，2015.

［25］ 王淑娟，孙华鹏，崔淼，等．一种跨国并购渗透式文化整合路径——双案例研究［J］．南开管理评论．2015（4）．

［26］ 王钦．人单合一管理学：新工业革命背景下的海尔转型［M］．北京：经济管理出版社，2016.

［27］ 王俞现．凭什么要学张瑞敏：互联网时代企业转型的海尔实践［M］．杭州：浙江大学出版社，2014.

［28］ 章凯，李朋波，罗文豪，等．组织—员工目标融合的策略——基于海尔自主经营体管理的案例研究［J］．管理世界．2014（4）．

［29］ 张瑞敏．海尔是海：张瑞敏随笔选录［M］．北京：机械工业出版社，2015.

［30］ 张瑞敏．海尔2015战略：人人创客，引爆引领［J］．经理人，2015（5）：24.

［31］ 张瑞敏．张瑞敏：互联工厂正在颠覆企业生态系统［J］．商业观察，2015（3）：25－27.

［32］ 张瑞敏．只有建立中国特色的现代企业制度才大有可为［J］．红旗文稿，2017（4）．

［33］ 张瑞敏．"人单合一"：将决策权、用人权、薪酬权都给员工［J］．记者观察，2017（9）：30－33.

［34］ 张瑞敏．人人都是CEO是德鲁克的忠告［J］．企业观察家，2016（12）：90－91.

［35］ 周云杰．"三高"到"三生"高质量发展的第二曲线［J］．企业管理，2018，446（10）：16.

［36］ 梁海山，魏江，万新明．企业技术创新能力体系变迁及其绩效影响机制——海尔开放式创新新范式［J］．管理评论，2018，30（7）：281－291.

［37］ 梁海山．网络化时代海尔质量模式创新探索［J］．上海质量，2014（8）．

［38］ 梁海山．海尔集团创新互联网时代的全球化品牌［J］．山东经济

战略研究, 2016（Z2）：74 – 75.

[39] 田祥玉. 谭丽霞坚守海尔 25 年：在自己喜欢的地方，做自己想做的事［J］. 婚姻与家庭：社会纪实（上），2018（1）：16 – 17.

[40] 陈红花，李平. 企业技术创新互联网化研究——基于海尔集团的案例分析［J］. 科技管理研究，2015，35（22）.

[41] 张小宁，赵剑波. 新工业革命背景下的平台战略与创新——海尔平台战略案例研究［J］. 科学学与科学技术管理. 2015（03）.

[42] 鲍世赞，蔡瑞林. 智能制造共享及其用户体验：沈阳机床的例证［J］. 工业工程与管理，2017，22（3）：77 – 82.

[43] Anderson J C. An Approach for confirmatory measurement and structure equation modeling of organization properties［J］. Management Science, 1987, 33（4）：525 – 541.

[44] Pietinalho, Lauri. From Mass Flourishing to Vested Interests: A Conceptual Model for the Evolution of Organizational Institutions［J］. Journal of Economic Issues, 2017, 51（2）：511 – 519.

[45] 肖红军. 共享价值、商业生态圈与企业竞争范式转变［J］. 改革，2015，7：129 – 141.

[46] Moore K A, Orth R J, Nowak J F. Environmental regulation of seed germination in Zostera marina L.（eelgrass）in Chesapeake Bay: effects of light, oxygen and sediment burial［J］. Aquatic Botany, 1993, 45（1）：79 – 91.

[47] Yoo S, Choi K, Lee M. Business Ecosystem and Ecosystem of Big Data［C］. // International Conference on Web – age Information Management. Springer International Publishing, 2014.

[48] Suh Y, Kim M S. Dynamic change of manufacturing and service industries network in mobile ecosystems［M］. Oxford: Pergamon Press, Inc. 2015.

[49] Cortada J W. A Framework for Understanding Information Ecosystems

in Firms and Industries［J］. Information & Culture A Journal of History, 2016, 51（2）：133 – 163.

［50］郭永辉. 自组织生态产业链社会网络分析及治理策略——基于利益相关者的视角［J］. 中国人口资源与环境, 2014, 24（11）：120 – 125.

［51］翟金芝, 赵希男. "互联网 +" 时代基于 Markov 链的企业战略联盟生态圈合作伙伴选择分析［J］. 技术经济, 2016, 35（9）：66 – 71.

［52］刘曦子, 陈进, 王彦博. 互联网金融生态圈构建研究——基于商业生态系统视角［J］. 现代经济探讨, 2017（4）：55 – 59.

［53］张文涛. 适度服务：一个基于服务生产率的理论构建［J］. 管理世界, 2006（3）：152 – 153.

［54］张艳辉. 组织生态理论在创意产业研究中的应用［J］. 当代财经, 2007（4）.

［55］王发明, 刘传庚. 基于组织生态理论的资源型产业集群可持续发展［J］. 生态学报, 2008, 28（9）：4469 – 4475.

［56］王发明, 周颖. 基于组织生态理论的产业集群演进研究——以浙江安吉转椅产业集群为例［J］. 华东经济管理, 2009, 23（4）：52 – 56.

［57］曹如中, 刘长奎, 曹桂红. 基于组织生态理论的创意产业创新生态系统演化规律研究［J］. 科技进步与对策, 2011, 28（3）.

［58］李培挺. 转型期组织生态正义研究：基于现代管理境遇视角［J］. 商业经济与管理, 2015（3）：56 – 63.

［59］孙金云, 李涛. 创业生态圈研究：基于共演理论和组织生态理论的视角［J］. 外国经济与管理, 2016（12）.

［60］Kauffman S A. The origins of order［M］. New York：Oxford University Press, 1993.

［61］刘岩, 李全喜, 刘佳琳. 基于生态位理论的物流成长规律研究

[J]. 科技管理研究, 2012, 32 (15): 171-175.

[62] 龚新蜀, 张洪振. 物流产业集聚的经济溢出效应及空间分析研究
——基于丝绸之路经济带辐射省份面板数据 [J]. 工业技术经
济, 2017, 36 (3).

[63] Barbara B, Philippe H. Toward a Definition of Corporate Transforma-
tion [J]. Sloan Management, 1995 (12).

[64] Joyce Wycoff, Tim Richardson. Transformation Thinking [M]. The
Berkley Publishing Group, 1995.

[65] 李廉水, 吴利华, 徐彦武, 等. 公司跨行业转型: 特征分析与风
险控制——以中国上市公司跨行业转型成功与失败的典型个案为
例 [J]. 管理世界, 2004 (1): 118-129.

[66] Jonathan D. Corporate Transformation without a Crisis [J]. The Mck-
insey Quarterly, 2000 (4).

[67] 肖丕楚. 传统优势企业转型研究 [D]. 成都: 四川大学, 2005.

[68] 曹振华. 企业转型战略管理模型建构与实证研究 [D]. 上海:
复旦大学, 2016.

[69] 毛蕴诗, 吴瑶. 企业升级路径与分析模式研究 [J]. 中山大学学报,
2009 (1).

[70] Teece D J, Pisano G, Shuen A. Dynamic Capabilities and Strategic
Management [J], Strategic Management Journal, 1997, 12 (3):
56-65.

[71] Gary Gereffi. International Trade and Industrial Upgrading in the Ap-
parel Commodity Chains [J]. Journal of International Economics,
1999, 5 (1): 71-85.

[72] Poon. Beyond the Global Production Networks: a Case of Further Upgra-
ding of Taiwan's Information Technology Industry, Int [J]. Technology
and Globalisation, 2004, 1 (1).

[73] Cyert R M, March J G, Whisler T L. A Behavioral Theory of the Firm

［J］. Systems Research & Behavioral Science，2003，4（2）：81 −95.

［74］Preisendoerfer P，Bitz A J，Bezuidenhout F. Black entrepreneurship：a case study on entrepreneurial activities and ambitions in a South African township ［J］. Journal of Enterprising Communities：People and Places in the Global Economy，2014，8（3）：162 −179.

［75］Rouse W B，Baba M L. Enterprise transformation ［J］. Communications of the ACM，2006，49（7）：66.

［76］Purchase V，Parry G，Valerdi R，et al. Enterprise Transformation：Why Are We Interested，What Is It，and What Are the Challenges ［J］. Journal of Enterprise Transformation，2011，1（1）：14 −33.

［77］Yingzhe Y，Guangqiu H，Management S O. The technology change path analysis model of enterprise transformation − Based on system dynamic simulation ［J］. Systems Engineering − Theory & Practice，2017，37（10）：2649 −2659.

［78］Carayannis E G，Alexander J. Strategy，structure，and performance issues of precompetitive R & D consortia：insights and lessons learned from SEMATECH ［J］. IEEE Transactions on Engineering Management，2004，51（2）：226 −232.

［79］张青. 煤炭企业价值链延伸与升级的案例研究 ［J］. 管理世界，2007（4）：168 −169.

［80］毛蕴诗，吴瑶，邹红星. 我国 OEM 企业升级的动态分析框架与实证研究 ［J］. 学术研究，2010（1）：63 −69.

［81］龚三乐. 基于地方集群的全球价值链内企业升级研究 ［M］. 成都：西南财经大学出版社，2011.

［82］毛蕴诗，郑奇志. 基于微笑曲线的企业升级路径选择模型——理论框架的构建与案例研究 ［J］. 中山大学学报（社会科学版），2012，52（3）：162 −174.

[83] 周骏宇，杨军. 广东外贸企业的困境、转型升级路径和政策需求
——基于结构方程的实证分析［J］. 国际经贸探索，2013，29
（4）：4 - 15.

[84] 吴家曦，李华燊. 浙江省中小企业转型升级调查报告［J］. 管理
世界，2009（08）.

[85] 毛蕴诗，熊炼. 企业低碳运作与引入成本降低的对偶微笑曲线模
型——基于广州互太和台湾纺织业的研究［J］. 中山大学学
报，2011.

[86] 毛蕴诗，李田. 行业边界模糊背景下的跨产业升级与 S - O - S 模
型——基于乔布斯苹果成功实践的理论提炼［J］. 中山大学学
报，2014（02）.

[87] 李兆磊，张雅琪，陈菊红. 基于服务嵌入的制造企业服务网络演
进及特征研究［J］. 科技进步与对策，2015（14）：82 - 86.

[88] Eisenhardt K M. Building Theories from Case Study Research ［J］.
Academy of Management Review，1989，14（4）：532 - 550.

[89] Eisenhardt K M, Graebner M E. Theory building from cases：Opportu-
nities and challenges ［J］. Academy of Management Journal，2007，
50（1）：25 - 32.

[90] Pettigrew D E. The Question Of The Relation Of Philosophy And Psy-
choanalysis：The Case Of Kant and Freud ［J］. Metaphilosophy，
1990，21（1 - 2）：67 - 88.

[91] Prahalad C K, Hamel G. Strategy as a field of study：Why search for a
new paradigm ［J］. Strategic Management Journal，1994，15（S2）：
5 - 16.

[92] Miller D，et al. Structural change and performance：quantum vs piece-
meal incremental approaches ［J］. Academy of Management Journal，
1982，25（4）：867 - 892.

[93] Barney J B. Resource - based Theories of Competitive Advantage：a

Ten – year Retrospective on the Resource – based View ［J］. Journal of Management, 2001, 5 (1): 611 –622.

［94］ Vashi A A, Lerner B, Urech T H, et al. Lean Enterprise Transformation in VA: a national evaluation framework and study protocol ［J］. BMC Health Services Research, 2019, 19 (1).

［95］ Wang J, Zhou W, Sta P, et al. A multiscale analysis of urbanization effects on ecosystem services supply in an urban megaregion ［J］. The Science of the total environment, 2019: 662 –824.